사도행전
속으로

제8권 바로 일어서라

사도행전 속으로
Into the Acts 8. Stand Upright

지은이 이재철
펴낸곳 주식회사 홍성사
펴낸이 정애주
국효숙 김의연 박혜란 손상범
송민규 오민택 임영주 차길환

2013. 8. 19. 초판 발행   2024. 2. 20. 7쇄 발행

등록번호 제1-499호 1977. 8. 1.
주소 (04084) 서울시 마포구 양화진4길 3   전화 02) 333-5161   팩스 02) 333-5165
홈페이지 hongsungsa.com   이메일 hsbooks@hongsungsa.com   페이스북 facebook.com/hongsungsa
양화진책방 02) 333-5161

ⓒ 이재철, 2013

• 잘못된 책은 바꿔 드립니다.   • 책값은 뒤표지에 있습니다.

ISBN 978-89-365-0992-7 (04230)
ISBN 978-89-365-0531-8 (세트)

8 바로 일어서라

사도행전 14장

이재철

서문

참된 교회를 그리며

저는 주일예배 시간에 늘 '순서설교'를 합니다. 순서설교는 제가 만든 용어로, 문자 그대로 성경을 순서대로 설교하는 것입니다. 강해설교도 성경의 순서를 따르지만 일반적으로 본문을 넓게 잡기에 각 구절에 대한 비중이 떨어지기 쉽습니다. 그러나 순서설교는 본문을 한두 구절씩 짧게 잡는 것이 특징입니다. 그러다 보니 성경 가운데 책 한 권의 설교를 끝내기 위해서는 상당한 햇수가 필요합니다. 그런데도 제가 목회를 시작한 이래 20여 년 동안 계속 순서설교를 해온 까닭이 있습니다. 1년에 주일은 52일밖에 없습니다. 그러므로 목회자가 한 교회에서 평생 목회해도 주일예배 시간에 성경 66권의 내용을 모두 심도 있게 설교하는 것은 물리적으로 불가능합니다. 주일예배는 물론이고 새벽 기도회, 수요 성경공부, 구역 성경공부 등에 빠짐없이 참석하는 교인은 예외겠지만, 주일예배에만 참석하는 대다수 교인은 결국 일주일에 한 번 설교자가 선호하거나 의도하는 구절에 대한 설교만 듣게 됩니다. 그렇게 해서는 하나님의 말씀이신 성경 전체를 바르게 이해하고 세상에서 하나님의 말씀을 좇아 사는 것은 지극히 어려운 일입니다. 그와 같은 단점을 보완하기 위해 매 주일 본문 구절의 깊이와 성경 전체의 넓이를 동시에 추구하자는 것이 순서설교입니다. 다시 말해 주일마다 각 구절을 깊이 있게 다루면서, 그 깊이만큼 해당 구절을 창으로 삼아 성경 전체를 들여다보고, 예배가 끝난 뒤에는 그 구절을 안경으로 쓰고 일주일 동안 세상에서 살자는 것입니다.

성경은 창세기부터 요한계시록까지 거미줄보다 더 정교하고 치밀하게 얽혀 있습니다. 그리고 성경 각 구절은 그 전체를 들여다보는 신비로운 창입니다. 똑같은 풍경도 창의 모양과 색깔에 따라 다르게 보이듯이, 성경을 들여다보는 창이 많고 다양할수록 성경 전체에 대한 이해가 더 깊어지고 넓어지기 마련입니다. 제가 순서설교를 선호하는 까닭이 여기에 있습니다. 구약성경의 초점이 '오실 예수'에, 신약성경의 초점이 '오신 예수'에 맞추어져 있기에, 즉 성경 전체의 초점이 '오직 예수' 한 분이시기에 순서설교와 절기설교는 상충하지 않습니다. 성경의 모든 구절이 예수님을 들여다보기 위한 창이기 때문입니다. 특정 절기와는 무관해 보이는 구절로 그 절기를 묵상함으로써 오히려 성경의 오묘함을 더 깊이 확인할 수 있습니다.

100주년기념교회 주일예배 설교 텍스트로 사도행전을 선택한 데엔 두 가지 이유가 있습니다. 저의 첫 목회지였던 '주님의교회'에서 요한복음 순서설교를 끝으로 10년 임기를 마친 것이 첫 번째 이유입니다. 목회의 장소와 형태 그리고 목적은 달라져도 목회의 영속성이 단절되는 것은 아니기에 요한복음에 이어 사도행전을 선택하였습니다. 두 번째 이유는 100주년기념교회로 저를 불러내신 주님께서 제게 부여하신 소명이 한국 교회의 출발점인 양화진외국인선교사묘원 묘지기이기 때문입니다. 이미 출판된 요한복음 설교집 〈요한과 더불어〉의 주제가 '주님과 동행'이라면 〈사도행전 속으로〉의 주제는 복음의 결과인 '교회 되기'이므로, 한국 교회의 출발점인 양화진에서 사도행전을 통해 참된 교회의 의미를 되새기기 위함입니다. 2005년 7월 10일 100주년기념교회 창립과 동시에 사도행전 1장 1절부터 순서설교를 시작한 이래 만 5년을 맞는 현재에도 사도행전을 계속 설교하고 있습니다. 주님께서 제 건강과 여건을 허락하신다면, 100주년기념교회에서 목회하는 동안 사도행전 순서설교를 끝내는 것이 제 소박한 바람입니다.

부족하기 짝이 없는 사람을 늘 변함없이 당신의 도구로 사용해 주시는 주님께 감사드릴 뿐입니다.

2010년 7월 양화진에서

이재철

차례

서문_ 참된 교회를 그리며 5

사도행전 14장

1. 거기서 복음을 전하니라 (행 14:1-7) 13
2. 믿음이 있는 것을 보고 I (행 14:8-12) 25
3. 믿음이 있는 것을 보고 II 37
4. 바로 일어서라 경술국치 100주년 50
5. 바울은 헤르메스라 하더라 62
6. 같은 성정을 가진 사람 (행 14:13-18) 74
7. 이런 헛된 일을 버리고 86
8. 그들이 돌로 바울을 쳐서 I (행 14:19) 98
9. 그들이 돌로 바울을 쳐서 II 110
10. 바울이 일어나 (행 14:19-20) 122
11. 그 성에 들어갔다가 (행 14:19-22) 135
12. 이 믿음에 머물러 있으라 147
13. 많은 환난을 종교개혁 주일 160
14. 주께 그들을 위탁하고 (행 14:19-23) 172
15. 버가에서 전하고 (행 14:19-25) 184
16. 하나님이 함께 행하신 (행 14:19-28) 감사 주일 197
17. 함께 오래 있으니라 대림절 첫째 주일 209

부록

빈 들에서 성탄 축하 예배 223

일러두기

* 〈사도행전 속으로〉 제8권은 2010년 7월 25일부터 2010년 11월 28일까지 100주년기념교회 이재철 목사가 주일예배에서 설교한 내용을 묶어 낸 것입니다.
* 본문에 인용한 성경 구절은 개역개정판 성경을 기본으로 하였고, 그 외의 역본을 따랐을 경우 별도 표기하였습니다.
* 본문에 인용한 찬송가는 새찬송가를 기본으로 하였습니다.

사도행전 14장

모든 사람이 가기를 꺼려 하는 척박한 황무지라 해도,
박수갈채가 없는 고독한 길이라 해도,
주위 사람이 앞을 가로막고 말린다 해도,
화려한 왕관이 아니라 설령 단두대가 기다린다 해도,
예수 그리스도께서 가신 그 생명의 길,
그 진리의 길을 좇게 해주십시오.

1. 거기서 복음을 전하니라

사도행전 14장 1-7절

이에 이고니온에서 두 사도가 함께 유대인의 회당에 들어가 말하니 유대와 헬라의 허다한 무리가 믿더라 그러나 순종하지 아니하는 유대인들이 이방인들의 마음을 선동하여 형제들에게 악감을 품게 하거늘 두 사도가 오래 있어 주를 힘입어 담대히 말하니 주께서 그들의 손으로 표적과 기사를 행하게 하여 주사 자기 은혜의 말씀을 증언하시니 그 시내의 무리가 나뉘어 유대인을 따르는 자도 있고 두 사도를 따르는 자도 있는지라 이방인과 유대인과 그 관리들이 두 사도를 모욕하며 돌로 치려고 달려드니 그들이 알고 도망하여 루가오니아의 두 성 루스드라와 더베와 그 근방으로 가서 **거기서 복음을 전하니라**

우리는 지난 25주 동안, 구브로 섬에서 배를 타고 밤빌리아의 버가를 찾아갔던 바울 일행이 왜 애써 찾아간 대도시 버가를 그냥 지나친 채 목숨을 걸고 험산준령의 타우루스 산맥을 넘어 비시디아 안디옥을 찾아갔는지, 바울이 그곳에서 최소한 수개월 동안 머물 때 바울에게 무슨 일이 일어났는지, 그리고 바울이 누구에 의해 왜 비시디아 안디옥에서 쫓겨났는지에 대하여 상세하게 살펴보았습니다. 비시디아 안디옥에서 쫓겨난 바울과 바나바는 이고니온으로 갔습니다.

비시디아 안디옥에서 동남쪽으로 약 180킬로미터 떨어져 있는 이고니온에 이르기 위해서는 30개의 산을 거쳐야 합니다. 그 산속에 로마제국이 아무리 길을 닦아 두었다 한들, 2천 년 전 걸어서 30개의 산을 넘어간다는 것은 여간 힘든 일이 아니었을 것입니다. 바울이 그 험한 길을 걸어 이고니온으로 간 이유는 간단했습니다. 그곳이 자신이 쫓겨난 비시디아 안디옥에서 가장 가까운 성읍이었기 때문입니다. 2천 년 전 사도 바울이 바나바와 함께 그 험한 산길을 걷고 또 걸어 찾아갔던 이고니온은 오늘날 이슬람 땅인 터키에서 코니아Konya로 불리고 있습니다. 인구 60만 명이 거주하는 신시가지는 말할 것도 없고, 인구 3만 명의 옛 시가지 어디에서도 2천 년 전 그곳을 찾았던 사도 바울의 흔적을 찾아볼 수는 없습니다. 글씨를 알아볼 수조차 없을 정도로 심하게 침식된 비석들이 을씨년스럽기만 한 공동묘지를 지나 옛 시가지의 외딴곳에 이르면, 주후 327년 로마제국의 콘스탄티누스 대제가 독실한 그리스도인이었던 그의 어머니 헬레나를 위하여 세운 헬레나성당이 있습니다. 그러나 이슬람 땅에서 근 1천 년 동안이나 방치되었던 그 성당의 내부는 폭격을 당한 것처럼 초토화되어, 마치 건설 현장의 폐기물 처리장이 연상될 정도입니다.

한때 셀주크투르크의 수도였던 코니아에는 1220년에 건축된 이슬람의 알라아딘 모스크가 있습니다. 알라아딘 모스크는 총 42개의 원주로 이루어져 있는데, 그 원주는 모두 셀주크투르크가 정복한 이고니온의 건축물에서 떼어 낸 것이었습니다. 2천 년 전 사도 바울이 찾아갔던 이고니온은 로마제국의 클라우디우스Claudius I 황제가 클라우디코니움Claudiconium, 즉 클라우디우스 황제의 이고니온이라 부를 정도로 주요 도시였습니다. 소아시아 반도의 교통의 중심지였던 이고니온은 군사적 중요성에서 비시디아 안디옥을 능가했기 때문입니다. 그 정도로 중요한 이고니온이었던 만큼 2천 년 전 사도 바울이 찾아갔을 때 그곳에 로마제국의 위용을 뽐내는 웅장한 건축물들이 얼마나 많았겠습니까? 그러나 2천 년이 지난 오늘날 바울 시대의 건축물들은 모두 흔적도 없이 사라져 버리고 말았습니다. 예외가 있다면 그 건축물 중에서 42개의 거대한 원주만은 오늘날까지 알라아딘 모스크의 기둥으로 남아 있다는 것입니다. 그 42개의 원주 가운데 한두 개는 2천 년 전 바울이 이고니온에서 그의 눈으로 직접 보았던 원주인지도 모릅니다. 그리스도인들이 본문의 이고니온, 다시 말해 오늘날 이슬람 땅인 터키의 코니아에서 얻는 메시지 역시, 눈에 보이는 것을 목적으로 삼으면 그 결과는 반드시 폐허와 허무로 끝난다는 것입니다. 2천 년 전이나 지금이나 그리스도인들이 추구해야 할 것은 보이지 않는 것입니다. 영원한 것은 보이지 않고, 보이지 않는 것을 좇는 사람만 세상의 폐허와 허무를 뛰어 넘을 수 있습니다.

이고니온을 찾은 바울과 바나바가 그곳에서 무엇을 했었는지 본문 1절을 살펴보겠습니다.

> 이에 이고니온에서 두 사도가 함께 유대인의 회당에 들어가 말하니 유대와 헬라의 허다한 무리가 믿더라.

본문은 '두 사도가 함께 유대인의 회장에 들어갔다'라고 시작되고 있습니다. 그러나 우리말 '함께'로 번역된 헬라어 '카타 토 아우토κατὰ τὸ αὐτὸ'는 '평소와 같이'라는 의미이기도 합니다. 평소 바울이 어느 곳을 가든 먼저 유대인 회당을 찾아 복음을 전했던 것처럼, 이고니온에서도 바울은 바나바와 함께 유대인 회당을 찾아 복음을 전했고, 그 결과 유대인과 헬라인의 허다한 무리가 복음을 믿게 되었습니다.

우리가 살고 있는 한반도에서 태동된 종교들이 있습니다. 그러나 그 종교들은 종교라는 허울뿐 종교다운 면모를 지니고 있지는 못합니다. 한반도에서 태동되긴 했지만 한국인으로부터도 외면당하고 있기 때문입니다. 한반도에서 태동된 종교들이 한반도에서 한국어를 사용하는 한국인에게도 영향을 미치지 못하는 것은, 그 종교들이 보편성을 지니고 있지 못한 까닭입니다. 2천 년 전 헬라인과 유대인은 비록 로마제국이라는 한 지붕 아래서 살긴 했지만, 그러나 그들은 모든 면에서 달랐습니다. 언어, 문화, 관습, 전통, 사고방식 등 서로 일치하는 면이라고는 없었습니다. 특히 유일신을 신봉하는 유대인과 다신교를 믿는 헬라인은 종교적인 면에서는 완전 상극이었습니다.

그처럼 극과 극에 있던 헬라인과 유대인의 허다한 무리가 사도 바울로부터 전해 들은 복음을 믿었던 것은 복음의 우주성, 다시 말해 복음의 보편성 덕분이었습니다. 천하 만물과 천하 만민을 창조하신 하나님의 말씀이 인간의 피부색이나 국적이나 출신 지역에 상관없이 모든 인간에게 보편성을 지닌다는 것은 너무나 당연한 일이 아니겠습니까? 하나님의 말씀이 보편성을 지녔기에 극동에 살고 있는 한국인인 우리에게도 하나님의 말씀은 생명의 말씀으로 역사하고 있습니다. 남녀노소 빈부귀천을 막론하고 모든 사람을 구별 없이 품는 보편성을 지닌 보편적 교회만이 참된 교회라는 것은 바로 이런 연유에서입니다.

그러나 순종하지 아니하는 유대인들이 이방인들의 마음을 선동하여 형제들에게 악감을 품게 하거늘(2절).

이고니온에서 유대인과 헬라인의 허다한 무리가 바울이 전한 복음을 믿었지만, 그러나 모든 유대인과 이방인이 다 그랬던 것은 아니었습니다. 복음을 거부한 유대인들도 있었습니다. 그들은 자신들이 복음을 거부하는 것으로 만족하지 않았습니다. 그들은 수적으로 우세한 이방인들을 선동하여 복음을 전한 사도 바울과, 사도 바울을 통해 복음을 영접한 이고니온의 그리스도인들에 대하여 악감을 품게 했습니다. 우리는 여기에서 두 가지 사실을 깨닫게 됩니다.

첫째는, 복음의 '심판성'입니다. 언젠가 어떤 사람이 자동차를 타고 시내를 달리면서 창문 밖으로 지폐를 뿌리자 길을 걷던 행인들이 서로 그 돈을 차지하기 위해 뒤엉켜 싸우는 해프닝이 있었습니다. 그 행인들은 점잖게 길을 걷던 사람들이었습니다. 그러나 갑자기 달리는 자동차 안에서 지폐가 뿌려지자 그들은 나이고 체면이고 다 내팽개치고 한 장이라도 더 많은 지폐를 줍기 위해 싸우기까지 했습니다. 물론 행인들 중에는 그 광경을 지켜보기만 한 행인도 있었습니다. 그 행인들은 조금 전까지만 해도 다 같은 행인일 뿐 아무런 차이가 없었습니다. 그러나 갑자기 지폐가 휘날리자 돈의 유혹에 쉽게 무너진 행인과 그렇지 않은 행인으로 확연하게 구분되었습니다.

복음도 마찬가지입니다. 비시디아 안디옥에서도, 이고니온에서도, 복음이 들어가기 전까지는 그곳 사람들은 다 똑같은 사람들이었습니다. 그러나 일단 복음이 들어가자 그 복음 앞에서 사람들은 믿음의 사람과 불신의 사람, 진리의 사람과 비진리의 사람으로 확연하게 구별되었습니다. 사도행전 13장 46-48절의 표현을 빌리자면, 복음 앞에서는 영생을 주시기로 작정된 사람과 아닌 사람이 명확하게 구별되는 것입니다. 바로 이것이 복음의 심판성입니다. 그래서 복음의 심판은 인간의 이성과 판단을 초월합니다. 평소 진리의 사람 같아 보이는데도 복음을 완강하게 거부하는 사람이 있는가 하면, 진리와는 전혀 무관해 보이는 강도나 살인자가 복음을 영접하고 믿을 수도 있기 때문입니다. 우리는 우리에게 임한 복음 앞에서 복음을 거부하는 불신의 자리가 아니라, 복음을 영접하고 믿는 그리스도인의 자리에 서 있습니다. 이것이 우리 자신의 노력이나 의지의 결과입니까? 결코 그렇지 않습니다. 그것은 하나님께서 우리에게 일방적으로 베풀어 주신 은총으로 인함입니다. 그러므로 우리는 구원에 관한 한 오직 하나님께만 모든 감사와 찬양과 영광을 돌려드리지 않을 수 없습니다.

본문 2절에서 얻을 수 있는 두 번째 깨달음은, 성경의 이야기는 언제 어디서나 항상 '반복'된다는 것입니다. 비시디아 안디옥에서 대체 무슨 일이 있었습니까? 유대교 지도자 무리가 사도 바울을 시기하고, 반박하였습니다. 그것도 모자라 그들은 비시디아 안디옥의 귀부인들과 유력자들을 선동하여 바울과 바나바를 박해하게 했을 뿐 아니라, 그 두 사람을 아예 비시디아 안디옥에서 쫓아 버리고 말았습니다. 그와 똑같은 일이 이고니온에서도 그대로 반복되었습니다. 복음을 거부한 유대인들은 이고니온의 이방인들을 선동하는 악행을 저질렀고, 그곳의 이방인들은 유대인들의 선동에 빠져 의로운 사도 바울과, 바울에게서 복음을 영접한 그리스도인들에게 악감을 품는 무지를 범했습니다. 그리고 그들이 서로 합세하여 사도 바울을 돌로 쳐 죽이려 함으로 바울은 이고니온에서 피신하여야만 했습니다. 결국 그들이 바울을 이고니온에서 쫓아낸 셈이었습니다. 장소와 사람은 바뀌었는데도, 비시디아 안디옥에서 일어난 일들이 판에 박은 듯이 이고니온에서도 반복되었습니다.

이것은 오늘날이라고 해서 예외인 것은 아닙니다. 성경의 이야기는, 성경 기록이 끝난 2천 년 전에 종결되지 않았습니다. 성경 속에서 일어난 모든 일은 천 년 전에도 반복되었고, 오늘 우리 시대에도 반복되고 있으며, 앞으로도 주님 오시는 날까지 계속 반복될 것입니다. 그러므로 그 반복되는 성경의 이야기 속에서 우리 각자가 어떤 삶을 사느냐가 중요합니다. 2천 년 전 자신들의 사익을 위해 진리를 짓밟고 사람을 선동하는 악행과 선동당하는 무지를 일삼던 사람들의 온갖 모함과 박해와 살해 위협 속에서도 오직 하나님의 말씀을 좇는 바울을 통해 하나님께서는 그 시대의 역사를 새롭게 하셨습니다. 우리 역시 그 어떤 도전과 시련 속에서도 하나님의 말씀을 우리 삶의 목적으로 삼는 한, 이 시대를 새롭게 하시려는 하나님의 역사는 우리의 삶을 통해 이 시대의 역사 속에서 반드시 반복될 것입니다.

> 두 사도가 오래 있어 주를 힘입어 담대히 말하니 주께서 그들의 손으로 표적과 기사를 행하게 하여 주사 자기 은혜의 말씀을 증언하시니(3절).

사도 바울과 바나바는 자신들을 배척하려는 무리의 선동하는 악행과 선동당하는 무지의 반복에도 개의치 않고 이고니온에서 오랫동안 머물면서 주님을 위하여 담대히 복음을 전했고, 주님께서는 표적과 기사로 당신이 그들과 함께하심을 친히 보여 주셨습니다. 사도 바울이 온갖 박해와 시련과 고난 속에서도 일평생 주님의 증인으로 살기를 마다하지 않았던 것은, 자신이 주님의 증인으로 살아갈 때 주님께서 언제나 자신과 함께하고 계심을 확인시켜 주셨기 때문입니다. 더 정확하게 말하면, 주님께서 자신과 함께하고 계심을 가장 손쉽게 확인하는 방법이 주님의 증인으로 살아가는 것이었습니다. 생각해 보십시오. 주님의 증인이 되어 주님의 말씀을 좇아 사는데도 주님께서 함께해 주심을 확인시켜 주시지 않는다면, 그런 주님은 죽은 목석과 다를 바가 없을진대 그런 주님을 믿을 필요나 까닭이 어디에 있겠습니까? 만약 누군가가 주님을 믿는데도 주님께서 자신과 함께해 주심을 한 번도 확인할 수 없었다고 말한다면, 그것은 그 사람이 그동안 주님의 말씀에 단 한 번도 자신을 던져 본 적이 없음을 의미할 뿐입니다. 하나님의 말씀에 자신을 던져 본 사람이 계속 자신을 던지는 것은, 하나님의 말씀에 자신을 던져 본 사람만 하나님께서 자신과 함께하고 계심을 확인할 수 있기 때문입니다.

그 시내의 무리가 나뉘어 유대인을 따르는 자도 있고 두 사도를 따르는 자도 있는지라(4절).

바울과 바나바가 이고니온에서 복음을 전할수록 복음을 거부하고 바울과 바나바를 핍박하는 유대인 편에 서는 사람들과, 반대로 복음을 받아들이고 사도 바울과 바나바의 편에 서는 사람들이 더욱 확연하게 구별되었습니다. 복음을 거부한 유대인들은 마침내 최후의 수단을 동원하였습니다.

이방인과 유대인과 그 관리들이 두 사도를 모욕하며 돌로 치려고 달려드니(5절).

복음을 거부한 유대인들과 그들에게 선동당한 이방인들은 이고니온의 관리들까지 끌어들여 바울과 바나바를 돌로 쳐 죽이려 했습니다. 그들이 이고니온의 관리들까지 끌어들여 관리들의 비호 속에서 바울과 바나바를 합법적으로 돌로 쳐 죽이려 했다면, 그들이 바울과 바나바를 얼마나 흉악한 인간으로 모함했을는지는 충분히 짐작할 수 있습니다.

그들이 알고 도망하여 루가오니아의 두 성 루스드라와 더베와 그 근방으로 가서 거기서 복음을 전하니라(6-7절).

바울과 바나바는 어쩔 수 없이 이고니온에서 피신하여 루스드라와 더베를 찾아가 거기서 복음을 전하였습니다. 이고니온에서 복음을 거부한 유대인들이 이방인들을 선동하고 관리들까지 끌어들여 바울과 바나바를 돌로 쳐 죽이려 하지 않았던들, 바울과 바나바가 굳이 루스드라를 찾아갈 필요는 없었을 것입니다. 이고니온에서 복음을 거부한 유대인들의 선동과 모함과 살해 위협이 결과적으로 바울의 발걸음을 루스드라로 향하게 한 것이었습니다. 바로 여기에서 우리는 하나님의 신비로운 섭리를 확인하게 됩니다. 다음 시간에 상세하게 살펴보겠지만, 이때 바울이 루스드라를 찾아감으로 인해 그곳의 선천성 장애인이 치유되는 역사가 일어났습니다. 이고니온의 유대인 무리가 바울을 돌로 쳐 죽이려는 악행을 서슴지 않았기에 루스드라의 선천성 장애인에게 하나님의 치유의 역사가 임했습니다. 얼마나 신비로운 하나님의 섭리입니까? 하나님의 신비로운 섭리는 이것으로 끝나지 않았습니다. 바울이 이때 루스드라를 찾아감으로 인해, 말년의 바울이 자신의 영적 아들로 크게 의지했던 디모데를 만날 수 있었습니다. 그뿐이 아닙니다.

우리는 25주 전, 버가에서 풍토병에 걸린 사도 바울이 목숨을 걸고 험산준령의 타우루스 산맥을 넘어 갈라디아 땅인 비시디아 안디옥을 찾아갔기에 신약성경 갈라디아서가 빛을 볼 수 있었던 것에 대해 생각해 보았습니다. 갈라디아서는 바울로부터 복음을 영접한 갈라디아 땅의 그리스도인들에게 바울이 보낸 편지입니다. 율법의 굴레와 정죄로부터 인간을 자유하게 하는 복음의 능력을 선포한 갈라디아서는 '기독교의 자유 대헌장'으로 불리고 있으며, 500년 전 마르틴 루터는 자유 대헌장인 갈라디아서를 통해 부패한 중세 가톨릭교회의 모든 모순과 굴레로부터 자유를 얻고 종교개혁의 기치를 올릴 수 있었다고 했습니다. 버가에서 풍토병에 걸린 바울이 목숨을 걸고 타우루스 산맥을 넘어 버가와는 정반대의 자연조건인 갈라디아 땅 비시디아 안디옥을 찾아간 것은, 그로부터 2천 년 후에 이 땅에서 살아갈 우리에게 자유 대헌장인 갈라디아서를 주시려는 하나님의 신비로운 섭리였습니다.

  루스드라에서도 마찬가지였습니다. 바울이 본문 속에서 루스드라를 찾아가 디모데를 만남으로 신약성경 디모데전후서가 기록될 수 있었습니다. 후에 사도 바울이 에베소 교회를 목회하던 디모데에게 바른 교회 운영과 목회 지침을 주기 위해 써 보낸 디모데전후서는 '목회서신'으로 불리고 있습니다. 특히 참수형을 당하기 직전 임박한 자신의 죽음을 내다보면서 로마의 지하 감옥에서 생애 최후로 써 보낸 디모데후서는 바울의 유언장이기도 합니다. 그래서 디모데전후서는 교회를 이루고 있는 우리 개개인이 어떻게 주님의 몸 된 교회를 바르게 일구어 갈 수 있는지, 또 우리의 코끝에서 호흡이 멎는 순간까지 우리가 어떻게 참된 신앙인의 마음과 자세를 견지할 수 있는지를 일깨워 줍니다. 하나님께서는 21세기를 살아가는 우리에게 그 중요한 디모데전후서를 주시기 위하여, 2천 년 전 이고니온에서 복음을 거부한 유대인 무리의 악행을 도구 삼아 바울로 하여금 루스드라를 찾아갈 수밖에 없도록, 한 치의 오차도 없이 신비스럽게 역사하신 것이었습니다.

  이 이후에도 끊임없는 모함과 박해와 시련과 살해 위협에 시달린 바울의 삶은, 그 인생길이 여러 번이나 자신의 뜻과는 다르게 전개되었습니다. 그러나 바울을 고통 속으로 몰아넣는 것 같은 그 길은, 실은 인간의 머리로는 도저히 상상할 수조차 없는 신비스러운 하나님의 섭리를 이루어 가는 과정이었습니다. 그래서 바울은 하나님의 그 신비스러운 섭리의 손길에 자신의 삶을 기꺼이 맡겼습니다. 한낱 미물에 지나지 않는 인간에게 하나님의 신비로운 섭리의 도구로 쓰임 받는 삶보다 더 귀한 삶이 없음을 그가 익히 알고 있었던 것입니다.

사랑하는 교우 여러분!

신실하게 하나님의 말씀을 좇는다는 이유만으로 모함을 받거나 시련을 겪거나 불이익을 당할 때, 그래서 자신의 인생길이 자신의 뜻과는 무관하게 전개될 때, 절망하거나 그 길을 두려워하지 마십시오. 그 길이야말로 자신의 삶을 통해 하나님의 뜻이 이루어지는 신비로운 섭리의 길입니다. 하나님의 말씀을 힘입어 그 길을 좇는 나의 삶을 통해 하나님께서는 바로 그 길 위에서 반드시 누군가를 살리실 것이며, 이 시대의 역사도 새롭게 하실 것입니다. 나아가 100년 후 내가 세상을 떠난 뒤에도 그 길 위에 남아 있는 내 삶의 족적을 통해 하나님께서 그 시대를 새롭게 하실 수도 있습니다. 2천 년 전 사도 바울의 삶을 통해 2천 년이 지난 이 시대를 새롭게 하시듯이 말입니다. 그래서 하나님의 말씀을 좇는 사람의 삶은, 그 삶 자체가 하나님의 신비가 됩니다. 하루하루 쇠퇴해 가는 인간의 삶이 하나님의 신비로운 섭리의 도구로 승화되는 것보다 더 큰 신비가 어디에 있겠습니까? 이것을 아는 것이 믿음의 지혜요, 성숙입니다. 그것을 아는 사람만, 언제 어디서나 하나님의 말씀에 자신을 던질 수 있기 때문입니다.

천하 만물과 천하 만민을 창조하신 하나님의 말씀은 만인을 위한 보편적인 말씀이기에, 극동의 한반도에 살고 있는 보잘것없는 우리 역시, 전능하신 하나님의 말씀을 깨닫고 이해하게 해주심을 감사드립니다. 우리에게 임하신 하나님의 말씀을 거부하는 불신의 자리가 아니라, 그 말씀을 영접하고 믿는 믿음의 자리에 서게 해주셔서, 우리가 하나님께서 영생을 주시기로 작정된 사람들임을 확증시켜 주심을 감사합니다.

이제부터 우리 모두 우리에게 임하신 하나님의 말씀의 증인이 되어, 하나님께서 우리와 함께하심을 우리의 삶으로 확인하는 기쁨으로 살아가게 해주십시오. 신실하게 하나님의 말씀을 좇아 산다는 이유만으로 모함받고, 시련을 겪고, 불이익을 당해, 우리의 인생길이 뜻하지 않은 방향으로 꺾어질 때 좌절하거나 두려워하지 말게 도와주십시오. 오히려 그 길 위에서 우리의 삶을 통해 하나님의 신비로운 섭리가 이루어짐을 믿음의 눈으로 바라보게 해주십시오. 어떤 상황 속에서도 하나님의 말씀을 좇아 사는 우리의 삶 자체가 하나님의 신비임을 잊지 말게 해주십시오.

그리하여 2천 년 전 사도 바울의 삶이 시간과 공간을 초월하여 오늘날까지 우리의 삶 속에서 역사하듯, 오직 하나님의 말씀을 좇는 우리의 삶 역시 시간과 공간을 초월하여 뭇사람과 뭇 시대를 새롭게 하는 하나님의 신비스러운 섭리로 승화되게 해주십시오. 아멘.

2. 믿음이 있는 것을 보고 I

사도행전 14장 8-12절
루스드라에 발을 쓰지 못하는 한 사람이 앉아 있는데 나면서 걷지 못하게 되어 걸어 본 적이 없는 자라 바울이 말하는 것을 듣거늘 바울이 주목하여 구원받을 만한 **믿음이** 그에게 **있는 것을 보고** 큰 소리로 이르되 네 발로 바로 일어서라 하니 그 사람이 일어나 걷는지라 무리가 바울이 한 일을 보고 루가오니아 방언으로 소리 질러 이르되 신들이 사람의 형상으로 우리 가운데 내려오셨다 하여 바나바는 제우스라 하고 바울은 그중에 말하는 자이므로 헤르메스라 하더라

버가에서 풍토병에 걸린 사도 바울은 집으로 돌아가지 않고, 도리어 목숨을 걸고 험산준령의 타우루스 산맥을 넘어 비시디아 안디옥을 찾아가 복음을 전하였습니다. 그로 인해 죽음으로만 치닫던 황제의 도시 비시디아 안디옥 전역에 생명의 말씀이 스며들게 되었고, 많은 사람들이 예수 그리스도 안에서 새 생명을 누리며 기뻐하였습니다. 그러나 사도 바울을 시기한 비시디아 안디옥의 유대교 지도자 무리는 귀부인들과 유력자들을 선동하여 바

울과 바나바를 박해하게 했고, 마침내는 두 사람을 비시디아 안디옥에서 쫓아 버리고 말았습니다. 그러나 그 덕분에 사도 바울은 이고니온에서도 하나님의 말씀을 전할 수 있었습니다.

　비시디아 안디옥에서 동남쪽으로 약 180킬로미터 떨어져 있고 30개의 산을 지나야 하는 이고니온에서도 사도 바울이 하나님의 말씀을 전한 결과, 그곳의 허다한 유대인과 헬라인도 예수 그리스도 안에서 구원받은 하나님의 자녀가 되었습니다. 만약 바울이 비시디아 안디옥에서 쫓겨나지 않았던들 그들에게 구원의 은총이 미치지는 못했을 것입니다. 결과적으로 본다면, 바울이 비시디아 안디옥에서 유대교 지도자 무리의 모함과 선동으로 쫓겨난 것은 이고니온에서 당신의 백성을 구원하시려는 하나님의 신비로운 섭리였습니다. 그러나 이고니온에도 복음을 거부하는 유대인들이 있었습니다. 그들은 자신들보다 수적으로 우세한 이방인들을 선동하여 그리스도인들에게 악감을 품게 했습니다. 그것도 모자라 그들은 이고니온의 관리들까지 끌어들여 관리들의 비호 속에서 바울과 바나바를 돌로 쳐 죽이려 했습니다. 바울과 바나바는 어쩔 수 없이 이고니온에서 피신해야만 했습니다. 이고니온의 유대인들이 바울과 바나바를 쫓아낸 셈이었습니다. 비시디아 안디옥에서 일어났던 일이 이고니온에서도 똑같이 반복된 것이었습니다.

　이고니온에서 쫓겨난 바울과 바나바는 이고니온에서 서남쪽으로 약 45킬로미터 떨어져 있는 루스드라로 갔습니다. 2천 년 전 당시 45킬로미터라면 걸어서 하루 반나절 거리였습니다. 이때 바울이 이고니온에서 쫓겨나 루스드라로 갔기에 지난 시간에 말씀드린 것처럼, 그리고 오늘 상세하게 살펴보겠습니다만 루스드라의 선천성 장애인이 영육 간에 치유받는 역사가 일어났습니다. 그뿐 아니라 이때 바울이 루스드라로 갔기에 바울과 디모데의 만남도 이루어질 수 있었습니다. 본문 속에서 루스드라를 처음 찾았던 바울은,

본문의 시점에서 약 1년이 경과한 이후 루스드라를 두 번째로 다시 찾았습니다. 그리고 신실한 그리스도인으로 살고 있는 청년 디모데를 자신의 영적 아들이자 동역자로 삼았습니다. 그 청년 디모데가 언제부터 그토록 신실한 그리스도인이 되었겠습니까? 두말할 것도 없이 사도 바울이 본문 속에서 루스드라를 처음 찾아갔을 때부터였습니다. 루스드라를 처음 방문한 바울이 그곳에서 하나님의 말씀을 전했을 때 바울의 설교를 듣는 사람 중에는 디모데도 있었습니다. 하나님께서 바울을 통로로 삼아 루스드라의 선천성 장애인을 치유하시는 현장도 디모데는 자신의 두 눈으로 직접 목격했습니다. 그때부터 청년 디모데는 신실한 그리스도인이 되었고, 약 1년 후 바울이 루스드라를 다시 찾았을 때 그는 바울의 영적 아들이자 동역자가 되었습니다.

그리고 후에 에베소 교회를 목회하는 디모데에게 사도 바울이 써 보낸 편지가 신약성경 디모데전후서라고 했습니다. 우리는 디모데전후서를 통해 주님의 몸 된 교회를 이루고 있는 우리 개개인이 어떻게 우리 자신을 참된 교회로 일구어 갈 수 있는지, 또 우리의 코끝에서 호흡이 없는 순간까지 우리가 어떻게 참신앙인의 마음과 자세를 견지할 수 있는지를 배울 수 있습니다. 그러므로 사도 바울이 이고니온에서 유대인들의 선동과 모함으로 쫓겨난 것은 루스드라의 선천성 장애인을 치유해 주실 뿐 아니라, 2천 년 전 바울과 디모데의 만남을 통해 2천 년 후를 살아가는 우리에게 하나님의 말씀인 디모데전후서를 주시려는 하나님의 신비로운 섭리였습니다.

이처럼 바울은 비시디아 안디옥에서도, 이고니온에서도, 계속 모함받고 쫓겨나는 수모를 당했지만, 그러나 그것은 하나님 앞에서는 조금이라도 억울해하거나 꺼릴 일이 아니었습니다. 그 모든 것은 하나님께서 바울의 삶을 통해 당신의 신비스러운 섭리를 이루시기 위한 신비로운 과정이었습니다. 그래서 하나님의 말씀에 자신을 온전히 의탁한 사람의 삶은 그 삶 자체가 하나님의 신비로 승화된다고 했습니다. 바울이 모함받고 쫓겨날 때마다 세상적인 관점으로만 보면 그것으로 그의 생은 모든 것이 수포로 끝나는 것처럼 보였지만, 그러나 그때마다 그의 삶을 통해 더욱 신비스러운 하나님의 섭리가 이루어졌습니다. 그보다 더한 신비가 어디에 있겠습니까? 이것이 사도 바울이 다음과 같이 고백한 이유입니다.

생각하건대 현재의 고난은 장차 우리에게 나타날 영광과 비교할 수 없도다(롬 8:18).

이것은 사도 바울이 골방에 앉아 머리로 짜낸 공허한 이론이 아닙니다. 삶의 현장에서 모함받고 고난을 당할 때마다 자신이 상상조차 할 수 없었던 하나님의 신비를 자신의 삶으로 체험한 데 대한 살아 있는 고백이었습니다. 이처럼 하나님의 말씀을 좇는 우리의 삶 자체가 하나님의 신비로 엮어짐을 알 때, 우리의 삶은 그 어떤 절망적인 상황 속에서도 더욱 강렬한 생명력을 지닐 수 있습니다.

이고니온에서 쫓겨나 루스드라를 찾아간 바울을 통해 하나님의 신비가 어떻게 드러났는지 본문을 보시겠습니다.

루스드라에 발을 쓰지 못하는 한 사람이 앉아 있는데 나면서 걷지 못하게 되어 걸어 본 적이 없는 자라(8절).

그곳에서 바울은 한 사람을 만났는데 본문은 그 사람을 가리켜 '발을 쓰지 못하는 사람', '나면서 걷지 못하게 된 사람', '걸어 본 적이 없는 사람'이라고 묘사하고 있습니다. 동일한 의미의 표현을 세 번씩이나 되풀이하였습니다. 이 본문을 기록한 누가는 본래 의사였습니다. 그러므로 의사 누가는 동일한 표현을 세 번 반복함으로써 그 사람이 의학적으로는 도저히 치유될 수 없는 선천성 하반신마비자임을 강조하고 있습니다.

바울이 말하는 것을 듣거늘(9절 상).

한글 성경에는 빠져 있지만 헬라어 원문은 '후토스οὗτος'라는 지시대명사로 시작하고 있습니다. 본문에서 '후토스'는 '바로 이 사람'이라는 의미입니다. '바로 이 사람'이 누구입니까? 물론 8절이 언급한 선천성 하반신마비자였습니다. 어머니의 자궁에서 태어난 이래 성인이 되기까지 단 한 번도 일어서거나 걸어 본 적이 없이 평생 하반신마비자로 살았다면, 그의 삶은 절망과 동의어였을 것입니다. 바로 그 사람이 대체 무엇을 했다는 것입니까? 그가 바울을 통해 하나님의 말씀을 들었습니다.

루스드라를 찾은 바울은 그곳에서도 어김없이 하나님의 말씀을 전했습니다. 그러나 바울이 루스드라에 이르기까지의 행적에 비추어 볼 때, 우리는 루스드라의 바울에게서는 이전과 다른 점을 발견하게 됩니다. 루스드라 이전까지는, 바울은 어느 곳을 가든 먼저 그곳에 있는 유대인 회당을 찾아가 복음을 전했습니다. 유대인 회당은 많은 사람을 손쉽게 만날 수 있는 장소였기 때문입니다. 그러나 루스드라에서는 바울은 유대인 회당을 찾지 않았습니다. 로마제국 퇴역 군인들의 집단 거주지였던 루스드라에는 유대인 거주자가 많지 않아 유대인 회당이 없었기 때문입니다. 그래서 바울은 제우스와 헤르메스를 신봉하는 루스드라 사람들을 위해 야외에서 복음을 전했고 그 복음을 '바로 이 사람', 즉 선천성 하반신마비자가 들었습니다. 만약 루스드라에도 유대인 회당이 있어 바울이 유별나게 장애인을 경원시하는 유대인의 회당을 찾아가 복음을 전했더라면, 그 하반신마비자는 복음을 들을 수 없었을 것입니다. 그러고 보면 루스드라에 유대인 회당이 없었다는 것 역시 그에게는 하나님의 은총이었습니다.

하지만 그날 사도 바울이 아무리 야외에서 공개적으로 하나님의 말씀을 전했다 할지라도 그 하반신마비자가 그 말씀을 듣지 않았더라면 그에게는 아무 일도 일어나지 않았을 것이요, 그는 일평생 절망적인 삶을 살다가 절망 속에서 생을 마감하고 말았을 것입니다. 그러나 그는 그날 하나님의 말씀을 들었고, 하나님의 말씀을 들음으로 절망 속에 빠져 있던 그의 삶은 새로운 전기를 맞게 되었습니다. 하나님의 말씀을 듣는 것은 이렇듯 중요합니다. 하나님의 말씀을 듣지 않고서는 하나님과의 관계가 시작될 수도 없습니다. 헬라어 원문에는 '들었다'는 동사가 미완료형으로 기록되어 있습니다. 그 하반신마비자가 하나님의 말씀을 잠깐 듣거나 건성으로 들은 것이 아니라, 처음부터 끝까지 온 마음을 집중하여 경청했다는 말입니다.

그 선천성 하반신마비자가 하나님의 말씀을 경청했을 때 그에게 무슨 일이 일어났습니까?

> 바울이 말하는 것을 듣거늘 바울이 주목하여 구원받을 만한 믿음이 그에게 있는 것을 보고(9절).

바울은 하나님의 말씀을 전하면서 자신의 설교를 듣기 위해 모여든 사람들 중에서 그 하반신마비자를 주목하였습니다. 그리고 그에게 구원받을 만한 믿음이 있음을 보았습니다.

큰 소리로 이르되 네 발로 바로 일어서라 하니 그 사람이 일어나 걷는지라 (10절).

바울은 그 하반신마비자를 향하여 큰 소리로 '네 발로 바로 일어서라'고 명했고, 그 즉시 태어난 이래 단 한 번도 일어서 본 적이 없었던 하반신마비자가 벌떡 일어나 걸었습니다. 바울이 생전 처음 보는 하반신마비자에게 그렇게 명령할 수 있었던 것은 그가 자신의 설교를 경청하는 그 하반신마비자를 계속 주목했고, 또 그에게 구원받을 만한 믿음이 있음을 눈여겨보았기 때문입니다. 그 하반신마비자가 아무리 바울이 선포하는 하나님의 말씀을 경청했다 할지라도 바울이 그를 계속 주목하고 눈여겨보지 않았던들 그가 치유 받는 역사는 일어나지 않았을 것입니다. 그러나 바울 역시 우리와 똑같은 인간에 불과하지 않습니까? 한낱 미물에 지나지 않는 인간이 하반신마비자를 주목하여 보았다고 해서 본문이 증언하는 것과 같은 생명의 역사가 일어날 수는 없지 않습니까? 그러므로 바울이 그 하반신마비자를 주목하고 보았다는 것은 바울 개인을 뜻하는 것이 아니라, 바울을 그곳으로 인도하신 주님께서 바울을 통해 그 하반신마비자를 주목하여 보셨음을 의미합니다. 주님께서 바울로 하여금 이고니온에서 쫓겨나 루스드라로 가게 하신 이유 중의 하나가 그 하반신마비자를 구원하시는 데 있었기 때문입니다.

그렇다면 본문의 정황을 좀더 구체적으로 머릿속에 그려 보십시다. 이고니온에서 쫓겨난 사도 바울이 루스드라를 찾아갔습니다. 더 정확하게 말하면, 주님께서 사도 바울을 통로로 삼아 친히 루스드라를 찾아가셨습니다. 그리고 그 하반신마비자가 올 수 있게끔 주님께서는 야외의 공개 장소에서 사도 바울을 통해 당신의 복음을 친히 선포하셨습니다. 주님께서 그를 당신 앞으로 초청하신 것이었습니다. 하반신마비자는 바울을 뚫어지게 쳐다보며 바울의 입을 통해 선포되는 주님의 말씀을 온 마음을 집중하여 경청했습니다. 하반신마비자가 바울을 쳐다보며 주님의 말씀을 경청했다는 것은, 바울을 통해 자신을 찾아오시어 자신을 주목하고 계시는 주님의 시선에 자신의 시선을 맞추었음을 의미합니다. 주님의 시선과 하반신마비자의 시선이 맞부딪치는 순간 그에게 구원받을 만한 믿음이 있음을 확인하신 주님께서 '네 발로 바로 일어서라'고 말씀하셨고, 하반신마비자는 주님의 그 말씀을 힘입어 그 자리에서 벌떡 일어났습니다.

우리는 오늘의 본문과 동일한 장면을 이미 사도행전에서 접한 적이 있습니다. 사도행전 3장 1-10절이 전해 주는 예루살렘성전 미문 앞에서의 장면입니다. 그곳에도 선천성 하반신마비자가 앉아 있었습니다. 나이가 40여 세나 되는 그 하반신마비자는 매일 그곳에서 구걸하는 걸인이었습니다. 그 걸인 앞에 베드로가 나타났습니다. 인기척을 느낀 걸인은 평소대로 그저 건성으로 베드로를 올려다보며 구걸했습니다. 베드로는 그 걸인을 응시했습니다. 걸인이 베드로를 건성으로 본 데 반해 베드로는 먼저 그 걸인을 응시했습니다. 그리고 베드로는 그 걸인에게 자신을 주목하라고 요구했습니다. 이에 걸인은 비로소 정색을 하며 베드로에게 온 시선을 집중했습니다. 베드로의 시선과 걸인의 시선이 맞부딪친 것입니다. 그 시선의 맞부딪침 속에서 베드로가 걸인의 눈을 들여다보며 말했습니다.

　　　　은과 금은 내게 없거니와 내게 있는 이것을 네게 주노니 나사렛 예수 그리스도의 이름으로 일어나 걸으라(행 3:6).

그리고 베드로가 그 걸인의 손을 잡아 일으킴과 동시에, 태어난 이래

40여 년 동안 단 한 번도 일어서 본 적이 없었던 그 하반신마비자 걸인 역시 벌떡 일어섰습니다.

그날 그 하반신마비자의 시선이 맞부딪친 것은 인간 베드로의 시선이 아니었습니다. 배운 것 없고, 가진 것 없는 베드로의 시선과 수백 번 맞부딪친다 한들 그것은 시간 낭비일 뿐입니다. 그날 하반신마비자의 시선이 맞부딪친 것은 베드로를 통해 자신을 응시하시는 주님의 시선이었습니다. 그날도 주님께서 베드로를 통해 그에게 먼저 다가가 그를 응시하셨습니다. 그리고 주님께서는 하반신마비자로 하여금 당신을 응시하도록 그를 초청하셨고, 주님의 초청에 의해 하반신마비자의 시선과 주님의 시선이 맞부딪침과 동시에 선천성 하반신마비자였던 그는 벌떡 일어났습니다.

그렇다면 우리는 이 시간에 믿음을 이렇게 정의할 수 있습니다. 믿음은 우리를 먼저 찾아오시어 우리를 주목하고 응시하고 계시는 주님의 시선에 우리의 시선을 고정하는 것입니다. 주님의 시선과 우리의 시선이 맞부딪치는 순간부터 우리의 삶 속에는 새로운 생명의 역사가 시작됩니다.

남녀가 서로 사랑하는 것을 나타내는 우리말 중에 "눈이 맞았다"는 표현이 있습니다. 정말 적절한 표현입니다. 남자와 여자의 눈이 서로 맞는 것으로부터, 서로 시선이 맞부딪치는 것으로부터 사랑의 불꽃이 일기 시작합니다. 그러나 남자와 여자의 시선이 맞부딪친다고 해서 서로 속속들이 알게 되는 것은 아닙니다. 분명히 서로 시선이 맞부딪쳐 결혼하고서도 서로 상대를 이해하지 못해 가슴앓이하는 경우는 부지기수입니다.

아내를 잃고 홀로 어린 아들을 키우는 자신의 애환을 다룬 이재종 씨의 《아내의 빈자리》에는 이런 이야기가 실려 있습니다.

어느 날 새벽 일찍 출근하느라 아빠는 아이에게 제대로 밥도 챙겨 주지 못한 채, 전날 먹다 남은 밥에 계란찜만 얼른 데워 놓고 서둘러 집을 나섰습니다. 그날 밤에 피곤한 몸으로 귀가한 아빠는 저녁 먹을 생각일랑 접어 둔 채 양복을 벗자마자 침대 위로 몸을 던졌습니다. 그 순간 이불 속에서 푹 소리가 나면서 뭔가 이상한 것이 느껴졌습니다. 이불을 들춰 보니 그 속에 들어 있던 컵라면이 뭉개져 국물과 면발이 이불 속에 온통 퍼져 있었습니다. 아이의 장난질이 분명했습니다. 엉망이 된 이불과 요를 빨 생각을 하니 화가 절로 났습니다. 아빠는 벌떡 일어나 빈 옷걸이를 들고 나가 장난감 놀이를 하고 있는 여섯 살 난 아들의 등과 엉덩이를 마구 때렸습니다. 그러나 울먹이는 어린 아들로부터 자초지종을 들은 아빠는 자신의 가슴을 쳐야만 했습니다.

아이는 아침은 밥솥에 있는 밥과 아빠가 만들어 준 계란찜으로 먹었고, 점심은 유치원에서 먹었습니다. 그러나 저녁이 되어도 아빠가 돌아오지 않아 아이는 싱크대 서랍에서 컵라면을 찾아 먹었습니다. 아빠가 가스레인지는 위험하니 절대 만져서는 안 된다고 했으므로 보일러로 데워진 뜨거운 물을 넣어 먹었습니다. 그리고 아빠를 위해 또 다른 컵라면에 뜨거운 물을 부은 뒤, 언제 아빠가 올지 몰라 식지 말라고 이불 속에 넣어 둔 것이었습니다. 아내를 잃고 홀로 여섯 살 난 아들을 키우는 아빠였으니 그 아빠가 사랑하는 아들과 얼마나 자주 눈을 마주쳤겠습니까? 그러나 아빠의 시선과 아이의 시선이 아무리 부딪쳐도, 아빠는 자기 몸으로 낳은 아들의 속마음도 읽지 못했습니다. 이것이 인간의 한계입니다.

하나님께서는 우리를 지으신 분이기에 우리보다 우리 자신을 더 잘 아십니다. 하나님께서는 우리 자신도 이해할 수 없는 우리 마음속 깊은 곳까지 읽으십니다. 그 하나님께서 60억이 넘는 인구 가운데 우리 개개인을 발견하시고, 우리에게 먼저 찾아오시어 우리를 주시하시면서, 당신을 응시하라고 우리를 초청하십니다. 선천성 영적 마비자였던 제가 27년 전 주님의 초청에 응하여 주님을 바라보았을 때, 오래전부터 저를 찾아오셔서 저를 주시하시던 주님의 시선과 저의 시선이 맞부딪쳤을 때 주님께서는 선천성 영적 마비자였던 저를 일으켜 세워 주셨습니다. 그리고 제가 새로운 삶을 살 수 있도록 날마다 시마다 때마다 친히 인도해 주셨습니다.

사랑하는 교우 여러분!

이 세상 그 누구도 알지 못하는 나의 아픔을 주님께서는 아십니다. 주님께서는 나의 슬픔을 아십니다. 주님께서는 나의 고통을 아십니다. 주님께서는 나의 고독을 아십니다. 주님께서는 내가 가야 할 길을 알고 계십니다. 주님께서는 우리를 영적 마비 상태에서 일으킬 수 있는 유일한 분이십니다. 이제 우리 모두 눈을 들어 그분을 응시하십시다. 말씀과 기도를 통해 우리를 주시하고 계시는 주님의 시선에 우리의 시선을 고정시키십시다. 우리의 시선이 오래전부터 우리를 주시하고 계시는 주님의 시선과 맞부딪칠 때, 주님께서는 우리의 눈을 들여다보시며 말씀하실 것입니다. '네 발로 바로 일어서라.' 그리고 그 순간부터 영적 마비자였던 우리의 삶 속에는 그 말씀을 힘입어 새 생명의 역사가 시작될 것입니다. 우리를 먼저 찾아오신 주님께서 주님의 시선과 우리의 시선이 맞부딪치기를 기다리시는 이유가 바로 거기에 있습니다.

바울은 본래 주님을 등지고 교회를 짓밟던 폭도였습니다. 하지만 주님께서 먼저 그를 찾아가시고 그를 주시하셨습니다. 그리고 다메섹 도상에서 그를 부르셨습니다. 바울이 주님을 향해 물었습니다. '누구십니까?' 주님께서 대답하셨습니다. '나는 네가 핍박하는 예수다.' 그 순간 바울의 시선이 주님의 시선과 맞부딪쳤고, 그때부터 바울은 선천성 영적 마비 상태에서 일어나 영원한 생명과 사랑의 통로가 되었습니다.

주님께서는 베드로를 도구 삼아 예루살렘성전 미문 앞의 선천성 하반신마비자 걸인에게도 먼저 다가가셔서, 그를 응시하시며 그에게 주님께 주목하라고 초청하셨습니다. 주님의 초청에 응한 걸인의 시선이 주님의 시선과 부딪치는 순간, 선천성 하반신마비자는 벌떡 일어나 영육 간에 새로운 삶을 살게 되었습니다.

주님께서는 바울을 통로로 삼아 루스드라의 선천성 하반신마비자도 먼저 찾아가시어, 바울의 입을 통해 친히 생명의 말씀을 선포하셨습니다. 그 말씀을 경청하는 하반신마비자의 시선과 주님의 시선이 맞부딪치는 순간, 그에게도 영육 간에 치유의 역사가 일어났습니다. 그 주님께서 60억 인구 가운데 우리 개개인을 발견하시고, 먼저 우리를 찾아와 주시고, 우리가 주님을 응시하기까지 기다리시며 우리를 주시하고 계심을 감사드립니다.

우리의 아픔을 아시고, 우리의 슬픔을 아시고, 우리의 고통을 아시고, 우리의 고독을 아시고, 우리가 가야 할 길을 아실 뿐 아니라, 영적 마비자인 우리를 영육 간에 치유해 주실 수 있는 유일하신 주님! 우리 모두 눈을 들어 우리를 주시하고 계시는 주님의 시선에 우리의 시선을 고정하게 해주십시오. 말씀과 기도 속에서 우리의 시선이 주님의 시선과 맞부딪치게 해주십시오. 그리하여 선천성 영적 마비자인 우리가 영육 간에 벌떡 일어나, 이제부터 수많은 사람을 일으켜 세우는 주님의 영원한 통로로 살아가게 해주십시오. 아멘.

3. 믿음이 있는 것을 보고 II

사도행전 14장 8–12절

루스드라에 발을 쓰지 못하는 한 사람이 앉아 있는데 나면서 걷지 못하게 되어 걸어 본 적이 없는 자라 바울이 말하는 것을 듣거늘 바울이 주목하여 구원받을 만한 **믿음이** 그에게 **있는 것을 보고** 큰 소리로 이르되 네 발로 바로 일어서라 하니 그 사람이 일어나 걷는지라 무리가 바울이 한 일을 보고 루가오니아 방언으로 소리 질러 이르되 신들이 사람의 형상으로 우리 가운데 내려오셨다 하여 바나바는 제우스라 하고 바울은 그중에 말하는 자이므로 헤르메스라 하더라

소설 《뱀파이어와의 인터뷰*Interview with the Vampire*》의 작가인 미국의 앤 라이스Anne Rice는 기괴하고 에로틱하면서도 종교적인 주제의 소설을 쓰는 베스트셀러 작가로서, 전 세계적으로 많은 독자들의 사랑을 받고 있습니다. 인터넷상의 백과사전 위키피디아는 올해 68세인 그녀를 가리켜 "앤 라이스의 책은 1억 부 이상 판매되었으며, 현대 역사의 가장 유명한 작가 중 한 명"이라고 소개하고 있습니다. 그 유명한 앤 라이스가 최근에 전 세계 그리

스도인 사이에서 화제의 인물이 된 것은 "나는 더 이상 기독교인이길 거부한다"고 공개적으로 선언했기 때문입니다. 앤 라이스는 가톨릭 신자인 부모에게서 태어날 때부터 가톨릭 신자로 태어났습니다. 그러나 그녀는 18세 되던 해 가톨릭교회를 떠났습니다. 그리고 무려 30년 이상이나 무신론자로 살던 앤 라이스는 50세가 넘어 다시 가톨릭교회로 돌아왔습니다. 신앙을 되찾은 그녀는 예수님의 생애에 깊은 관심을 갖고, 베일에 가려져 있는 예수님의 어린 시절을 복원하는 소설을 쓰기도 했습니다. 우리나라에서 '어린 예수'라는 제목으로 번역된 《Christ the Lord》입니다. 그랬던 그녀가 '나는 더 이상 기독교인이기를 거부한다'고 선언한 것입니다. 그녀는 이렇게 말했습니다.

> 내 인생의 중심은 구주에 대한 나의 믿음이다. ······나는 여전히 세상을 창조하시고 이끌어 주시는 사랑의 하나님을 믿는다. 그러나 예수님을 따르는 것이 반드시 기독교를 따르는 것이라고는 여기지 않는다. 기독교보다 예수님이 비교할 수도 없을 만큼 중요하다. 이 사실은 변치 않을 것이다.

앤 라이스에게 예수 그리스도와 기독교는 별개로 투영된 것입니다. 그래서 앞으로도 예수 그리스도는 계속 따르겠지만 기독교인으로 남기는 거부한다고 선언했습니다. 결국 앤 라이스는 브라이언 매클래런Brian D. McLaren 목사의 표현처럼, 예수 그리스도의 이름으로 기독교인이기를 거부한 셈입니다. 다시 말해 예수 그리스도의 이름으로 기독교 자체를 거부한 것입니다. 그녀가 거부한 기독교는 그가 그동안 몸담고 있던 가톨릭교회였습니다.

'인도의 성자'로 불리는 간디는 기독교인을 향해 다음과 같이 쓴소리를 했습니다.

당신들이 믿는 그리스도는 좋다. 그러나 기독교인들은 싫다. 당신들 기독교인들은 당신들이 믿는 그리스도와 너무나 다르다.

간디가 싫어한 기독교인은 주로 그가 인도나 영국에서 직접 체험한 영국 성공회 교인, 다시 말해 개신교인들이었습니다.

일본의 신학자 우치무라 간조는 개신교인이요, 동시대를 산 중국의 석학 우징숑 박사는 가톨릭 신자인데도 그 두 사람은 묘하게도 똑같은 말을 했습니다. 기독교 성직자나 교인의 언행을 보면 도저히 주님을 믿을 수 없지만, 성경으로 돌아가면 주님을 믿지 않을 수 없다는 것입니다.

대체 그 이유가 무엇이겠습니까? 왜 미국의 소설가 앤 라이스는 앞으로도 예수 그리스도는 따르겠지만 더 이상 가톨릭교회에 남지는 않겠다고 선언했겠습니까? 왜 인도의 간디는 예수 그리스도는 좋지만 예수 그리스도를 믿는다는 기독교인들은 싫다고 했겠습니까? 왜 일본의 우치무라 간조와 중국의 우징숑 박사는 기독교의 성직자와 교인의 언행을 보면 주님을 믿을 수 없지만, 성경으로 돌아가면 주님을 믿지 않을 수 없다고 했겠습니까? 이 세 질문에 대한 대답은 모두 동일합니다. 성경이 전해 주는 예수 그리스도의 모습과, 신구교를 막론하고 예수 그리스도를 믿는다는 기독교인의 모습이 같지 않기 때문입니다.

성경이 전해 주는 예수 그리스도의 모습과, 예수 그리스도를 믿는다는 기독교인의 모습이 같지 않다는 것은, 우리로 하여금 믿음은 눈에 보이는 것임을 일깨워 줍니다. '기쁨'이란 단어는 추상명사입니다. 추상적이라는 것은 눈으로 볼 수 있는 구체적인 실체가 없다는 말입니다. 그러나 그것은 문법적인 설명일 뿐, 사실은 그렇지 않습니다. '기쁨'이란 단어 그 자체는 보이지 않는 추상명사이지만, 그러나 실제로는 기쁨은 눈으로 볼 수 있습니다.

사람의 마음속에 기쁨이 깃들면 그 기쁨은 어떤 형태로든 외부로 표출되는 까닭입니다.

믿음도 마찬가지입니다. '믿음'이란 단어는 추상명사지만, 그러나 믿음은 반드시 보이기 마련입니다. 미국의 소설가 앤 라이스가 가톨릭교회에 절망하고 가톨릭교회를 떠난 것은 자기 눈으로 가톨릭교인들의 믿음을 볼 수 있었기 때문입니다. 인도의 간디가 그리스도는 좋지만 기독교인들은 싫다고 말한 것은 성경 속에서 하나님을 향한 예수님의 믿음도, 자신이 만난 기독교인들의 믿음도 자신의 눈으로 볼 수 있었기 때문입니다. 일본의 우치무라 간조와 중국의 우징숑 박사가 기독교 성직자나 교인들의 언행을 보면 도저히 주님을 믿을 수 없다고 말할 수 있었던 것 역시 믿음은 눈에 보이기 때문입니다. 오늘의 본문이 우리에게 주는 메시지가 바로 이것입니다.

이고니온에서 쫓겨난 사도 바울이 그다음 행선지로 찾아간 루스드라에는, 그동안 바울이 거쳐 온 성읍들과는 달리 유대인 거주자가 많지 않아 유대인 회당이 없었습니다. 그래서 바울은 제우스와 헤르메스를 신봉하는 루스드라 사람들에게 야외에서 복음을 전하였습니다. 그 덕분에, 바울이 실내에서 복음을 전했더라면 참석하지 못했을 사람들도 야외에서 바울을 통해 복음을 접할 수 있었습니다. 그 가운데 한 사람을 본문 8절은 다음과 같이 소개하고 있습니다.

　　루스드라에 발을 쓰지 못하는 한 사람이 앉아 있는데 나면서 걷지 못하게 되어 걸어 본 적이 없는 자라.

그 사람은 태어난 이래 단 한 번도 일어서거나 걸어 본 적이 없는 선천성 하반신마비자였습니다.

> 바울이 말하는 것을 듣거늘 바울이 주목하여 구원받을 만한 믿음이 그에게 있는 것을 보고(9절).

태어난 이래 단 한 번도 일어서거나 걸어 본 적이 없는 사람이라면, 그 사람은 절망의 대명사와도 같습니다. 그런데 바울은 그를 주목하여 그에게 구원받을 만한 믿음이 있음을 보았습니다. 바울이 선천성 하반신마비자인 그 사람의 다리나 얼굴을 본 것이 아닙니다. 바울은 그에게 있는 믿음을 보았습니다. 믿음은 눈에 보이기 때문이었습니다.

마태복음 8장은 예수님께서 가버나움에서 만난 백부장의 이야기를 전해 주고 있습니다. 예수님을 찾아온 백부장은 중풍을 맞은 자기 집 하인을 고쳐 주시기를 주님께 간청했습니다. 백부장의 간청을 수락하신 주님께서 그의 집으로 가시려 하자, 그는 주님께서 자신의 집을 친히 방문하시는 것을 도저히 감당할 수 없다며 주님을 만류했습니다. 백부장은 자신도 상관이 명령하는 대로 복종하고 또 자기 수하 사람도 자신이 시키는 대로 행하는 것처럼, 주님께서 그냥 그 자리에서 명령만 하시면 자기 집 하인이 넉넉히 치유될 것임을 믿는다고 고백했습니다. 대단한 믿음의 고백이었습니다. 그 고백을 들으신 주님께서 말씀하셨습니다.

> 내가 진실로 너희에게 이르노니 이스라엘 중 아무에게서도 이만한 믿음을 보지 못하였노라(마 8:10하).

주님께서는 '이만한 믿음을 보지 못하였다'고 말씀하셨습니다. 우리말 '보다'에 해당하는 헬라어 동사 '휴리스코εὑρίσκω'는 '만나다' 혹은 '발견하다'라는 의미입니다. 믿음을 만나거나 발견하는 것 역시 믿음이 눈에 보이는 것이기 때문에 가능합니다.

그런가 하면 예수님께서는 누가복음 18장 8절을 통해 "인자가 올 때에 세상에서 믿음을 보겠느냐?"고 탄식하셨습니다. 여기에서 사용된 동사 역시 '휴리스코'입니다. 주님께서 재림하실 때에 이 세상에서 과연 믿음을 만나 볼 수 있겠느냐는 탄식이었습니다. 주님께서는 이 세상 끝 날에 '믿음을 지닌 사람'을 만나 볼 수 있겠느냐고 탄식하지 않으셨습니다. '믿음'을 만나 볼 수 있겠느냐고 탄식하셨습니다. 믿음은 눈에 보이는 것이기 때문이었습니다.

8주 전 독일의 종교학자 요아힘 바흐Joachim Wach가 네 단어로 정의한 신앙 경험의 본질적 요소에 대해 말씀드린 적이 있습니다. 첫째는, 궁극성ultimacy이라고 했습니다. 신앙 경험은 궁극적 실재, 즉 피조물인 인간과는 전혀 다른 창조주 하나님을 체험한 인간의 반응이라는 것입니다. 둘째는, 전체성totality입니다. 신앙 경험이 하나님을 체험한 인간의 반응이라면, 그 반응은 부분적인 것이 아니라 인간 삶의 전반에 걸쳐 일어나는 전체적인 반응이라는 것입니다. 셋째는, 강렬함intensity입니다. 하나님에 대한 인간의 경험은 인간이 체험할 수 있는 경험 중에 가장 강렬한 경험이라는 것입니다. 마지막으로, 행동action입니다. 하나님에 대한 신앙 경험은 반드시 행동으로 드러난다는 것입니다. 이상과 같은 요아힘 바흐의 설명을 한마디로 표현하면, 하나님을 만난 인간의 참된 믿음은 어떤 형태로든 외적으로 표출되기 마련이라는 것입니다. 그래서 믿음은 눈에 보이지 않을 수 없습니다. 처음부터 보여 주기 위함을 목적으로 삼는 믿음은 위선일 뿐이지만, 하나님을 인격적으로 만난 사람의 참된 신앙은 결과적으로 사람의 눈에 보일 수밖에 없습니다.

누가복음 10장은 주님께서 말씀하신 '선한 사마리아인'의 이야기를 전해 주고 있습니다. 어떤 행인이 외딴길을 가다가 강도를 만나 지닌 것을 다 빼앗기고 피투성이가 된 채 길에 버려졌습니다. 그 곁을 시차를 두고 세 사람이 지나갔습니다. 우리는 그 세 사람들이 각각 어떤 믿음의 소유자였는지 잘 알고 있습니다. 우리의 눈으로 그들의 믿음을 볼 수 있기 때문입니다. 제일 먼저 그곳을 지나간 사람은 제사장이었고, 그다음은 레위인이었습니다. 제사장과 레위인은 제사를 주관하고 성전 업무를 전담하는, 요즈음 말로 성직자들이었습니다. 그러나 그들은 참된 믿음의 사람들이 아니었습니다. 인적이 끊어진 외딴길에 피투성이가 되어 죽어 가는 사람을 외면함으로써 그들은 자신들의 믿음이 참된 믿음이 아님을 스스로 보여 주었습니다.

　마지막으로 그곳에 나타난 사람은 유대인들이 이방인의 피가 섞였다고 짐승처럼 경멸하던 사마리아인이었지만, 그는 진정한 믿음의 사람이었습니다. 그는 가던 길을 멈추고 피투성이 상태로 죽어 가는 사람에게 다가가 그의 상처에 포도주를 부어 응급조치를 취했습니다. 그리고 그 사람을 자신의 나귀에 태워 주막으로 데리고 가서 그날 밤 그의 곁을 지켜 주었습니다. 이튿날 아침이 되어도 그 사람이 깨어날 기미를 보이지 않자, 사마리아인은 주막집 주인에게 돈을 지불하고 그 사람을 돌보아 줄 것을 부탁했습니다. 그리고 추가 경비가 소요되면 자신이 일을 보고 돌아오는 길에 갚아 주겠다는 약속도 잊지 않음으로써 자기 믿음의 참됨 여부를 스스로 보여 주었습니다. 그래서 우리는 유대인들이 경멸하던 그 사마리아인이야말로 참된 믿음의 사람임을 인정하지 않을 수 없습니다. 우리의 눈으로 그의 믿음을 보고, 또 확인할 수 있기 때문입니다.

　우리는 여기에서 그 사마리아인의 평소의 삶에 대해 생각해 볼 필요가 있습니다. 그가 평소 가정이나 일터에서 이기적이고 독선적이어서 자기도 모르게 주위 사람에게 고통과 괴로움을 안겨 주는 사람이었겠습니까? 만약 사마리아인이 그런 사람이었다면, 그가 그날 그 외딴길에서 피투성이가 되어 죽어 가는 사람을 구출한 것은 크게 인심 한 번 쓴 셈이 됩니다. 세상에는 지극히 자기중심적으로 살면서도 어떤 행사나 단체에 상상치도 못할 큰 거금을 희사한다거나, 별로 중요해 보이지도 않는 일로 엄청난 선물을 한다거나, 많은 사람을 한꺼번에 접대하는 등의 인심을 쓰는 사람들이 적지 않습니다. 그러나 예수님께서 언급하신 사마리아인이 그런 사람일 수 없는 것은, 전혀 남을 배려하지 않고 자기중심적으로 살면서도 인심 쓰기를 좋아하는 사람은 인간의 찬사를 즐기는 사람이기 때문입니다. 바꾸어 말하면 그런 사람은 인간의 찬사가 없거나, 찬사가 수반될 수 없는 곳에서는 절대로 인심을 쓰지 않습니다.

  2천 년이 지난 오늘날 우리는 누가복음 10장을 통해 그 사마리아인의 일거수일투족을 들여다볼 수 있습니다. 그러나 2천 년 전 그가 그 외딴길을 지나칠 때, 그곳에는 사마리아인과 피투성이가 되어 죽어 가는 행인뿐이었습니다. 그 이외에 그곳에는 단 한 명의 외부인도 없었습니다. 그 사마리아인이 피투성이로 죽어 가는 행인에게 아무리 선행을 베풀어도 그에게 찬사를 보내 줄 관객이 단 한 명도 없었다는 말입니다. 피투성이로 죽어 가는 사람은 의식불명의 상태였기에 그 사람으로부터도 찬사를 받을 상황이 아니었습니다. 그렇지만 그 사마리아인은 제사장이나 레위인처럼 그 사람을 외면하지 않고 정성을 다해 선행을 베풀었습니다. 평소에 그가 그런 사람이었기 때문입니다. 믿음은 점이 아니라 선이라고 했습니다. 그가 기분 날 때에만 인심 쓰는 사람이 아니라, 평소 하나님의 말씀을 따라 사는 참된 믿음의 사람이었기에 그 연장선상에서 아무도 보지 않는 외딴곳임에도 피투성이로 죽어 가는 사람을 거두었고, 우리는 그의 참된 믿음을 우리의 두 눈으로 똑똑히 보고 있습니다.

이처럼 믿음은 추상적 개념이 아니라 눈에 보이는 실체입니다. 그래서 우리 역시 조금만 가까운 사이면 다 알고 있습니다. 누가 참믿음의 소유자인지, 누가 믿음보다 자기 기분대로 사는지, 누가 사람이 보지 않는 곳에서도 믿음의 사람으로 사는지, 누가 사람이 보는 곳에서만 믿음을 좇는지, 우리가 다 알고 있지 않습니까? 믿음은 눈에 보이기 때문입니다. 이처럼 우리가 다른 사람의 믿음을 우리의 눈으로 보고 있다면, 중요한 사실은 다른 사람들 역시 우리 각자의 믿음을 자기 눈으로 지금 보고 있다는 것입니다. 단지 입으로 말만 하지 않을 뿐입니다. 그렇다면 어떻습니까? 다른 사람들은 우리 각자의 믿음을 지금 어떤 믿음으로 보고 있겠습니까? 믿음이 눈에 보이는 것이라면, 하나님은 또 우리의 믿음을 지금 어떻게 보고 계시겠습니까?

만약 누군가가 누구보다도 더 열심히 믿음 생활을 하는데도 도리어 이기적이기만 한 그의 삶이 주위 사람에게 고통과 괴롬을 안겨 준다면, 다른 사람의 눈에 그의 믿음이 참된 믿음으로 투영되지 않고 있다면, 그 근본적인 이유가 무엇이겠습니까?

국제구호단체 월드비전의 미국 현 회장인 리처드 스턴스Richard Stearns는 자신의 자전적 이야기를 다룬 책 《구멍 난 복음 The Hole in Our Gospel》 속에서 자신의 친구 이야기를 소개하고 있습니다. 그 친구는 신학생일 때 신학교 동급생과 한 가지 실험을 했습니다. 창세기에서부터 요한계시록에 이르기까지 성경을 차례로 읽으면서, 하나님께서 인간에 대한 사랑과 하나님의 정의에 대하여 말씀하신 구절에 모두 밑줄을 쳤습니다. 밑줄 친 구절은 무려 2천 구절에 이르렀습니다. 신구약을 통틀어 성경 66권 가운데 하나님께서 사랑과 정의에 대해 말씀하신 구절이 없는 곳이 없었습니다. 그다음에는 밑줄 친 구절들을 가위로 모두 잘라 내었습니다. 성경에서 사랑과 정의에 관련된 구절을 모두 잘라 버린 것이었습니다. 그 결과 남은 것은 온통 구멍투성이인 누더기뿐이었습니다. 그 친구가 그런 실험을 한 것은 오늘날의 그리스도인들의 믿음이, 자신의 입맛에 맞는 구절들만 선택하고 그 외에는 모두 잘라 버린 구멍 난 성경을 믿는 구멍 난 믿음임을 상징적으로 보여 주기 위함이었습니다. 그 친구의 이야기에 감명받은 리처드 스턴스는 그래서 자신의 자전적 이야기를 다룬 책에 '구멍 난 복음'이라는 제목을 달았습니다. 그것은 그동안 구멍 난 성경을 지니고 구멍 난 믿음을 좇던 자기 허물에 대한 회개인 동시에, 앞으로는 온전한 성경을 좇는 참된 믿음의 사람이 되겠다는 결단의 표시였습니다.

  사람의 통행이 빈번한 대로변도 아니고, 인적이 없는 외딴곳에서 피투성이로 죽어 가는 사람을 보고서도 제사장과 레위인은 그냥 지나쳐 버리고 말았습니다. 그들은 하나님을 모르는 사람들이 아니었습니다. 누구보다도 앞장서서 하나님을 믿는다는 성직자들이었습니다. 그런데도 그들이 피투성이가 되어 죽어 가는 사람을 그냥 지나쳐 버린 것은 그들이 스스로 구멍 낸, 구멍 난 성경을 지니고 있었기 때문입니다. 그들이 지닌 구멍 난 성경에는 그런 경우에 책임감이나 의무감을 느끼게 해줄 그 어떤 구절도 없었습니다. 반면에 유대인들이 짐승처럼 경멸하던 사마리아인이 자신에게 찬사를 보내줄 단 한 명의 관객도 없는 그 외딴길에서 죽어 가는 사람을 거둘 수 있었던 것은, 그의 성경은 구멍 난 성경이 아니었기 때문입니다. 자기 멋대로 성경에 구멍을 낸 적 없이, 온전한 성경을 지니고 평소 하나님의 말씀을 온전히 좇은 결과였습니다. 제사장과 레위인 그리고 사마리아인, 그 세 사람이 어떤 성경을 지니고 있었느냐에 따라 그 세 사람의 믿음은 우리 눈에 각각 다른 모양으로 투영되었습니다. 그렇다면 우리는 지금 어떤 성경을 지니고 있습니까? 여기저기 우리 마음대로 마구 구멍 낸, 구멍 난 성경입니까? 그 어디에도 구멍 하나 없는 온전한 성경입니까?

　소설가 앤 라이스가 예수 그리스도는 따르겠지만 더 이상 가톨릭교인으로 남지는 않겠다는 것은, 그녀가 떠난 가톨릭교회 교인들이 구멍 난 성경을 지녔기 때문이 아니겠습니까? 인도의 간디가 예수 그리스도는 좋지만 기독교인은 싫다고 한 것은, 그가 만난 기독교인들이 스스로 구멍 낸 구멍투성이의 성경을 좇았기 때문이 아니겠습니까? 일본의 우치무라 간조와 중국의 우징슝 박사가 기독교 성직자와 교인의 언행을 보면 도저히 주님을 믿을 수 없다고 한 것은, 당시 일본과 중국의 성직자와 교인들이 자기 멋대로 난도질한 성경을 신봉했기 때문이 아니겠습니까? 이 땅의 그리스도인들이 세상을 살리고 새롭게 하는 소금과 빛이 되기는커녕 세상으로부터 혹독한 비판과 비난의 대상으로 전락한 것은, 우리 역시 성경에서 듣기 거북하거나 껄끄러운 구절들은 모두 가위질하여 구멍투성이인 누더기 성경을 신주단지 모시듯 끌어안고 있기 때문이 아니겠습니까?

　그렇다면 그 대안이 무엇이겠습니까? 소설가 앤 라이스처럼 우리 역시 모든 교인과 교회와의 관계를 단절해 버리는 것입니까? 결코 아닙니다. 그리스도인은 세상을 등지는 사람들이 아닙니다. 그리스도인은 이 세상 속에서 사람들과 부대끼고 사람들에게 상처 받아 가면서도 참된 믿음이 무엇인지를 자신의 삶으로 보여 주는 사람입니다.

　사랑하는 교우 여러분!

　그동안 우리 입맛에 맞는 성경 구절만 붙잡느라 성경을 우리 마음대로 구멍투성이의 누더기로 만들어 온 잘못을 회개하십시다. 구멍 난 성경으로는 세상은 말할 것도 없고 우리 자신도 살릴 수 없습니다. 구멍 난 성경으로는 하나님의 능력을 온전히 힘입을 수 없습니다. 이제 우리 모두 구멍투성이의 누더기 성경을 버리고, 본래 하나님께서 주신 온전한 성경으로 되돌아가십시다. 온전한 성경으로 하나님의 말씀을 온전히 좇음으로, 우리의 참된 믿음을 세상과 하나님께 보여 드립시다. 그때 하나님께서는 우리의 삶을 통해 이 시대를 새롭게 하실 것이요, 세상 사람들은 우리의 믿음을 보고 우리가 전하는 복음을 비로소 받아들일 것입니다.

믿음은 결코 추상적인 개념이 아닙니다. 믿음은 반드시 눈에 보이는 구체적인 실체입니다.

그동안 나는 다른 사람의 믿음을 내 눈으로 보아 왔습니다. 그래서 누구의 믿음은 어떻고, 또 누구의 믿음은 어떻다고 평가하기도 했습니다. 그러나 다른 사람도 나의 믿음을 눈으로 보고 있다는 사실, 특히 하나님께서도 나의 믿음을 보고 계신다는 사실에 대해서는 무지했습니다. 오늘 이 땅의 그리스도인과 교회가 세상으로부터 가혹할 정도로 비판과 비난의 대상이 된 것은, 내가 먼저 세상 사람들에게 참된 믿음을 보이지 못한 결과요. 그 까닭은 그동안 내 마음대로 마구 가위질한 구멍 난 성경을 좇았기 때문임을 깨닫게 해주셔서 감사합니다.

하나님께서는 성경 말씀 가운데 일점일획도 더하거나 뺄 수 없다고 말씀하셨습니다. 그러나 그동안 나는 내 마음과 욕망과 이기심에 들어맞는 말씀만 붙잡고 사느라, 나머지 말씀을 모두 난도질해 버려 하나님의 말씀인 성경을 구멍투성이인 누더기로 만들었습니다. 구멍 난 성경을 좇는 나의 믿음 또한 구멍 난 믿음이어서, 그 구멍을 통해 세상과 밀접하게 연합한 나의 믿음은 세상 사람이 보기에도 참믿음일 수 없었습니다. 그러고도 스스로 믿음을 지녔다고 착각해 온 나의 어리석음을 회개하오니 용서해 주십시오.

하나님 아버지의 은총으로, 성령님의 빛으로, 예수 그리스도의 말씀으로, 내가 난도질한 성경의 모든 구멍들을 빠짐없이 메워 주십시오. 주님께서 복원해 주신 온전한 성경을 온전히 좇는 우리의 바른 믿음을 세상 사람들과 하나님께 보여 드리는 참된 그리스도인이 되게 해주십시오. 믿음은 추상적인 개념이 아니라, 반드시 눈에 보이는 실체임을 잊지 않게 해주십시오. 그리하여 우리의 삶을 통해 이 시대를 위한 하나님의 뜻이 이루어지게 하시고, 세상 사람들의 눈에 보이는 우리의 참된 믿음이 세상 사람들을 주님 앞으로 인도하는 교량이 되게 해주십시오. 아멘.

4. 바로 일어서라 경술국치 100주년

사도행전 14장 8-12절
루스드라에 발을 쓰지 못하는 한 사람이 앉아 있는데 나면서 걷지 못하게 되어 걸어 본 적이 없는 자라 바울이 말하는 것을 듣거늘 바울이 주목하여 구원받을 만한 믿음이 그에게 있는 것을 보고 큰 소리로 이르되 네 발로 **바로 일어서라** 하니 그 사람이 일어나 걷는지라 무리가 바울이 한 일을 보고 루가오니아 방언으로 소리 질러 이르되 신들이 사람의 형상으로 우리 가운데 내려오셨다 하여 바나바는 제우스라 하고 바울은 그중에 말하는 자이므로 헤르메스라 하더라

1972년 초였습니다. 그 시기는 1971년 12월 6일 선포된 박정희 대통령의 '국가비상사태선언'이 이듬해인 1972년 10월 17일 '10월 유신'으로 이어지는 정치·사회적 격동기였습니다. 독재 권력을 강화하려는 집권 여당과 이를 제지하려는 야당의 격돌로 정국은 매일 혼미에 혼미를 거듭했고, 경제적으로는 필리핀을 동경의 대상으로 삼을 정도로 가난하기만 했습니다. 《사랑의 초대》에서 밝힌 것처럼, 당시 외국인 회사에 근무하고 있던 저는 본사 연수

에 참석하기 위해 난생처음으로 출국, 네덜란드 암스테르담에서 30여 개국에서 온 젊은이들과 두 달 이상 함께 지냈습니다. 저를 가슴 아프게 만든 것은 일본과 태국에서 온 청년을 제외하고는, 그 많은 청년들 가운데 대한민국을 아는 청년이 없었다는 사실이었습니다. 영국 청년도, 스페인 청년도, 미국 청년과 브라질 청년도 한국을 알지 못했습니다.

하루는 브라질 청년이 주머니 속 수첩을 꺼내더니 지도가 인쇄된 페이지를 펴고, 대체 한국이 어디냐고 제게 물었습니다. 손가락으로 "여기"라고 가리키던 제가 깜짝 놀랐습니다. 새끼손톱보다 더 작은 한반도에 'Korea'라는 이름은 아예 기재되어 있지도 않았습니다. 그 대신 한반도와 일본열도 사이에 'Japan'이라고 인쇄되어 있었습니다. 누가 보아도 그 지도상의 한반도는 일본이지 한국이 아니었습니다. 불과 40년 전 지구 반대쪽에서는 한국을 아는 사람도, 'Korea'가 명기된 지도도 만나 보기 어려웠습니다.

얼마 지나지 않아 연수에 참가한 청년들이 모두 친해졌습니다. 어느 날 지리 시간이었습니다. 연수 과목 중 지리 시간이 가장 따분했습니다. 한 청년이 손을 들더니 강사에게 오늘은 '살아 있는 지리 공부'를 하자고 제안했습니다. '살아 있는 지리 공부'가 무슨 의미냐는 강사의 물음에 청년이 대답했습니다. "이 자리에는 자신들이 전혀 알지 못하는 두 나라에서 온 두 청년이 있으므로, 그들을 통해 미지의 두 나라에 대해 배우자"는 것이었습니다. 그 제안에 나머지 청년들은 박수로 화답했습니다. 미지의 세계에 대해 진지하게 알아보려는 탐구심이 있어서가 아니라, 단순히 따분한 지리 시간을 재미있게 때우려는 속셈이었습니다. 그가 말한 미지의 두 나라는 아프리카 짐바브웨와 한국이었습니다. 강사는 짐바브웨 청년과 제게 동의를 구했고, 그 즉시 소위 '살아 있는 지리 공부'가 시작되었습니다.

먼저 짐바브웨 청년이 온갖 질문의 포화를 맞았습니다. 너희 나라에 텔레비전과 냉장고가 있느냐? 자동차는 있느냐? 학교 교육은 제대로 이루어지고 있느냐? 하루 세끼 밥은 먹을 수 있느냐? 너는 얼마나 운이 좋았으면 외국인 회사에 취직할 수 있었느냐? 거의 모든 질문이, 마치 동물원 원숭이를 놀리는 듯한 내용이었습니다. 짐바브웨 청년은 자기 나라에 텔레비전 수상기와 냉장고가 얼마나 많이 보급되어 있는지, 교육제도가 얼마나 우수한지 흥분한 표정과 목소리로 열변을 토했고, 그가 흥분할수록 백인 청년들은 더욱 즐거워했습니다. 그러나 저는 즐거워할 수가 없었습니다. 잠시 후면 제가 그들의 놀림감이 될 것이 뻔했기 때문이었습니다. 뭔가 조치를 취해야만 했습니다.

이윽고 제 차례가 되었습니다. 저는 강사에게 양해를 구한 뒤, 청년들의 질문이 시작되기 전에 먼저 한국에 대해 간략한 소개말을 했습니다.

"한국은 5천 년의 긴 역사를 지니고 있습니다. 유럽 어느 나라의 역사보다 더 길지요. 신라, 고려, 조선 왕조의 역사는 각각 1천 년과 500년씩입니다. 유럽의 왕조도 이렇게 오랫동안 지속된 경우는 흔치 않습니다. 오늘날 일본이 세계적으로 자랑하는 일본 문화는 거의 우리 선조에 의해 전해진 것이며, 독일의 구텐베르크보다 우리가 먼저 금속활자(《직지심체요절》, 1377년)를 사용했습니다. 제가 살고 있는 서울은 인구 600만 명에, 도시의 길이와 폭이 각 30킬로미터인 대도시로, 이곳 암스테르담의 약 10배에 달하는 규모입니다. 이제 한국에 대해 질문하시죠."

처음에는 장난기 어린 표정으로 제 말을 듣던 청년들의 표정이 진지해졌습니다. 그 누구도 너희 나라에 텔레비전이나 냉장고가 있느냐는 식의 질문을 하지 않았습니다. 그들은 그들에게 미지의 나라인 한국에 대해 진지하게 질문했고, 저는 당시 제가 영어로 표현할 수 있는 한 최선을 다해 대답했습니다. 마침내 한국에 대한 질의응답이 끝났을 때, 강사와 청년들은 '살아 있는 지리 공부'에 감사한다며 제게 박수를 쳐주었습니다. 그러나 저는 그 길로 호텔 방으로 되돌아가 울었습니다. 지구 반대편에서 그 누구도 알아주지 않는, 지도에 명기조차 되어 있지 않은 조국의 왜소함이 너무나도 가슴 아파 울었습니다. 그러나 조국의 왜소함에도 불구하고 짐바브웨 청년을 놀리듯 저와 제 조국을 놀리려던 백인 청년들 앞에서, 오히려 조국에 대해 한없는 긍지를 느꼈음이 스스로 감격스러워 울었습니다. 그리고 지구 반대편에서 미지의 나라에 지나지 않는 왜소하고 무력한 조국을 위해 무언가 보탬이 되어야 한다는 사명감으로 울었습니다. 제 나이 스무네 살이었던 그날 밤, 저는 지구 반대편 호텔 방에서 조국을 생각하며 난생처음 그렇게 울었습니다.

암스테르담에서 연수가 끝난 뒤 귀국길에 프랑스 파리에 들렀습니다. 그리고 선배를 따라 그곳에서 살고 있는 한인들과 환담 자리를 갖게 되었습니다. 그분들은 한국의 상황에 염증을 느껴 프랑스에 정착한 분들로, 당시 용어로 소위 반한反韓 인사들이었습니다. 술이 거나해진 그분들이 서로 말을 주고받았습니다.

"파리의 개선문을 좀 봐, 얼마나 멋져? 그런데 우리나라 독립문은 그게 뭐야? 노트르담 성당은 또 얼마나 웅장해? 우린 제일 크다는 게 고작 명동성당이야. 센 강변을 거닐면 그냥 시가 줄줄 나올 것 같잖아? 하지만 한강은 도무지 볼 것이 있어야지. 생각만 해도 얼굴이 화끈거려."

이렇게 조국에 대한 실망감을 토로하던 그분들이 문득 저를 쳐다보았습니다. 파리를 처음 방문한 네 생각은 어떠냐는 의미였습니다. 저는 조심스럽게 제 소감을 피력했습니다.

"왜 파리의 개선문을 하필이면 독립문과 비교하십니까? 우리나라에는 개선문보다 300여 년 앞선 남대문(숭례문)과 동대문(흥인지문)이 있지 않습니까?

경주의 불국사는 노트르담 대성당에 비해 400여 년이나 먼저 지어지지 않았습니까? 그러나 불국사에서부터 석굴암에 이르는 그 웅대한 규모를 어떻게 노트르담 대성당이 따라갈 수 있겠습니까? 센 강변은 정말 아름답습니다. 거기에선 누구나 시인이 될 수 있을 것 같았습니다. 그런데 한국에 계실 때 단 한 번이라도 한강변을 찾아가 걸으며, 거기에서 떠오르는 시상을 즐겨 보신 적이 있는지요? 황혼 녘 한강변에 앉아 한 번이라도 낙조에 물든 한강을 감상해 보신 적이 있는지요?"

제 말이 끝나도 그분들은 제게 반박하지 않았습니다. 저는 말은 그렇게 했지만, 이미 그 시절에 조국을 등지고 이국땅에 정착할 수밖에 없었던 그분들에게는 정치적으로나 경제적으로 조국에 대해 절망할 수밖에 없었던 분명한 이유가 있었을 것이라 생각하며 숙소로 돌아왔습니다. 그리고 그날 밤에도 파리의 호텔 방에서 조국을 생각하며 홀로 울었습니다. 암스테르담에서의 울음이 격한 흐느낌이었다면, 파리에서의 울음은 마음 깊은 곳에서부터 소리 없이 스며 나오는 울음이었습니다. 얼마나 못났으면 자기 동족으로부터도 버림받고 폄하당하는 조국, 그럼에도 죽을 때까지 사랑하지 않을 수 없는 조국을 위해 울었습니다.

조국을 위해 남몰래 눈물 훔친 것이 어떻게 저만의 경험이겠습니까? 그동안 이 땅을 지키기 위해, 이 땅의 가난과 싸우기 위해, 이 땅의 불의와 맞서기 위해, 이 땅의 정의를 수호하기 위해 얼마나 많은 사람들이 소리 없이 울었겠습니까?

특히 오늘은 경술국치 100주년을 맞는 날입니다. 1910년 8월 22일 오후 2시, 창덕궁 대조전 흥복헌興福軒에서 대한제국 마지막 어전회의가 열렸습니다. 참석자는 대한제국 마지막 임금 순종과 총리대신 이완용 그리고 각료들이었습니다. 안건은 단 하나, '한일병합조약체결' 건이었습니다. 각료 중 학부대신 이용직은 한일병합조약 체결을 반대하다 끌려 나갔고, 이미 이완용에게 매수당한 나머지 각료들은 찬성하였습니다. 어전회의가 시작된 지 한 시간이 경과한 오후 3시경, 권력적으로는 이미 식물인간이었던 순종은 한일병합조약체결의 전권을 이완용에게 위임하였습니다. 이완용은 그 즉시 위임장을 들고 남산에 있던 데라우치 마사타케寺內正毅 통감의 관저로 갔습니다. 그리고 그곳에서 이완용은 자신의 명의로 데라우치와 한일병합을 체결한 뒤, 데라우치 통감과 함께 샴페인으로 조약 체결을 자축했습니다. 그때의 시간이 1910년 8월 22일 오후 5시였습니다.

이튿날부터 일주일 동안 일제는 전국에 걸쳐 대대적인 검색에 나섰습니다. 수천 명의 항일 인사를 투옥시켰고, 민족주의를 표방하는 단체 대부분을 강제해산시켰습니다. 이처럼 일제는 일주일 동안 소요의 가능성을 완전 차단한 뒤, 8월 29일 한일병합을 공식적으로 공포함과 동시에 이 땅은 일제의 식민지로 전락하고 말았습니다. 반만년 동안 숱한 외적의 침입과 전란 속에서도 한반도를 지켜 오던 나라는 그렇게 사라지고 말았습니다. 100년 전 바로 오늘의 일이었습니다. 그날, 하루아침에 나라를 잃은 백성들이 얼마나 망국의 눈물을 흘렸을는지는 생각하는 것만으로도 가슴이 저밉니다.

그러므로 우리는 오늘, 우리나라 역사상 가장 치욕적인 경술국치 100주년을 맞는 우리를 위해 하나님께서 2천 년 전부터 예비해 두신 말씀에 귀 기울이지 않을 수 없습니다. 이고니온에서 쫓겨난 사도 바울이 그다음 행선지로 찾아간 곳은 루스드라였습니다. 루스드라에는 유대인 거주자가 많지 않아, 그동안 바울이 들렀던 곳과는 달리 그곳에는 유대인 회당이 없었습니다. 그래서 바울은 제우스와 헤르메스를 신봉하는 루스드라 사람들에게 야외에서 복음을 전했습니다. 그 덕분에, 바울이 실내에서 복음을 전했더라면 복음을 접할 수 없었던 사람들도 바울을 통해 복음을 듣게 되었습니다. 그 사람들 가운데 태어난 이래 단 한 번도 일어서거나 걸어 본 적이 없는 선천성 하반신마비자가 있었습니다. 그는 바울이 전하는 하나님의 말씀을 온 마음을 다해 경청했고, 바울은 하나님의 말씀을 전하면서 그를 주목하여 그에게 구원을 받을 만한 믿음이 있음을 보았습니다.

큰 소리로 이르되 네 발로 바로 일어서라 하니 그 사람이 일어나 걷는지라 (10절).

선천성 하반신마비자에게 구원받을 만한 믿음이 있음을 본 사도 바울은 큰 소리로 '네 발로 일어서라'고 그에게 명령했습니다. 무엇을 의지하거나, 누구를 붙잡고 일어설 것을 명령한 것이 아니었습니다. 태어난 이래 단 한 번도 일어서 본 적이 없으니 반쯤 일어나 보라거나, 적당하게 일어서라고 명령한 것도 아니었습니다. 바울은 '바로 일어서라'고 명령하였습니다. 우리말 '바로'로 번역된 헬라어 '오르도스ὀρθός'는 '즉각'이라는 의미가 아니라, '일직선으로 곧게' 혹은 '똑바로'라는 뜻입니다. 바울은 한 번도 일어서 본 적이 없는 선천성 하반신마비자에게 두 발을 쭉 뻗고 똑바로 일어나라고 명령한 것입니다. 아니, 그것은 사도 바울을 통한 하나님의 명령이었습니다. 하나님께서는 천지를 창조하신 전지전능한 하나님이십니다. 하나님의 말씀은 사람을 영원히 살리시는 온전한 생명의 말씀이십니다. 하나님께서는 사람을 세우시되 엉거주춤 세우거나 비뚤게 세우시지 않습니다. 하나님께서는 언제나 사람을 똑바로 세우십니다. 그래서 하나님께서는 사도 바울을 통해 루스드라의 선천성 하반신마비자에게 '바로 일어서라'고 명령하셨고, 하나님의 그 명령에 힘입은 선천성 하반신마비자는 바로 일어나 바로 걸었습니다.

'바로 일어나라.' 이것이 치욕적인 경술국치 100주년을 맞는 우리를 향한 하나님의 명령입니다.

중국 명나라가 망한 뒤, 중국은 중국인들이 오랑캐라고 경멸하던 만주족 청나라의 천하가 되었습니다. 중국의 역사상 만주족의 청나라 시대가 도래했다는 것은 중국인에 대한 만주족의 식민 지배가 시작되었음을 의미했습니다. 평소 오랑캐라고 경멸하던 만주족인 만큼 중국인들의 반발이 얼마나 컸겠습니까? 그래서 중국 전역의 통치권을 장악한 만주족은 중국인의 예기銳氣를 꺾기 위해 대학살을 단행하였습니다. 그때 얼마나 많은 사람이 학살당했는지, 아무리 보수적으로 잡아도 최소 5천만 명에서 최대 1억 명의 중국인이 학살당한 것으로 알려지고 있습니다. 그 가공스러운 대학살로 인하여 청나라 초기 중국인의 인구가 급감하였다니, 중국인에게 그 시기가 얼마나 치욕적이었을는지는 쉽게 짐작할 수 있습니다.

중국의 고염무顧炎武는 그 치욕적이고도 혼란한 시대를 산 사상가이자 역사학자였습니다. 그는 청년 시절에 이미 명나라 말기의 문필가로 이름을 떨쳤습니다. 그러나 자신의 조국인 명나라가 망하고 청나라 군사가 밀려오자, 청나라 군사를 격퇴하기 위한 무장항쟁에 투신하였습니다. 그러나 뜻을 이루지 못하자 낙향하여 학문에만 전념하였습니다. 중국을 장악한 청나라 조정은 고염무의 능력을 높이 사 여러 번이나 벼슬을 제의했지만, 고염무는 명나라에 대한 절조를 지키기 위해 끝내 응하지 않았습니다. 그리고 그는 저서 《일지록日知錄》에 이런 말을 남겼습니다.

"왕조가 바뀌는 것은 왕과 신하의 잘못이지만, 나라가 망하는 것은 필부에게도 책임이 있다."

참으로 의미심장한 말입니다. 한 나라의 왕조가 바뀌는 것은 오늘날의 정권 교체처럼 그 나라 내에서 지배층만 바뀌는 것입니다. 그러므로 왕조가 바뀌는 것은 왕과 신하로 대변되는 지배층의 책임입니다. 그러나 나라가 망한다는 것은 그 나라 밖 다른 민족의 식민지로 전락하는 것을 의미합니다. 한 나라 한 국민의 왕조나 정부가 바뀌는 것이 아니라, 한 나라 한 국민이 다른 나라 다른 민족의 식민지와 식민으로 전락한다면 그 국민 개개인에겐들 어찌 책임이 없을 수 있겠습니까?

100년 전 오늘, 이 땅이 일본 제국의 식민지로 전락하여 이 땅의 백성들이 36년 동안 수탈과 압제 속에서 피멍이 들어야만 했다면, 그것이 어찌 무능한 왕조와 매국노 이완용만의 책임이겠습니까? 각자 자기 자신을 바르게 세우고 바르게 지키지 못한 백성 개개인에게 어찌 책임이 없을 수 있겠습니까? 100년 전 오늘 이 땅의 백성들이 망국의 눈물을 흘리지 않을 수 없었던 것은 결코 다른 나라, 다른 민족의 책임일 수 없었습니다.

그로부터 100년이 지난 오늘 우리 사회를 되돌아보면, 나라를 사랑하는 사람이라면 여전히 마음속으로 눈물짓지 않을 수 없습니다. 그동안 산업화와 민주화는 이루었지만, 그러나 정작 중요한 것을 상실하고 말았습니다. 지난주에 새로 임명된 총리와 장관에 대한 국회 청문회가 모두 끝났습니다. 그러나 위장 전입 전력이 없는 분을 만나기가 어찌 그다지도 힘듭니까? 한 나라를 지탱시켜 주는 힘은 그 나라 국민의 준법정신과 도덕성에서 나옵니다. 천하무적의 군대를 지닌 나라도 국민의 준법정신과 도덕성이 무너지면 반드시 망한다는 것이 역사의 교훈입니다. 실정법을 위반하고서라도 내 자식 잘 되기만을 좇는 것은 결과적으로 남의 집 귀한 자식에게 불이익을 줄 뿐 아니라 위장 전입의 수혜자인 자기 자식에게 불법과 탈법을 사주하는 행위이기에, 준법정신과 도덕성을 동시에 허물어뜨리는 위장 전입은 결코 가벼운 허물일 수 없습니다. 그런데도 청문회가 열릴 때마다 위장 전입은 단골 메

뉴로 등장하고 있습니다. 그것이 청문회에서 드러난 분들만의 문제이겠습니까? 이 나라 대법원의 대법관도, 검찰 총수도, 심지어는 행정부 최고 수반까지 위장 전입의 전력을 지니고 있습니다. 이것은 우리 사회에 위장 전입이 보편화되어 있음을 의미하고, 또 이 땅의 준법정신과 도덕성이 이미 무너져 내렸음을 뜻합니다. 그러니 우리 사회 전반에 걸쳐 거짓이 만연한 것 또한 조금도 이상한 일일 수 없습니다.

그렇다면 세상을 살리고 밝히는 소금과 빛이어야 할 우리 자신은 어떻습니까? 우리에게는 위장 전입의 전과가 없습니까? 우리는 그리스도인의 양심으로 이 사회를 지탱시켜 줄 준법정신과 도덕성에 투철하고 있습니까? 우리의 말에는 과연 진실성이 담겨 있습니까? 우리가 살고 있는 이 사회에 거짓이 만연해 있다는 것은, 예수 그리스도 안에서 진리의 말씀을 좇는다는 우리 역시 세상 사람들과 전혀 구별되지 않는 삶을 살고 있기 때문 아닙니까? 그렇다면 거짓의 토대 위에 서 있는 이 나라가 언젠가 모래성처럼 허물어지지 않는다고 과연 누가 장담할 수 있겠습니까? 거짓은 사막의 불개미와 같습니다. 불개미가 속을 갉아먹은 집이 멀쩡해 보이다가 한순간 무너져 내리듯이, 거짓은 아무리 견고해 보여도 반드시 무너지기 마련입니다.

하나님의 말씀은 비뚤어진 우리의 생명을 바로 일어서게 하는 온전한 생명이십니다. 하나님의 사랑은 어그러진 우리 심령을 바로 일어서게 하는 하나님의 능력이십니다. 하나님의 공의는 왜곡된 우리의 삶과 이 사회를 바로 일어서게 하는 하나님의 손길입니다. 그 하나님께서 오늘 경술국치 100주년을 맞아 우리에게 '바로 일어서라'고 명령하십니다. 하나님께서 그렇게 명령하시는 것은 우리가 하나님의 명령에 순종하여 바로 일어서려 하기만 하면, 마치 2천 년 전 루스드라의 선천성 하반신마비자를 바로 일어서게 하신 것처럼, 우리가 바로 일어서게끔 하나님께서 반드시 책임져 주시겠다는 약속입니다.

이제 우리 모두 하나님의 명령에 순종하여, 거짓되고 부도덕하고 왜곡되었던 거짓된 삶으로부터 바로 일어서십시다. 하나님께서 당신의 능력으로 비뚤어졌던 우리의 생명과 심령과 생각과 가치관을 바로 일으켜 주실 것이요, 우리를 통해 이 나라가 반드시 바로 일어서게 해주실 것입니다. 인간의 죄로 말미암아 비뚤어진 이 세상을, 당신의 말씀으로 바로 일어서게 하시는 것이 하나님의 뜻이기 때문입니다.

하나님께서는 교회를 짓밟던 바울의 영혼을 바로 일어서게 해주셨습니다. 하나님께서는 그 바울을 통해 비시디아 안디옥과 이고니온의 수많은 심령들이 바로 일어서게 해주셨고, 루스드라의 선천성 하반신마비자가 바로 일어서게 해주셨고, 로마제국이 바로 일어서게 해주셨습니다. 그리고 경술국치 100주년을 맞는 오늘, 하나님을 믿는다면서도 세상 사람들과 조금도 구별되지 않는 우리를 향해 '바로 일어서라'고 명령하십니다. 그동안 나 자신, 내 가족, 내 돈만 아는 이기심으로, 이 나라의 한 부분을 스스로 허물어뜨려 온 나의 잘못을 회개하오니 용서하여 주십시오. 부정과 부패와 거짓이 만연한 이 나라를 위해 울기보다는, 이 나라를 이 지경으로 만든 나의 허물로 인해 울게 해주십시오.

이제 '바로 일어서라'는 하나님의 명령에 순종하여, 우리 모두 거짓된 삶으로부터 바로 일어섭니다. 우리의 죗값을 대신 치르기 위해 십자가의 제물로 돌아가셨다가 하나님에 의해 죽음에서 바로 일어서신 예수 그리스도 안에서, 거짓되고 비뚤어졌던 우리의 생명과 심령과 생각과 가치관이 바로 일어서게 해주십시오. 주님 안에서 바로 일어선 우리를 통해, 허물어진 이 나라의 준법정신과 도덕성과 정직성이 회복되게 해주십시오. 주님 안에서 바로 일어선 우리의 삶이, 거짓과 불의가 판을 치는 이 나라를 살리고 밝히는 소금과 빛이 되게 해주십시오. 주님 안에서 바로 일어선 우리로 인해, 이 나라에 100년 전과 같은 치욕의 역사가 다시는 되풀이되지 않게 해주십시오. 주님 안에서 바로 일어선 우리가 있기에, 우리 후손이 대대로 살아갈 이 나라가 정녕 정의로운 하나님의 나라로 일구어지게 해주십시오. 아멘.

5. 바울은 헤르메스라 하더라

사도행전 14장 8-12절
루스드라에 발을 쓰지 못하는 한 사람이 앉아 있는데 나면서 걷지 못하게 되어 걸어 본 적이 없는 자라 바울이 말하는 것을 듣거늘 바울이 주목하여 구원받을 만한 믿음이 그에게 있는 것을 보고 큰 소리로 이르되 네 발로 바로 일어서라 하니 그 사람이 일어나 걷는지라 무리가 바울이 한 일을 보고 루가오니아 방언으로 소리 질러 이르되 신들이 사람의 형상으로 우리 가운데 내려오셨다 하여 바나바는 제우스라 하고 **바울은** 그중에 말하는 자이므로 **헤르메스라 하더라**

어둠은 삽으로 퍼내거나 불도저로 밀어낼 수 없습니다. 총칼로 맞선다고 어둠이 물러나는 것도 아닙니다. 아무리 칠흑 같은 어둠도 빛이 임하면 절로 사라집니다. 그러나 빛은 어둠에서 생성되지 않습니다. 빛과 어둠은 본질적으로 다릅니다. 그러므로 어둠과는 본질적으로 다른 빛이 어둠 속에 비칠 때에만 어둠은 그 어떤 저항도, 소리도 없이 사라집니다. 어둠 스스로는 절대로 어둠에서 벗어날 수 없습니다.

에덴동산에서 사탄의 유혹에 빠져 범죄한 아담과 하와는 동산 숲 속의 어둠 속으로 숨어 버렸습니다. 그것은 죄의 어둠이요, 죄의 삯인 죽음의 어둠이었습니다. 그들 스스로는 그 어둠에서 벗어날 수 없었습니다. 그들을 그 어둠에서 벗어나게 하신 것은 하나님의 말씀이셨습니다. '아담아, 네가 어디 있느냐?'는 하나님의 말씀이 그들에게 임함으로 그들이 숲 속의 어둠, 죄와 사망의 어둠에서 벗어날 수 있었습니다. 하나님의 말씀을 빛이라 하는 이유가 여기에 있습니다. 하나님의 말씀만이 온갖 어둠의 족쇄로부터 인간을 해방시켜 주실 수 있기 때문입니다.

하나님께서 선지자 에스겔에게 명령하셨습니다.

> 너 인자야 내가 네게 이르는 말을 듣고 그 패역한 족속같이 패역하지 말고 네 입을 벌리고 내가 네게 주는 것을 먹으라(겔 2:8).

하나님께서는 에스겔에게 당신의 말씀을 주시면서 그 말씀을 들으라고만 하시지 않았습니다. 하나님께서는 계속하여, 패역한 족속같이 패역하지 말고 입을 벌려 당신의 말씀을 먹으라고 명령하셨습니다. 이스라엘 백성은 모두 하나님을 믿는다는 사람들이었지만 하나님 보시기에는 패역한 인간들이었습니다. 그들은 하나님의 말씀을 단순한 공기의 진동으로만 듣는 사람들이었습니다. 한쪽 귀로 듣고 나머지 귀로 흘려버리는 사람들이었던 것입니다. 그래서 그들은 패역할 수밖에 없었습니다. 하나님의 말씀을 단순한 공기의 진동으로만 여기는 그들 스스로는 죄와 사망의 어둠에서 벗어날 재간이 없었기 때문입니다.

하나님께서는 에스겔 선지자에게 하나님의 말씀을 듣고 입을 벌려 그 말씀을 먹으라고 명령하심으로, 하나님의 말씀을 듣는다는 것은 귀로만 듣는 것이 아니라 입으로 먹는 것임을 분명히 하셨습니다. 사람이 무엇을 먹는다는 것은 스스로 자신이 먹는 것의 지배를 받는 것을 의미합니다. 사람이 술을 마시면 술이 사람을 지배합니다. 사람이 독약을 먹는 것은 독약의 지배 속으로 자신을 던지는 것입니다. 사람이 영양분을 섭취하는 것은 몸에 이로운 영양분이 자신을 지배하게 하는 것입니다. 하나님께서 에스겔에게 당신의 말씀을 먹으라고 명령하신 것은, 당신의 말씀이 에스겔 자신을 지배하게 하라는 명령이었습니다. 하나님의 말씀만 죄와 사망의 어둠, 모든 절망과 좌절의 어둠을 물리치는 빛인 까닭입니다. 나라를 잃고 바빌로니아에 포로로 끌려간 에스겔이 낙담하거나 좌절하기는커녕, 함께 끌려간 유다 포로들을 위해 생명과 빛의 통로가 될 수 있었던 것은 결코 우연한 일이 아니었습니다. 그가 하나님의 말씀을 귀로만 듣지 않고, 그 말씀을 온몸으로 먹음으로 말씀의 지배 속에서 살았기 때문입니다.

내가 입을 벌리니 그가 그 두루마리를 내게 먹이시며 내게 이르시되 인자야 내가 네게 주는 이 두루마리를 네 배에 넣으며 네 창자에 채우라 하시기에 내가 먹으니 그것이 내 입에서 달기가 꿀 같더라(겔 3:2-3).

하나님의 명령에 순종하여 하나님의 말씀을 먹고 하나님의 말씀으로 자신의 창자를 채운 에스겔은, 그 말씀이 달기가 꿀처럼 달다고 고백했습니다. 하나님의 말씀을 먹음으로 하나님의 말씀이 자신을 지배하시기 시작할 때, 그 말씀의 빛 앞에서 자신을 괴롭히던 모든 어둠의 속박이 풀려나는 것을 확인한 에스겔에게 어찌 말씀이 달지 않았겠습니까? 하나님의 말씀의 빛 속에서 보잘것없는 자신이 그 빛의 통로로 쓰임 받는 것을 느낄 때, 어찌 그 말씀이 꿀처럼 달지 않았겠습니까? 하나님의 말씀을 귀로만 듣는 것이 아니라, 말씀을 온몸으로 먹어 말씀의 지배 속에서 사는 사람만 경험할 수 있는 감격이요 희열입니다.

우리는 4주째 루스드라의 하반신마비자에 대해 살펴보고 있습니다. 그 사람은 태어난 이래 단 한 번도 일어서 보거나 걸어 본 적이 없는 선천성 하반신마비자였습니다. 우리는 그의 정확한 나이를 알지 못합니다. 그러나 그는 어린아이거나 청소년이 아니었습니다. 본문 8절은 그를 가리켜 "발을 쓰지 못하는 한 사람"이라고 불렀는데, 우리말 '사람'으로 번역된 헬라어 '아네르ἀνήρ'는 '성인 남자'를 일컫는 단어입니다. 태어나서 성인이 되기까지 단 한 번도 일어나거나 걸어 본 적이 없는 선천성 하반신마비자로 살았다면 그는 절망과 좌절의 어둠에 갇힌 사람이요, 그 어둠에 이미 익숙한 사람이었습니다. 그 어둠에서 자신이 벗어날 수 있으리라는 생각은 그의 뇌리에 자리 잡을 수 없었을 것입니다. 그러나 그를 만난 바울은 그에게 '네 발로 바로 일어서라'고 명령했고, 그와 동시에 그 선천성 하반신마비자는 벌떡 일어나 걸었습니다. 일평생 절망과 좌절의 어둠 속에 갇혀 있던 그 사람이, 자기 스스로는 결코 벗어날 수 없었던 그 어둠의 족쇄에서 풀려난 것이었습니다. 대체 어떻게 그런 놀라운 일이 일어날 수 있었겠습니까?

바울이 말하는 것을 듣거늘(9절 상).

선천성 하반신마비자가 일어나 걷는 그 놀라운 일은, 그가 바울이 전하는 하나님의 말씀을 듣는 것으로부터 시작되었습니다. 만약 그가 하나님의 말씀을 듣지 않았다면, 그에게 그 놀라운 생명의 역사는 결코 일어나지 않았을 것입니다. '듣다'라는 동사가 헬라어 원문에는 미완료형으로 기록되어 있다고 했습니다. 그가 하나님의 말씀을 잠깐 듣거나 건성으로 들은 것이 아니라, 처음부터 끝까지 단 한마디도 빠뜨리지 않고 경청했다는 말입니다.

바울이 말하는 것을 듣거늘 바울이 주목하여 구원받을 만한 믿음이 그에게 있는 것을 보고(9절).

바울이, 하나님의 말씀을 경청하는 선천성 하반신마비자를 주목하여 그에게 구원받을 만한 믿음이 있음을 보았다는 것이 무슨 의미이겠습니까? 그 선천성 하반신마비자가 하나님의 말씀을 귀로만 듣는 것이 아니라, 그 말씀을 먹었다는 의미입니다. 사람들은 단것을 먹을 때, 쓴 것을 먹을 때, 시원한 것을 먹을 때, 뜨거운 것을 먹을 때, 신 것을 먹을 때, 짠 것을 먹을 때, 맛있는 것을 먹을 때, 맛없는 것을 먹을 때, 각각 얼굴 표정이 달라지기 마련입니다. 따라서 사람이 무엇을 입에 넣고 먹으면 그의 얼굴과 표정을 통해 그가 무엇인가 먹고 있음이 드러나게 됩니다. 이처럼 선천성 하반신마비자가 하나님의 말씀을 귀로 듣는 것으로 그치지 않고 그 말씀을 온몸으로 먹었기에 바울은 그 사실을 보고 알았습니다.

큰 소리로 이르되 네 발로 바로 일어서라 하니 그 사람이 일어나 걷는지라(10절).

선천성 하반신마비자가 하나님의 말씀을 먹었다는 것은, 자신을 하나님 말씀의 지배 속에 내맡겼다는 말입니다. 다시 말해 하나님의 말씀의 빛이 자신을 지배하게 했다는 의미입니다. 그러므로 바울이 그를 향해 '네 발로 일어나라'고 명령하자, 더 정확하게 말하여 하나님께서 바울을 통해 '바로 일어서'라고 명령하시자, 그는 그 명령을 힘입어 벌떡 일어나 걸었습니다. 그가 하나님의 말씀을 먹고 하나님의 말씀이 자신을 지배하시게끔 말씀에 자신을 내맡겼을 때, 하나님의 말씀의 빛이 그를 가두고 있던 육체의 어둠을, 영혼의 어둠을, 좌절과 절망의 어둠을, 나아가 죄와 사망의 어둠을 깨뜨려 주셨기 때문입니다. 그날 그 선천성 하반신마비자가 얻은 구원은 육체의 구원에 그치지 않고 영적 구원까지 포함하는 전인적인 구원이었던 것입니다.

만약 그가 그날 하나님의 말씀을 귀로 듣기만 하고 그 말씀을 먹지는 않아 말씀의 지배를 받지 못했더라면, 하나님께서 패역하다고 한탄하셨던 에스겔 시대의 유대인들처럼, 그 선천성 하반신마비자는 몸과 마음과 영혼이 송두리째 패역한 인간으로 패역하게 살다가 그 인생이 패역하게 끝나고 말았을 것입니다. 어둠 스스로 어둠을 물리칠 수 없듯이 이 세상 그 누구도 하나님의 말씀 없이 육체의 어둠으로부터, 영혼의 어둠으로부터, 죄와 사망의 어둠으로부터 스스로 벗어날 수는 없기 때문입니다. 이런 관점에서 그리스도인이 매일 하나님의 말씀을 먹고 삼킴으로 말씀의 지배 속에서 살아가는 것은 그 무엇보다 중요합니다. 참믿음은 바로 거기에서부터 시작합니다.

성경은 루스드라의 선천성 하반신마비자가 하나님의 말씀을 힘입어 일어나 걸은 것을 증언하는 것을 끝으로 더 이상 그 사람에 대하여 언급하지 않습니다. 우리는 그 사람이 본문 이후에 어떤 삶을 살았는지 전혀 알지 못합니다. 그러나 우리는 한 가지 사실만은 자신있게 말할 수 있습니다. 그가 일어나 걷게 된 이후에도 하반신마비자 시절의 낮고 겸손한 마음을 그대로 간직하며 살았다면, 그는 일평생 하나님의 말씀을 먹으면서 자신의 삶으로 그 말씀의 빛을 비추는 아름다운 삶을 살았을 것입니다. 그러나 정상인의 삶을 얻은 그가 교만에 빠져 하나님의 말씀보다 두 발로 걷게 된 자신의 능력을 더 신봉했다면, 그는 필히 어둠의 시절로 되돌아가 버리고 말았을 것입니다. 다윗은 하나님의 말씀을 다음과 같이 찬양했습니다.

> 여호와의 율법은 완전하여 영혼을 소성시키며 여호와의 증거는 확실하여 우둔한 자를 지혜롭게 하며 여호와의 교훈은 정직하여 마음을 기쁘게 하고 여호와의 계명은 순결하여 눈을 밝게 하시도다 여호와를 경외하는 도는 정결하여 영원까지 이르고 여호와의 법도 진실하여 다 의로우니 금 곧 많은 순금보다 더 사모할 것이며 꿀과 송이꿀보다 더 달도다(시 19:7-10).

다윗 역시 하나님의 말씀을 먹고, 말씀의 맛이 송이꿀보다 더 달다는 사실을 알고 있었습니다. 하나님의 말씀을 먹을 때마다 영혼의 어둠이, 눈의 어둠이, 마음의 어둠이, 무지의 어둠이 안개 걷히듯 사라지는 것을 확인할 수 있었기 때문입니다. 베들레헴의 이름 없는 양치기 목동에 지나지 않았던 그가 블레셋의 거인 골리앗을 물리치고 이스라엘의 왕이 되어 온 국민의 사랑을 한 몸에 받을 수 있었던 것은, 그가 하나님의 말씀을 먹음으로 하나님의 말씀이 자신을 지배하시도록 그 말씀에 자신을 맡긴 결과였습니다. 그러나 왕이 된 그가 한순간 말씀보다 자기 권력을 더 신봉했을 때, 그는 신하의 아내를 범했을 뿐 아니라 자신의 알리바이를 위해 그 여인의 남편인 자기 신하를 죽여 버리기까지 했습니다. 하나님의 말씀을 외면하는 즉각 그는 어둠의 자식으로 전락해 버렸습니다. 나단 선지자의 질책을 받은 다윗이 하나님의 말씀으로 되돌아감으로 비로소 죄와 사망의 어둠에서 다시 벗어날 수 있었음은 두말할 나위도 없습니다.

본문에서 루스드라의 선천성 하반신마비자를 일으키는 하나님의 도구로 쓰임 받은 바울은 후에 로마서 10장 17절을 통해 이렇게 증언하였습니다.

그러므로 믿음은 들음에서 나며 들음은 그리스도의 말씀으로 말미암았느니라.

믿음은 주님의 말씀을 들음으로부터 시작된다는 것입니다. 여기에서 '들음' 역시 귀로만 듣는 것이 아니라 말씀을 먹는 것을 뜻합니다. 말씀을 먹어야 그 말씀이 자신을 지배할 수 있고, 자신에 대한 말씀의 지배가 믿음의 출발점이기 때문입니다. 본래 바울은 주님을 등지고 교회를 짓밟던 어둠의 자식이었습니다. 그러나 다메섹 도상에서 자신에게 임하신 하나님의 말씀, 그 말씀의 빛에 사로잡혀 어둠의 족쇄에서 풀려난 뒤 참수형을 당하기까지 그는 단 한 번도, 아니 참수형을 당하면서도 하나님의 말씀을 외면하는 자기 교만의 어리석음을 단 한 번도 범치 않았습니다. 그는 살아생전 신약성경의 4분의 1, 복음서를 제외하면 신약성경의 3분의 1을 기록하였습니다. 그가 당시 교인들에게 쓴 편지가 모두 성경이 된 것입니다. 그것은 그가 매일 하나님의 말씀을 먹으면서 말씀의 지배 속에서 산 결과였습니다.

위대한 다윗도 한순간 하나님의 말씀을 외면함으로 어둠의 나락으로 내팽개쳐지지 않았습니까? 그런데도 바울은 하나님의 부르심을 받은 이후 어떻게 단 한 번의 실족도 없이 오직 말씀의 사람으로 초지일관할 수 있었겠습니까?

무리가 바울이 한 일을 보고 루가오니아 방언으로 소리 질러 이르되 신들이 사람의 형상으로 우리 가운데 내려오셨다 하여(11절).

선천성 하반신마비자가 공개석상에서 벌떡 일어났으니 그 현장을 목격한 현지인들이 얼마나 놀랐겠습니까? 그들은 평소 사용하던 로마제국 공용어 라틴어나 상용어 헬라어가 아닌, 자신들의 지역 언어로 신들이 사람의 형상으로 내려왔다고 소리쳤습니다. 당시 헬라 신화를 믿던 사람들은 신들이 인간과 같은 모습을 지니고 인간과 동일한 형태의 삶을 산다고 믿은 까닭이었습니다.

바나바는 제우스라 하고 바울은 그중에 말하는 자이므로 헤르메스라 하더라(12절).

그들은 바울을 가리켜 '헤르메스'라 불렀습니다. 헤르메스는 헬라 신화에 나오는 열두 신 가운데 가장 큰 주신主神인 제우스의 전령, 대변자 역할을 한다고 당시 사람들이 믿던 신이었습니다. 바울이 설교하고 또 선천성 하반신마비자에게 '바로 일어나라'고 명령하였으므로 루스드라 사람들은 그가 헤르메스임이 분명하다고 믿었습니다. 중요한 것은 사람들이 바울의 일행 바나바를 가리켜 '제우스'라 불렀다는 사실입니다. 바나바가 한 것이라고는 아무것도 없었습니다. 하나님의 말씀을 전하고 또 하나님의 말씀으로 선천성 하반신마비자를 일으킨 사람은 사도 바울이었습니다. 바나바는 단지 바울의 일행으로 그 현장에 입회하고 있었을 뿐입니다. 그런데도 사람들은 바울을 제쳐 놓고 바나바를 제우스라 불렀습니다.

방금 말씀드린 것처럼 제우스는 헬라 신들 중에서 가장 큰 주신입니다. 그래서 헬라 신화를 다루는 그림이나 영화에서 제우스는 항상 가장 멋진 모습으로 등장합니다. 그러므로 선천성 하반신마비자가 일어나 걷는 것을 보고 깜짝 놀란 루스드라 사람들이 막상 바울을 제쳐 놓고 바나바를 가리켜 제우스라 부르는 것은, 그들이 보기에 바울의 외모가 바나바에 비해 턱없이 이 모자랐음을 의미합니다. 그래서 그들은 풍채 좋은 바나바를 주신 제우스라 단정하고, 볼품없는 외모의 바울은 제우스의 뜻을 대변하는 전령 헤르메스로 간주했습니다.

바울은 스스로 자신의 외모에 대해 이렇게 고백했습니다.

> 그들의 말이 그의 편지들은 무게가 있고 힘이 있으나 그가 몸으로 대할 때는 약하고 그 말도 시원하지 않다 하니(고후 10:10).

바울의 반대자들은, 바울은 글만 잘 쓸 뿐 실제로 대면하면 빈약한 외모에 말도 어눌하다고 비난할 정도로 바울은 형편없는 외모의 소유자였습니다. 2세기에 익명으로 쓰인 《바울 행전 Acts of Paul》은 바울의 외모를 "작은 키의 대머리에 안짱다리이고 붙은 눈썹에 매부리코"라고 묘사하고 있습니다. 한마디로 추남이었습니다. 게다가 고린도후서 12장 7절에 의하면 바울은 평생 지병에 시달렸습니다. 일평생 바울을 괴롭힌 지병이 그렇잖아도 보잘것없는 바울의 외모를 더욱 볼품없게 만들었을 것입니다. 그래서 바울의 초상화 가운데 바울의 얼굴이 영화배우처럼 잘생긴 그림이 없습니다. 오죽했으면 루스드라 사람들이 바울의 활약을 자신들의 눈으로 목격하고서도 바울은 제쳐 놓고 아무 일도 하지 않은 바나바를 제우스, 바울을 그의 전령 헤르메스라 했겠습니까?

그러나 바로 거기에 바울의 은혜가 있었습니다. 그는 못나고 볼품없었기에, 일평생 자신의 보잘것없음과 못났음을 잊지 않았습니다. 그래서 바울은 다윗처럼 단 한순간이라도 하나님의 말씀을 외면하는 어리석음을 범치 않았습니다. 하나님의 말씀이 아니고는, 보잘것없고 못난 자신의 능력만으로는 영육 간에 결코 어둠의 족쇄에서 벗어날 수 없음을 알았기 때문입니다.

바울이 고린도후서 11장 30절을 통해 "내가 약한 것을 자랑하리라"고 선언한 까닭이 이것이었습니다. 자신의 보잘것없음과 못났음을 잊지 않을 때에만 하나님의 말씀을 힘입어 죄와 사망의 어둠을 이기는 강한 그리스도인으로 살 수 있기 때문이었습니다.

《고흐의 하나님》을 쓴 안재경 목사님은 그 책 속에서 "그리스도인은 갈수록 약해지는 사람이다. 그리스도인은 갈수록 약해진다"는 말을 했습니다. 얼마나 가슴에 와 닿는 말입니까? 어떻습니까? 살아가면 갈수록 자신의 약함이, 보잘것없음이, 못났음이 절감되지 않습니까? 하늘의 별도 딸 수 있을 것 같았는데, 자신의 능력으로는 정작 중요한 것은 아무것도 할 수 없지 않습니까? 자신의 능력으로 가뭄 혹은 기근에 물 한 방울이나 쌀 한 톨을 만들 수 있는 사람이 누구입니까? 태풍 곤파스가 몰려오는 것을 뻔히 알면서도 속수무책이지 않았습니까? 자기 몸에 치명적인 죽음의 병균이 침투하는 것을 알지 못하는 것은 말할 것도 없고, 자기 이마에 패는 눈에 보이는 주름조차 막지 못하지 않습니까? 언젠가 죽음이 비수처럼 날아올 때, 이 세상 그 누가 그 비수에 맞설 수 있겠습니까?

이 사실을 깨닫는다면 더 이상 우리의 강함을, 잘났음을 자랑하려는 어리석음을 버리십시다. 바울처럼 우리의 약점을, 우리의 못났음을, 우리의 보잘것없음을 자랑하십시다. 하나님을 온 중심을 다해 사랑하십시오. 하나님의 말씀을 듣는 것으로 그치지 말고 하나님의 말씀을 먹고, 하나님의 말씀으로 우리의 오장육부를 채우십시다. 하나님의 말씀이 우리를 지배하게 하십시다. 하나님 말씀의 빛으로 우리를 속박하고 있는 온갖 어둠의 족쇄를 깨뜨리십시다. 그때 세상 사람들은 우리의 삶을 통해 하나님의 말씀을 보고 또 읽게 될 것입니다. 매일 하나님의 말씀을 먹고사는 우리의 삶을 통해 하나님의 말씀이 육신을 입으실 것이기 때문입니다.

하나님을 믿는다는 내가 막상 일상의 삶 속에서 하나님의 말씀을 등지고 사는 것은 내가 잘났다는 착각 탓이요, 또 하나님의 말씀보다 나의 능력을 더 신뢰하는 어리석음 때문입니다. 그러나 내가 모든 것을 할 수 있을 것 같지만, 실은 아무것도 할 수 없는 존재임을 이 시간 다시 한 번 확인시켜 주셔서 감사합니다.

내 능력으로 집을 장만할 수는 있지만 행복한 가정을 얻을 수는 없고, 내 능력으로 침대를 살 수는 있지만 단잠을 누릴 수는 없고, 내 능력으로 육체의 양식을 구할 수는 있지만 생명을 연장할 수는 없는, 지극히 유한하고 무능한 나의 실상을 잊지 말게 해주십시오. 날이 갈수록 자신의 약함을 점점 더 알아 가는 사람이 되게 해주십시오. 사도 바울처럼 우리의 못났음이, 우리의 보잘것없음이, 하나님 앞에서 우리의 자랑이 되게 해주십시오. 하나님께서 내게 하나님의 말씀을 주신 것은 내가 잘난 까닭이 아니라, 내가 보잘것없고 못났기 때문임을 명심하게 해주십시오. 날마다 하나님의 말씀을 먹지 않고는 견딜 수 없게 해주십시오. 하나님의 말씀이 우리를 지배하시게끔, 하나님의 말씀에 우리 자신을 내맡기게 해주십시오. 하나님의 말씀의 빛 속에서 우리 영혼의 어둠이, 우리 마음의 어둠이, 우리 눈의 어둠이, 우리 무지의 어둠이 가셔지는 것을 경험하면서, 하나님의 말씀이 송이꿀보다 더 달다는 사실을 날마다 맛보아 알게 해주십시오. 그리하여 우리의 보잘것없고 못났음으로 인하여, 역설적이게도 우리가 하나님의 말씀 속에서 누구보다 강한 그리스도인으로 살아가게 해주십시오. 그와 같은 우리의 삶을 통해 하나님의 말씀이 육신을 입으심으로, 이 세상의 어둠이 가셔지게 해주십시오. 아멘.

6. 같은 성정을 가진 사람

사도행전 14장 13-18절

시외 제우스 신당의 제사장이 소와 화환들을 가지고 대문 앞에 와서 무리와 함께 제사하고자 하니 두 사도 바나바와 바울이 듣고 옷을 찢고 무리 가운데 뛰어 들어가서 소리 질러 이르되 여러분이여 어찌하여 이러한 일을 하느냐 우리도 여러분과 **같은 성정을 가진 사람**이라 여러분에게 복음을 전하는 것은 이런 헛된 일을 버리고 천지와 바다와 그 가운데 만물을 지으시고 살아 계신 하나님께로 돌아오게 함이라 하나님이 지나간 세대에는 모든 민족으로 자기들의 길들을 가게 방임하셨으나 그러나 자기를 증언하지 아니하신 것이 아니니 곧 여러분에게 하늘로부터 비를 내리시며 결실기를 주시는 선한 일을 하사 음식과 기쁨으로 여러분의 마음에 만족하게 하셨느니라 하고 이렇게 말하여 겨우 무리를 말려 자기들에게 제사를 못하게 하니라

일반적으로 모든 종교의 경전에는 해당 종교의 위인들이 흠 없는 인간으로 등장합니다. 각 종교 경전이 자기 종교 위인들의 허물이나 잘못에 대해서는 일절 언급하지 않기 때문입니다. 자기 종교 위인들이 얼마나 완전무결한

지를 보여 주려는 데 경전의 초점이 맞추어져 있기 때문입니다. 그러나 성경에 등장하는 모든 신앙 위인들은 예외 없이 허물투성이의 인간들입니다. 성경은 신앙 위인들의 허물을 가리려 하기는커녕 도리어 모든 허물을 있는 대로 밝히기를 조금도 주저하지 않습니다. 성경이 강조하고자 하는 것은 인간의 위대함이 아니라 '하나님의 은혜'이기 때문입니다. 죄로 말미암아 인간다움을 상실한 인간은 오직 하나님의 은혜 속에서만 인간성을 회복하고 인간답게 살 수 있습니다. 하나님의 은혜를 떠나서는 인간은 남녀노소 빈부귀천을 막론하고 인간 그 자체로는 아무런 차이가 있을 수 없습니다.

이스라엘 백성이 미디안의 압제에 시달릴 때, 기드온은 불과 300명의 용사로 미디안의 대군을 물리치고 이스라엘의 주권을 되찾았습니다. 미디안의 압제로 도탄에 빠져 있던 이스라엘 백성이, 300명밖에 되지 않는 소수의 병사로 미디안의 대군을 격퇴한 기드온을 구국의 영웅으로 추앙하였음은 두말할 나위도 없습니다. 그러나 기드온이 적은 병사로 미디안의 대군을 격파할 수 있었던 것이 그가 탁월한 전술가나 전략가였기 때문이 아니었습니다. 기드온은 이름 없는 농부에 지나지 않았습니다. 그럼에도 기드온이 적은 병사로 대승을 거둘 수 있었던 것은, 누구든지 하나님을 등진 사람이 하나님께 돌아오기만 하면 하나님께서 반드시 책임져 주시는 하나님의 은혜로 인함이었습니다.

그러나 구국의 영웅으로 온 백성의 추앙 속에서 살던 기드온은 세월이 흐르자 자기 자신을 대단한 존재로 착각하게 되었고, 그 결과는 그의 문란한 사생활로 드러났습니다. 그가 죽을 때 그의 아들만 70명이나 되었습니다. 아들만 70명이라면 딸은 또 얼마나 많았겠으며, 그 많은 아들과 딸을 낳은 처첩 역시 얼마나 많았겠습니까? 하지만 기드온은 그것도 모자라 세겜에 또 한 명의 첩을 두고 그 첩으로부터 아비멜렉이란 아들을 얻었습니다. 기드온의 피를 이은 아들이 총 71명이었던 셈입니다. 많은 여인들로부터 많은 자식을 얻으면 각각 이해관계가 엇갈리는 그 자식들 사이에 불화가 일어날 것은 불을 보듯 뻔하지 않습니까? 기드온이 죽자 첩의 아들이었던 아비멜렉은 자기 홀로 아버지가 누렸던 지도자의 자리를 독차지하기 위해 불량배들을 고용하였습니다. 그리고 아버지의 아들들, 그러니까 자기 형제 70명을 모아 놓고 그들을 모두 죽이는 대학살극을 감행했습니다. 그 학살극에서 69명이 죽었고, 단 한 명 요담만 구사일생으로 살아남았습니다. 형제 69명을 죽인 아비멜렉은 자신이 살던 세겜에서 스스로 왕으로 옹립되었습니다. 그러나 구사일생으로 살아남은 요담은 세겜 사람들에게 우화寓話를 들어 아비멜렉의 만행을 고발했는데, 그 내용이 사사기 9장에 기록되어 있습니다.

어느 날 숲 속에서 나무들이 왕을 뽑기로 했습니다. 나무들은 먼저 감람나무에게 왕이 되어 주기를 부탁했습니다. 감람나무는 나의 기름으로 하나님과 사람을 영화롭게 하는 본분을 버리고 감히 나무 위에 군림할 수 있겠느냐며 사양했습니다. 나무들은 두 번째로 무화과나무를 찾아가 왕이 되어 주기를 간청했지만, 무화과나무도 달고 아름다운 열매를 결실하는 사명을 마다하고 어찌 나무들 위에서 우쭐거릴 수 있겠느냐며 사양했습니다. 나무들은 이번에는 포도나무에게 왕이 되기를 부탁했지만, 포도나무 역시 하나님과 사람을 기쁘게 하는 포도주를 버리고 우쭐거릴 수는 없다며 사양했습니다. 하는 수 없이 나무들은 마지막으로 가시나무에게 왕이 되어 주기를 부탁했습니다. 가시나무는 마치 기다렸다는 듯이 말했습니다. "너희들이 정말 내가 왕이 되기를 원한다면 모두 내 그늘에 피하라. 그렇지 않으면 레바논 백향목일지라도 내가 불살라 버릴 것이다." 당시 레바논의 백향목은 최고급 목재로서 사람들이 가장 소중하게 다루던 나무였습니다. 그러므로 레바논 백향목일지라도 불사르겠다는 것은 다른 나무는 말할 나위도 없다는 의미였습니다. 도대체 가시나무에 피할 그늘이 있기나 합니까? 나뭇잎 하나 없는 가시나무는 피할 그늘은 고사하고, 오히려 다른 나무를 찌르는 흉기일 뿐입니다. 그럼에도 가시나무가 자기 그늘에 피하지 않는 나무는 모두 불사르겠다고 엄포를 놓은 것은 어리석게도 자기 분수를 망각한 결과였습니다.

요담은 이 우화를 통해 형제 69명을 죽이고 스스로 세겜의 왕이 된 아비멜렉은 지도자의 자격을 갖추기는커녕 자기 분수를 모르는, 도리어 다른 사람을 해치는 가시나무에 불과함을 역설한 것이었습니다. 그가 자기 분수를 모르는 가시나무가 아니고서야 어찌 언감생심 자기 형제 70명을 한꺼번에 죽일 생각인들 할 수 있었겠습니까? 가시나무였던 아비멜렉의 말로는 여인이 던진 맷돌 위짝에 두개골이 깨어져 비참하게 끝나고 말았습니다. 가시나무였던 그는 타인을 찌르는 흉기였던 것만이 아니라, 자기 자신마저 스스로 찌르는 치명적인 흉기이기도 했습니다. 그러나 그것이 아비멜렉만의 문제였던 것은 아닙니다. 그 문제의 근원은 그의 아버지 기드온에게서부터 시작되었습니다. 수많은 처첩을 거느리고 배다른 아들을 71명이나 낳음으로 그 자신이 문제의 씨를 뿌린 장본인이었습니다. 그 기드온이 누구였습니까? 이스라엘을 미디안의 압제에서 해방시킨 구국의 영웅 아니었습니까? 무명의 농부였던 그가 하나님의 은혜 속에 있을 때는 구국의 영웅으로 추앙받았지만, 자기 분수를 망각하고 하나님의 은혜를 외면할 때 그 역시 죽은 이후에도 타인과 자신을 동시에 찌르는 흉기, 가시나무에 지나지 않았습니다.

인간은 자기 분수를 잊지 않고 하나님의 은혜 속에 거할 때에만 인간다운 인간으로 살아갈 수 있습니다. 이것이 성경의 핵심입니다.

바울이 루스드라에서 설교할 때, 바울의 설교를 듣는 사람 가운데는 태어난 이래 단 한 번도 일어서거나 걸어 본 적이 없는 선천성 하반신마비자도 있었습니다. 그는 온 중심을 다해 바울의 설교를 경청했고, 바울은 설교하면서 그를 주목하여 그에게 구원받을 만한 믿음이 있음을 보았습니다. 바울은 그 사람을 향해 큰 소리로 '네 발로 바로 일어서라'고 명령했고, 그와 동시에 선천성 하반신마비자가 벌떡 일어나 걸었습니다. 그 광경을 현장에서 목격한 루스드라 사람들은 놀라지 않을 수 없었습니다. 그들은 자신들의 모국어인 루가오니아어로 신들이 사람의 형상으로 내려왔다고 소리치며, 외모가 출중한 바나바는 헬라 신화의 제우스, 바나바에 비해 외모가 떨어지는 바울은 제우스의 전령인 헤르메스라 불렀습니다. 당시 로마제국의 공용어는 라틴어였습니다. 그러나 로마제국에 속한 대부분의 사람들은 오래도록 사용해 오던 헬라어를 상용어로 썼습니다. 유대인인 바울의 설교를 루스드라 사람들이 알아들었다는 것은 바울이 헬라어로 설교했고, 또 루스드라 사람들 역시 헬라어를 상용어로 사용하고 있었음을 의미했습니다. 그러나 선천성 하반신마비자가 벌떡 일어나 걷는 것을 본 루스드라 사람들이 얼마나 놀랐던지 그들은 헬라어보다 더 익숙한 자신들의 모국어로 바나바는 제우스, 바울은 헤르메스라고 소리쳤습니다. 그러나 루가오니아어를 알지 못하던 바울과 바나바는 그들이 하는 말을 이해할 수 없었습니다.

시외 제우스 신당의 제사장이 소와 화환들을 가지고 대문 앞에 와서 무리와 함께 제사하고자 하니(13절).

'시외'란 루스드라 성문 밖이라는 의미입니다. 성문 밖에 자리 잡고 있는 제우스 신당의 제사장이 소와 화환들을 가지고 대문 앞으로 왔습니다. 한글 성경에는 소가 단수로 기록되어 있지만 헬라어 원문에는 복수로 기록되어 있습니다. 그리고 '대문 앞'이란 '성문 앞'을 뜻합니다. 고대 성읍에는 성문 주위에 넓은 광장이 있어 그곳에서 장터나 집회 또는 재판이 열리곤 했습니다. 바울 역시 루스드라의 성문 광장에서 설교하고 선천성 하반신마비자를 일으켰기에, 제우스 신당의 제사장이 제우스와 헤르메스가 틀림없어 보이는 바나바와 바울에게 제사를 드리기 위해, 제물로 사용할 소들과 그 제물들을 장식할 화환들을 가지고 바울과 바나바가 있는 성문 앞에 나타난 것이었습니다. 그러나 바울과 바나바는 그때까지도 그들이 무엇을 하려는 것인지 전혀 알지 못했습니다.

두 사도 바나바와 바울이 듣고(14절 상).

영문을 알지 못한 바울과 바나바는 그곳에 있는 누구에겐가 지금 무슨 일이 벌어지고 있는지를 물었고, 그 사람이 헬라어로 자초지종을 설명해 주는 것을 듣고서야 그들은 루스드라 사람들이 자신들을 신으로 여겨 자신들에게 제사 지내려 한다는 사실을 비로소 알고 소스라치게 놀랐습니다.

두 사도 바나바와 바울이 듣고 옷을 찢고 무리 가운데 뛰어 들어가서 소리 질러 이르되 여러분이여 어찌하여 이러한 일을 하느냐 우리도 여러분과 같은 성정을 가진 사람이라(14-15절 상).

바울과 바나바는 루스드라 사람들이 자신들을 신으로 경배하려 한다는 사실을 아는 즉각 자신들의 옷을 찢었습니다. 유대인들은 큰 슬픔을 당했을 때나, 하나님 앞에 큰 죄가 되는 일을 목도했을 때 옷을 찢어 자신의 슬픔 혹은 분노를 표했습니다. 바울과 바나바가 자신들의 옷을 찢은 것은 물론 두 번째 이유로 인함이었습니다. 루스드라 사람들이 자신들을 신으로 경배하겠다는 것은 하나님에 대한 신성모독이었기 때문입니다. 자신들의 옷을 찢은 바울과 바나바는 자신들에게 제사하려는 루스드라 사람들 한가운데로 뛰어 들어갔습니다. 그리고 어찌하여 이런 일을 하느냐, 우리도 여러분과 같은 성정을 지닌 사람이라고 외쳤습니다.

우리말 '성정性情'은 '성질과 심정'이라는 뜻입니다. 그러므로 바울과 바나바가 루스드라 사람들에게 '우리도 여러분과 같은 성정을 가진 사람'이라고 말했다는 것은, 우리 역시 당신들과 똑같은 성질과 심정을 지닌 사람이라는 의미이기도 합니다. 그러나 세상 사람들의 성질과 심정이 다 동일한 것은 아닙니다. 태어날 때부터 좋은 성질을 가지고 태어나는 사람이 있는가 하면, 매사에 고약한 성질을 지닌 사람도 있습니다. 또 거친 심정의 소유자가 있는가 하면, 비단결처럼 부드러운 심정을 지닌 사람도 있습니다. 그러므로 '우리도 여러분과 같은 성정을 가진 사람'이라는 번역은 그 말을 한 바울의 의도를 온전히 전달해 주기에는 미흡합니다. 헬라어 원문에 기록되어 있는 바울의 말은 보다 깊은 의미를 지니고 있습니다.

우리말 '같은 성정을'에 해당하는 헬라어 '호모이오파데스ὁμοιοπαθής'는 '동일하다'는 의미의 '호모이오스ὅμοιος'와 '고난당하다' 혹은 '……을 겪다'는 의미의 '파스코πάσχω'가 합쳐진 합성어로서, 그 문자적 의미는 '동일한 것을 겪다'라는 뜻입니다. 바울과 바나바가 루스드라 사람들에게 '우리도 여러분과 같은 성정을 가진 사람'이라고 말한 것은, 우리 역시 당신들과 동일한 것을 겪는다는 의미입니다. 대체 무슨 동일한 것을 겪는다는 것입니까?

우리도 여러분과 똑같이 벌거벗은 핏덩이로 태어났다는 것입니다. 우리도 어린 시절 똥오줌 가리지 못해 기저귀 차고 살았다는 것입니다. 우리도 배고프면 먹고, 밤이면 자고, 아침이면 지금도 화장실을 찾아 배설한다는 것입니다. 우리도 이왕이면 편하고 싶고, 더 맛있는 것을 먹고 싶다는 것입니다. 우리도 기쁘면 웃고, 슬프면 울고, 화나면 분노한다는 말입니다. 우리도 우리를 칭찬하는 사람은 좋아하고, 우리를 험담하는 사람은 싫어한다는 것입니다. 우리도 나이 들어 가면서 몸과 마음이 점점 쇠퇴해 간다는 것입니다. 그러다가 어느 날 코끝에서 호흡이 멎으면, 우리 역시 한 줌의 흙으로 돌아갈 비참한 존재에 지나지 않는다는 것입니다. 우리 역시 매일 죄의 유혹 속에서 살아가는 여러분과 똑같은 죄인이라는 것입니다. 이처럼 똑같은 것을 겪었고, 똑같은 것을 겪고 있고, 똑같은 것을 겪게 될 여러분과 우리는 하나님 앞에서 다 똑같은 인간일 뿐인데, 여러분이 우리를 신으로 경배하려는 것은 천부당만부당한 일이라는 것이었습니다.

한마디로 바울과 바나바는 자기 분수를 알지 못하는 어리석은 아비멜렉, 다시 말해 가시나무가 아니었습니다. 만약 바울과 바나바가 자신들의 분수를 망각하고 자신들을 제우스와 헤르메스로 추앙하는 루스드라 사람들의 추앙을 즐겼더라면, 그들은 루스드라 사람들은 말할 것도 없고 하나님 앞에서 자기 자신마저 해치는 영락없는 가시나무가 되고 말았을 것입니다. 그러나 본래 타인을 찌르는 가시나무였던 바울은 하나님 앞에서 가시나무에 불과했던 자신의 분수를 잊지 않음으로 역설적이게도 하나님의 은혜 속에서, 더 이상 사람을 찌르는 가시가 아니라 뭇사람을 살리는 영원한 생명과 사랑의 통로가 될 수 있었습니다. 그래서 하나님을 알지도 못하는 루스드라 사람들에게 우리도 당신들과 같은 성정을 지녔다고 말한 바울은 그 후에, 고린도전서 15장 10절을 통해 "내가 나 된 것은 하나님의 은혜로 된 것"이라고 고백했습니다.

하나님 앞에서 자기 자신, 자기 분수를 잊지 않는 것은 이렇듯 중요합니다. 자기 분수를 잊지 않는 사람만 일평생 겸손하게 하나님의 은혜 속에서 살 수 있습니다.

옛날 시골에서는 마을 사람들이 도시에서 부임한 학교 선생님을 얼마나 존경했던지, 선생님은 화장실에도 가지 않는다고 믿을 정도였습니다. 벌써 20년 전, 제가 주님의교회를 목회하던 초기의 이야기입니다. 어느 주일, 예배와 예배 사이 쉬는 시간에 화장실에 갔습니다. 마침 그 시간에 화장실에는 아무도 없었습니다. 일을 마치고 나오려는데 화장실로 막 들어서는 교우님과 맞닥뜨리게 되었습니다. 저를 확인한 그분은 깜짝 놀라더니 그 자리에서 움직이지를 않았습니다. 그분이 제 앞에 멈춰 있으니 저 역시 그냥 서 있을 수밖에 없었습니다. 잠시 뒤 그분이 고개를 끄덕이며 말했습니다. "목사님도 화장실에 다니시는군요." 그러나 그날 제가 화장실을 간다는 사실을 알고 놀란 그분보다, 저를 화장실에서 보고 놀라는 그분을 본 제가 더 놀랐습니다. 그분이 저는 화장실도 가지 않는 사람으로 여겼다는 것은, 그분이 평소에 목사인 저를 자신과 같은 사람으로 여기지 않았음을 의미했기 때문입니다.

그날 저는 그분을 통해 귀한 깨달음을 얻었습니다. 목사는 이 세상 그 누구보다도 자기 분수를 망각하기 쉬운 함정 속에서 살고 있다는 깨달음이었습니다. 그래서 저는 제가 얼마나 형편없는 인간인지를 고백하기를 조금도 꺼려 하지 않습니다. 사도 바울의 고백처럼, 형편없는 인간이었던 제가 오늘 목사로 살아가는 '내가 나 된 것은 전적으로 하나님의 은혜로 된 것'임을 망각하는 어리석음을 범치 않기 위함입니다. 만약 제가 제 분수를 망각한다면 저는 사람을 살리기는커녕 도리어 하나님의 말씀으로 숱한 사람을 찌르고 하나님 앞에서 저 자신마저 찌르는 가시나무가 되고 말 것인즉, 목사에게 그보다 더 비참한 비극이 어디에 있겠습니까?

욥기 25장 6절은 인간을 '구더기'와 '벌레'에 비유하고 있습니다. 태초에 하나님께서는 인간을 흙으로 빚으시고, 당신의 생기를 불어넣어 주심으로 인간은 생령이 되었습니다. 그러나 사탄의 유혹으로 범죄한 인간은 하나님의 생기를 상실한 채 흙으로 되돌아가 버리고 말았습니다. 그래서 인간은 이 세상에 살아 있는 동안 자기중심적인 이기심으로 서로 찌르고 찔리는 가시나무로 살다가, 코끝에서 호흡이 멎음과 동시에 구더기와 같은 벌레의 밥이 되었다가 마침내 한 줌의 흙으로 끝나 버리고 맙니다. 이것이 인생입니다. 이 세상 그 누구인들 예외일 수 있겠습니까? 천하제일의 영웅이라는 서양의 알렉산더와 동양의 칭기즈칸은 예외이겠습니까? 결코 아닙니다. 그들은 이 세상 누구보다도 더 많은 사람을 해치고 자기 자신마저 해치는 흉기인 가시나무로 살다가, 구더기의 밥으로 썩어져 한 줌의 흙으로 형체도 없이 사라졌을 뿐입니다. 이것이 모든 인간의 최후라면, 이것은 바로 우리 자신의 미래 모습이기도 합니다. 우리는 모두 똑같은 성정을 지닌 인간, 다시 말해 똑같은 일을 똑같이 겪는 똑같은 인간이기 때문입니다.

이 사실을 깨닫지 못했으면 모르되 깨닫고서야, 가만히 앉아서 구더기의 밥이 되고 한 줌의 흙으로 허망하게 사라지기를 기다릴 수만은 없지 않겠습니까? 무언가, 세상의 가시나무를 뛰어넘고 공동묘지의 구더기와 흙을 뛰어넘을 수 있는 길을 모색해야 되지 않겠습니까? 그러나 그 길은 인간에게는 없습니다. 그 길은 오직 하나님의 은혜로, 하나님으로부터만 주어집니다. 하나님께서는 죄로 말미암아 하나님의 생기를 상실한 인간으로 하여금 당신의 생기를 회복할 수 있도록 예수 그리스도를 이 땅에 보내 주셨습니다. 예수 그리스도께서 우리의 죗값을 대신 치르시기 위해 십자가의 제물로 돌아가셨기에, 누구든지 예수 그리스도 안에 있으면 하나님의 생기를 회복한 생령으로 살 수 있습니다. 인간이 예수 그리스도 안에서 하나님의 생기를 회복한 생령이 될 때에만 인간은 인간다운 인간으로 살 수 있습니다. 인간이 예수 그리스도 안에서 하나님의 생기를 회복한 생령이 될 때에만 더 이상 타인과 자신을 찌르는 가시나무가 아니라, 사람을 살리는 생명과 사랑의 통로가 될 수 있습니다. 인간이 예수 그리스도 안에서 하나님의 생기를 회복한 생령이 될 때에만 공동묘지의 구더기와 흙을 뛰어넘어 영원한 생명을 누릴 수 있습니다.

우리로 하여금 하나님의 생기를 회복한 생령으로 살게 해주시기 위해 주님께서 지금 우리 가운데 임해 계십니다. 그러나 자기 분수를 알지 못하는 사람에게는 주님이 보이지 않습니다. 본래 가시나무요, 머지않아 구더기의 밥이요, 한 줌의 흙에 불과할 뿐인 자신의 성정과 분수를 아는 사람만 주님을 볼 수 있고, 그 사람만 역설적이게도 예수 그리스도 안에서 가시나무와 구더기와 흙을 뛰어넘어 하나님의 생기를 회복하는 생령이 될 수 있습니다.

그동안 나는 나 자신을 향기로운 기름을 내는 감람나무요, 달고 아름다운 열매를 결실하는 무화과나무요, 생명의 포도주를 제공하는 포도나무라 생각해 왔습니다. 그러나 오늘 말씀의 거울 앞에서, 나 자신이 실은 타인과 나 자신을 동시에 찌르는 흉기인 가시나무에 지나지 않음을 깨달았습니다. 그동안 나는 다른 사람들보다 내가 월등 잘났다고 여겨 왔습니다. 그러나 오늘 하나님의 말씀을 통해, 다른 사람과 똑같은 성정을 지닌 나 역시 머지않아 구더기 밥이요, 한 줌의 흙에 불과할 뿐임을 절감하였습니다. 하루라도 더 늦기 전에 이 중요한 사실을 깨닫게 해주셔서 감사합니다. 이 중요한 사실을 깨닫고서도 지금까지의 그릇된 삶을 답습하는 어리석음을 범치 않도록 도와주십시오.

우리 모두 이 자리에 임해 계신 주님을, 우리 인생의 주인으로 모셔 들이게 해주십시오. 죄로 말미암아 상실했던 하나님의 생기를, 예수 그리스도 안에서 회복하게 해주십시오. 우리의 죗값을 십자가에서 대신 치러 주신 예수 그리스도 안에서, 하나님의 생기를 회복한 생령으로 살아가게 해주십시오. 예수 그리스도 안에서 말씀과 기도로, 날마다 하나님의 생기로 호흡하게 해주십시오. 하나님의 생기로 호흡하는 인간다운 인간으로 살아가게 해주십시오. 어떤 경우에도 본래 가시나무요 머지않아 구더기 밥이요 한 줌의 흙에 불과한 자신의 성정과 분수를 잊지 않음으로 역설적이게도, 예수 그리스도 안에서 가시나무와 구더기와 한 줌의 흙을 뛰어넘어, 뭇사람을 살리는 영원한 생명과 사랑의 통로로 살아가게 해주십시오. 그리하여 '내가 나 된 것은 하나님의 은혜로 된 것이라'는 바울의 고백이 우리 모두의 고백이 되게 해주십시오. 아멘.

7. 이런 헛된 일을 버리고

사도행전 14장 13-18절

시외 제우스 신당의 제사장이 소와 화환들을 가지고 대문 앞에 와서 무리와 함께 제사하고자 하니 두 사도 바나바와 바울이 듣고 옷을 찢고 무리 가운데 뛰어 들어가서 소리 질러 이르되 여러분이여 어찌하여 이러한 일을 하느냐 우리도 여러분과 같은 성정을 가진 사람이라 여러분에게 복음을 전하는 것은 **이런 헛된 일을 버리고** 천지와 바다와 그 가운데 만물을 지으시고 살아 계신 하나님께로 돌아오게 함이라 하나님이 지나간 세대에는 모든 민족으로 자기들의 길들을 가게 방임하셨으나 그러나 자기를 증언하지 아니하신 것이 아니니 곧 여러분에게 하늘로부터 비를 내리시며 결실기를 주시는 선한 일을 하사 음식과 기쁨으로 여러분의 마음에 만족하게 하셨느니라 하고 이렇게 말하여 겨우 무리를 말려 자기들에게 제사를 못하게 하니라

루스드라의 하반신마비자는 불의의 사고를 당해 불구자가 된 사람이 아니었습니다. 그는 태어난 이래 단 한 번도 일어서거나 걸어 본 적이 없는 선천성 하반신마비자였습니다. 그 선천성 하반신마비자가 '네 발로 바로 일어서

라'는 사도 바울의 명령에 벌떡 일어나 걸었으니, 그 현장을 목격한 루스드라 사람들은 깜짝 놀라지 않을 수 없었습니다. 당시 헬라 신화를 신봉하던 루스드라 사람들은 '신들이 사람의 형상으로 내려오셨다'고 소리치면서 풍채가 좋은 바나바는 헬라 신화의 주신 제우스, 풍채가 바나바보다 못한 바울은 제우스의 전령인 헤르메스가 틀림없다고 믿었습니다. 제우스 신당의 제사장은 제물로 쓸 소들과 제물을 장식할 화환들을 가지고 사람들과 함께 바울과 바나바에게 제사를 드리려 했습니다. 그들이 무엇을 하려는지 확인한 바울과 바나바는 자신들의 옷을 찢었습니다. 하찮은 인간이 인간의 경배를 받는 것은 인간을 창조하신 하나님에 대한 신성모독이기 때문이었습니다.

  자신들의 옷을 찢은 바울과 바나바는 자신들에게 제사를 지내려는 사람들 속으로 뛰어 들어가 '우리도 여러분과 같은 성정을 가진 사람'이라고 외쳤습니다. '같은 성정을 가진 사람'은 '똑같은 것을 겪는 사람'이란 뜻이라고 했습니다. 똑같이 벌거숭이 핏덩이로 태어나, 똑같이 먹고 자고 배설하다가, 코끝에서 호흡이 멎으면 똑같이 구더기와 같은 벌레의 밥이 되면서, 똑같이 한 줌의 흙으로 형체도 없이 사라져 버리는, 다 똑같은 죄인이라는 의미였습니다. 이처럼 모두 다 똑같은 인간일 뿐인데, 인간이 인간을 경배하고 인간에게 제사를 지내는 것은 천부당만부당하다는 말이었습니다. 한마디로 바울과 바나바는 자기 분수를 아는 사람이었습니다.

  선천성 하반신마비자에게 '네 발로 바로 일어서라'고 명령한 사람은 분명 바울이었고, 바울의 그 명령과 동시에 선천성 하반신마비자가 벌떡 일어나 걸었습니다. 루스드라 사람들이 보기에 선천성 하반신마비자를 일으킨 것은 의심할 여지도 없이 바울 개인의 능력이었습니다. 그래서 그들은 바울에게 제사를 드리려 했던 것입니다. 그러나 바울 자신은, 그것은 결코 자신의 능력이 아님을, 자신을 통해 역사하신 하나님의 능력이심을 정확하게 알고 있었습니다. 만약 바울이 자기 분수를 잊어버리고, 만에 하나라도 선천성 하반신마비자가 일어나 걷게 된 것이 자신의 능력으로 인함이라고 착각했다면, 그는 루스드라 사람들이 자신을 신으로 추앙하는 것을 어떤 형태로든 즐겼을 것이요, 그 결과 그는 2천 년 전에 구더기의 밥이 되어 이름도 없이 역사의 무대에서 사라져 버리고 말았을 것입니다. 그러나 그는 본래 교회를 짓밟던 폭도이자 다른 사람들을 찌르던 가시나무요, 죽을 수밖에 없는 죄인이었던 자기 분수를 망각하지 않음으로 영원한 사도가 되었습니다. 그가 말년에 '내가 나 된 것은 하나님의 은혜로 된 것이다'(고전 15:10)라고 고백할 수 있었던 것은, 일평생 자기 분수를 잊지 않은 바울의 낮고 겸손한 심령을 통해 영원하신 하나님께서 역사하신 결과였습니다. 그리스도인이 자기 분수를 잊지 않는 것은 이렇듯 중요합니다. 자기 분수를 잊지 않았기에 자신을 신으로 경배하려는 루스드라 사람들을 향해 '우리도 여러분과 같은 성정을 가진 사람'이라고 외친 바울의 설교는 다음과 같이 계속되었습니다.

> 여러분에게 복음을 전하는 것은 이런 헛된 일을 버리고 천지와 바다와 그 가운데 만물을 지으시고 살아 계신 하나님께로 돌아오게 함이라 (15절).

바울은 자신이 복음을 전하는 까닭은 '이런 헛된 일을 버리고 천지 만물을 창조하신 하나님께로 돌아오게 하기 위함'이라고 밝혔습니다. 오늘 이 시간에 우리가 주목하고자 하는 것은 바울이 '버리라'고 말한 '이런 헛된 일'이 구체적으로 무엇을 의미하느냐 하는 것입니다.

언뜻 생각하면, 바울이 자신을 헬라 신화의 헤르메스로 경배하려는 루스드라 사람들에게 '우리도 여러분과 같은 성정을 가진 사람'이라 외쳤으므로,

'이런 헛된 일을 버리라'는 것은 허황된 헬라 신화를 믿거나 사람이 사람을 숭배하려는 헛된 일을 버리라는 의미라고 이해할 수 있습니다. 물론 그것은 바울이 한 말의 일차적 의미입니다. 그러나 바울의 말은 그보다 심오한 의미를 지니고 있습니다. 바울은 루스드라 사람들에게 천지 만물을 창조하신 살아 계신 하나님에 대해 이렇게 증언했습니다.

> 하나님이 지나간 세대에는 모든 민족으로 자기들의 길들을 가게 방임하셨으나(16절).

하나님께서는 하나님의 말씀이 전해지기 전까지는 모든 인간이 자기 판단을 좇아 사는 것을 방임하셨다는 것입니다. 우리말 '방임하다'로 번역된 헬라어 '에아오έάω'는 '묵인하다', '용납하다', '허용하다'라는 의미입니다. 그렇다고 이 말이, 하나님의 말씀을 알지 못하는 인간의 모든 죄를 하나님께서 불문곡직하고 다 용납하신다는 의미는 아닙니다. 하나님의 말씀이 전해지기까지 하나님을 알지 못하는 사람들에 대한 하나님의 심판이 유보되었다는 뜻입니다.

> 그러나 자기를 증언하지 아니하신 것이 아니니(17절 상).

하나님의 특별계시인 하나님의 말씀이 전해지기 전이라고 해서 하나님께서 사람들에게 당신을 계시하시지 않은 것은 아니었습니다.

> 그러나 자기를 증언하지 아니하신 것이 아니니 곧 여러분에게 하늘로부터 비를 내리시며 결실기를 주시는 선한 일을 하사 음식과 기쁨으로 여러

분의 마음에 만족하게 하셨느니라 하고(17절).

하나님께서는 당신의 말씀이 전해지기 전에도 하늘의 태양, 때에 따라 내리는 비, 결실을 위한 계절의 변화 등, 자연계시를 통해 사람들에게 밤낮으로 당신을 보여 주셨습니다.

그러나 사람들은 아침마다 해가 떠오르게 하시고, 때에 따라 비를 내리시고, 계절의 변화를 이끄시는 분이 여호와 하나님이심을 알지 못했습니다. 하나님은 인간의 눈에 보이지 않는 분이시기 때문입니다. 어리석은 인간들은 하나님께서 눈에 보이지 않는 분이심을 알지 못했습니다. 그래서 인간은 눈에 보이는 것을 신으로 섬기고 경배했습니다. 태양이나 나무, 바위와 짐승처럼 눈에 보이는 자연물을 신으로 경배하는 것은 말할 것도 없고, 2천 년 전 지중해 세계의 사람들은 그들이 믿던 헬라 신화 속의 열두 신 모두 인간의 형상을 지닌, 눈에 보이는 모습의 신으로 믿었습니다. 이것이 루스드라 사람들이 선천성 하반신마비자가 일어나 걷는 것을 보고, 바나바와 바울을 가리켜 제우스와 헤르메스라 부르며 그들에게 제사를 지내려 한 이유였습니다. 그들에게 신은 이 세상에서 눈으로 볼 수 있는 형체를 지닌 존재였기 때문입니다.

그렇다면 이제 우리는 바울이 루스드라 사람에게 '이런 헛된 일을 버리라'고 한 말의 참된 의미를 깨닫게 됩니다. 바울이 말한 헛된 일이란, 눈에 보이는 것을 숭배하는 것이었습니다. 바울은 루스드라 사람들에게 눈에 보이는 것을 섬기려는 헛된 일을 버리라고 권면한 것이었습니다. 왜 눈에 보이는 것을 숭배하는 것이 헛된 일입니까? 눈에 보이는 것은 반드시 소멸하기 마련인 까닭입니다. 언젠가 소멸해 버릴 것을 숭배하느라 자기 생을 건다는 것은, 자기 스스로 자신의 생을 소멸시키는 첩경일 것인즉, 유한한 인간에게 그보다 더 헛된 일이 어디에 있겠습니까?

유사 이래 인간이 신이라 숭배하던 모든 것들과 성경을 통해 당신을 계시해 주신 여호와 하나님의 차이는, 오직 하나님만 인간의 눈에 보이지 않는 분이시라는 것입니다. 다시 말해 하나님만 형체를 지니지 않으신, 눈으로 볼 수 없는 영이시라는 것입니다. 형체를 지녔다는 것은 그 형체가 무엇이든 상관없이, 이미 시간과 공간의 지배 속에 있음을 의미합니다. 인간이 만든 신상 가운데 몸통 양쪽에 여러 개의 팔을 지닌 신상이나, 얼굴에 여러 개의 눈이 달려 있는 신상을 본 적이 있을 것입니다. 그 신상이 시사하는 것은, 그 신상은 모든 사람을 볼 수 있는 눈과 모든 사람을 도울 수 있는 손을 지니고 있다는 것입니다. 그러나 모든 사람을 보고 도울 수 있는 눈과 손이라고 달려 있는 것이 고작 몇 개밖에 되지 않습니다. 신상에 눈과 손을 천만 개씩 붙인다 한들 그 신상이 60억 인구를 주관할 수 있겠습니까? 신상에 억만 개의 눈과 손을 붙인다 한들 눈에 보이는 그 신상이 시간과 공간을 초월할 수는 없습니다. 그러나 하나님께서는 형체가 없는 영이시기에 시간과 공간의 지배를 받으시지 않습니다. 오히려 시간과 공간을 초월하여 온 우주 만물을 주관하시고, 우리 한 사람 한 사람과 개별적으로 함께하실 수 있습니다.

'새신자반'에서 말씀드린 것처럼, 지금 이 예배당의 전깃불이 우리 모두와 함께하고 있습니다. 그러나 우리가 예배당을 나서는 순간부터 이곳의 전깃불은 우리와 무관해지고 맙니다. 전깃불은 이 예배당이라는 공간의 지배 속에 있는 탓입니다. 전깃불과는 달리 태양은 우리가 서울에서 목포를 향하면 우리를 좇아 목포로 가고, 같은 시간에 목포를 출발하여 서울로 향하는 사람들을 위해서는 그들을 좇아 서울로 향합니다. 우리가 어디로 가든 태양은 우리 개개인을 따라다닙니다. 태양은 전깃불과는 비교가 불가능할 정도로 크기에, 우리 개개인을 개별적으로 따라다닐 수 있는 것입니다. 그러나 우리가 땅속에 들어가거나 밤이 되면 태양은 우리와 차단됩니다. 태양이 아무리 커도, 태양 역시 시간과 공간의 지배 속에 있기 때문입니다.

 그러나 태양이 감히 넘볼 수도 없는, 무한자이신 하나님은 영이시기에 시간과 공간을 초월하십니다. 그래서 하나님께서는 우리 개개인이 어디에 있든 우리 개개인과 함께해 주십니다. 내가 태평양을 건너 미국으로 가도 하나님께서는 그곳으로 나와 함께 동행해 주시고, 내가 아프리카로 가도 하나님께서는 내 곁에 계시며, 내가 비행기를 타고 하늘에 있어도 하나님께서는 나를 품고 계시고, 내가 망망대해를 홀로 항해해도 하나님께서는 그 바다에서도 나를 인도하시며, 내가 천리 땅속으로 떨어져도 하나님께서는 변함없이 나를 붙잡고 계십니다. 하나님께서 눈에 보이는 형체를 지닌 분이셨다면, 그 형체가 아무리 눈부시고 거창해도 시간과 공간을 초월하여 무소부재하실 수는 없었을 것입니다. 그 모든 것이 가능할 수 있는 것은 하나님께서는 형체가 없는, 눈에 보이지 않는 영이시기 때문입니다. 그뿐 아니라 하나님께서 시간과 공간을 초월하는 영이시기에 하나님만 소멸하지 않는 영원한 하나님, 영원한 생명의 하나님이 되실 수 있습니다.

 눈에 보이는 형체를 지니지 않은 분만, 시간과 공간을 초월하여 눈에 보이지 않는 영이신 분만 참하나님이 되실 수 있다는 것은 이처럼 자명합니다. 그러나 하나님께서 형체를 지니지 않은 영이시라는 것은 인간이 인간의 머리로 생각해 낼 수 있는 것이 아니었습니다. 하나님께서 형체를 지니지 않은 영이시라는 것은, 죄로 말미암아 하나님과의 관계가 단절되어 영이신 하나님을 볼 수 없게 된 인간의 머리로는 상상할 수조차 없는 일이었습니다. 그래서 하나님께서 당신이 영이심을 계시해 주시기 전까지, 모든 인간은 눈에 보이는 세상의 것을 신으로 섬기는 어리석음 속에서 살면서도 자신이 어리석다는 사실을 자각하지도 못했습니다. 바로 그것이 하나님과 단절된 죄인의 한계였습니다. 그러므로 선천성 하반신마비자를 자신들이 보는 앞에서 일으켜 세운 바울과 그의 일행 바나바를 신으로 단정하고 제사를 지내려 했던 루스드라 사람들의 처신은, 신은 반드시 형체를 지니고 있어야 한다고 믿던 그들에게는 지극히 자연스러운 일이었습니다.

그러나 바울은 그들의 어리석음을 내버려 두지 않았습니다. 그가 복음의 증인 된 까닭이, 눈에 보이는 것을 숭배하는 것이 얼마나 헛된 일인지를 사람들에게 일깨워 주는 데 있었기 때문입니다. 그래서 바울은 자신과 바나바를 신으로 여겨 제사를 지내려는 루스드라 사람들을 향해, 눈에 보이는 것을 믿으려는 헛된 일을 버리고, 천지 만물을 창조하시고 태양과 비와 풍족한 결실을 주시지만 눈에 보이지 않는 영이시기에 하나님이심을 알 수 없었던 바로 그 하나님을 믿으라고 역설하였습니다.

하나님을 믿는 사람들은 하나님께서는 눈에 보이는 형체를 지니시지 않은, 눈에 보이지 않는 영이심을 다 알고 있습니다. 그러나 그 사실을 안다고 해서 눈에 보이는 것을 믿는 헛된 일을 하지 않는 것은 아닙니다. 하나님의 은혜로 이집트의 노예 생활에서 해방된 이스라엘 백성들은 금송아지를 만들고는, 눈에 보이는 그 금송아지가 자신들을 이집트에서 인도해 내신 하나님이라고 제사를 드렸습니다. 약속의 땅인 가나안 땅에 들어가서도 이스라엘 백성은 끊임없이 눈에 보이는 가나안의 우상들을 섬겼습니다. 눈에 보이지 않는 하나님보다 눈에 보이는 세상의 것들을 더 신봉했기 때문입니다. 지난 2천 년 기독교의 역사를 들여다보더라도, 눈에 보이지 않는 하나님을 믿어야 할 그리스도인들이 눈에 보이는 세상의 것들을 숭배한 적이 더 많았습니다. 오늘날이라고 해서 예외인 것은 아닙니다. 오늘날 이 땅의 그리스도인들이 세상의 조롱거리로 전락한 것은, 눈에 보이는 세상의 것들을 세상 사람들보다 더 좋아하고 더 신뢰하기 때문입니다.

눈에 보이는 것을 믿는 것은 절대로 참믿음이 아닙니다. 눈에 보이는 것은 반드시 소멸하기에, 눈에 보이는 것을 믿는 것은 허망하게 자기 소멸을 앞당기는 어리석은 짓일 뿐입니다. 오죽했으면 사도 바울이 그런 사람들을 향해 '이런 헛된 일을 버리라'고 질타했겠습니까?

우리가 좋아하는 찬송가 중에 387장이 있습니다.

> 멀리 멀리 갔더니/ 처량하고 곤하며/ 슬프고도 외로워/ 정처없이 다니니 예수 예수 내 주여/ 지금 내게 오셔서/ 떠나가지 마시고/ 길이 함께하소서

주님을 떠난 삶의 처량함과 곤고함 그리고 괴로움을 토로하는 가사입니다. 그러나 이 가사만으로는 이 노래의 주인공이 왜 주님을 멀리 떠났는지, 주님을 떠난 주인공이 무엇을 좇았는지 알 수 없습니다. 우리 찬송가에 게재되어 있는 387장의 가사는 베어드Baird가 개사한 것으로, 1870년 맥도널드 William McDonald가 처음 지은 가사는 전혀 다른 내용입니다.

> 십자가로 나가네 I am coming to the cross
> 빈약하고 눈멀고 I am poor and weak and blind
> 값진 것 나 없어도 I am counting all but dross
> 구원하심 받겠네 I shall full salvation find

이 찬송가의 주인공은 그동안 하나님 앞에서 연약하고 볼품없을 뿐 아니

라, 눈이 먼 인간이었습니다. 그는 영이신 하나님을 보지 못하는 영적 맹인이었습니다. 하나님을 볼 수 없었으니 그가 믿고 좇는 것은 세상의 보이는 것뿐이었고, 눈에 보이는 세상의 것을 섬기면 섬길수록 그의 삶은 더욱 처량하고 곤고할 뿐이었습니다. 그래서 그의 노래는 이렇게 계속됩니다.

> 주께 모두 바치네 Here I give my all to Thee
> 친구 시간 이 세상 모든 것 Friends and time and earthly store
> 나의 몸도 영혼도 Soul and body Thine to be
> 모두 영영 주의 것 Wholly Thine forevermore

세상의 것을 섬기는 삶의 한계를 깨달은 주인공은 마침내 그동안 자신이 섬기던 모든 것을 주님 앞에 내려놓았습니다. 그리고 그의 찬송은 후렴에서 다음과 같이 끝납니다.

> 나는 주만 믿겠네 I am trusting, Lord, in Thee
> 갈보리의 양이여 Blessed Lamb of Calvary
> 십자가 밑 엎드린 Humbly at Thy cross I bow
> 나를 구원하소서 Save me, Jesus, save me now

그는 십자가 밑에 엎드려 오직 주님만 섬기겠노라 고백하면서, 주님께서 자신을 구원해 주시기를 간구했습니다. 인간의 죗값을 대신 치르시기 위해 십자가의 제물로 돌아가셨다가, 죽음을 깨뜨리고 부활 승천하신 후 다시 영으로 강림하시어 자신과 함께하고 계신, 눈에 보이지 않는 삼위일체 하나님만 영원하시기에, 오직 영원하신 하나님 안에만 영원한 생명과 영원한 안식과 영원한 평안이 있음을 뒤늦게 깨달았기 때문입니다.

이 찬송가는 우리로 하여금 솔로몬의 전도서를 연상케 합니다. 솔로몬은 부귀영화의 대명사였습니다. 그는 한때 처첩을 1천 명이나 거느릴 정도로 눈에 보이는 세상의 것들을 섬겼습니다. 그래서 그가 행복했답니까? 오히려 그 반대였습니다. 그는 자신이 쓴 전도서의 첫머리에서 '헛되고 헛되며 헛되고 헛되니 모든 것이 헛되다'(전 1:2)고 탄식했습니다. 눈에 보이는 것을 섬기는 것은 결국 허망한 자기 소멸에 지나지 않음을 그 역시 뒤늦게 깨달은 것이었습니다. 그래서 세상의 것을 섬기는 인생의 헛됨을 탄식한 그의 전도서는 '하나님을 경외하고 그의 명령들을 지키라'(전 12:13)는 권면으로 끝납니다. 전도서는 한때 눈에 보이는 세상의 것들을 헛되이 섬겼던 솔로몬의 참회록인 동시에, 앞으로는 눈에 보이지 않는 영이신 하나님, 영원하신 하나님만 섬기겠다는 결단의 서약문입니다.

눈에 보이는 세상의 것을 섬기는 삶이 하나님과의 관계에서, 사람과의 관계에서, 자기 자신과의 관계에서 얼마나 처량하고, 지치고, 피곤한지, 그동안의 경험만으로도 충분히 알고 있지 않습니까? 그 사실을 알면서도 언젠가 반드시 소멸할, 눈에 보이는 세상의 것을 섬기는 삶을 계속 살 수는 없지 않습니까? 눈에 보이는 세상의 것도 소중합니다. 그러나 눈에 보이는 것은 결코 우리 삶의 목적이 될 수는 없습니다. 그것은 단지 수단일 뿐입니다. 언젠가 반드시 소멸할, 눈에 보이는 것을 섬기는 것보다 자기 소멸을 더 빨리 재촉하는 헛된 인생은 없습니다. 영원한 것은 눈에 보이지 않습니다. 눈에 보이지 않는 영이신 하나님만 영원하십니다. 영원하신 하나님만 우리 인생의 목적이 되실 수 있습니다. 그래서 본문 속에서 '이런 헛된 일을 버리고 살아 계신 하나님께 돌아오라'고 촉구한 바울은, 고린도후서 4장 18절을 통해 이렇게 증언합니다. "우리가 주목하는 것은 보이는 것이 아니요 보이지 않는 것이니, 보이는 것은 잠깐이요 보이지 않는 것은 영원함이라."

찬송가 387장 연주/ 바이올리니스트 이미경(독일 뮌헨대학 교수)

8. 그들이 돌로 바울을 쳐서 I

사도행전 14장 19절
유대인들이 안디옥과 이고니온에서 와서 무리를 충동하니 **그들이 돌로 바울을 쳐서** 죽은 줄로 알고 시외로 끌어 내치니라

'네 발로 바로 일어서라'는 사도 바울의 명령과 동시에, 태어난 이래 단 한 번도 일어서거나 걸어 본 적이 없는 선천성 하반신마비자가 벌떡 일어나 걷는 것을 목격한 루스드라 사람들은 깜짝 놀랐습니다. 헬라 신화를 믿던 그들은 신들이 사람의 형상으로 내려왔다고 소리치면서, 풍채가 좋은 바나바는 헬라 신화의 주신 제우스, 그리고 풍채가 떨어지는 바울은 제우스의 전령인 헤르메스가 틀림없다고 믿었습니다. 제우스 신당의 제사장은 제물로 쓸 소들과 제물을 장식할 화환을 갖고 와서 루스드라 사람들과 함께 바울과 바나바에게 제사를 드리려 했습니다. 그들이 무엇을 하려는지 뒤늦게 확인한 바울과 바나바는 자신들의 옷을 찢으며, 자신들에게 제사를 지내려는

사람들 속으로 뛰어 들어가 '우리도 여러분과 같은 성정을 지닌 사람'이라고 외쳤습니다. 그리고 자신들이 복음을 전하는 까닭은 언젠가 반드시 소멸해 버릴 눈에 보이는 것을 신봉하는 헛된 일을 버리고, 눈에 보이지 않는 영이시기에 시간과 공간을 초월하여 우주 만물을 주관하시는 하나님을 믿게 하기 위함임을 역설했습니다.

본문 18절은 그날의 사태에 대해 다음과 같이 결론을 맺고 있습니다.

> 이렇게 말하여 겨우 무리를 말려 자기들에게 제사를 못하게 하니라.

본문 문맥의 의미를 보다 정확하게 옮기면 이런 말이 됩니다.—'이렇게 말하고서도 무리를 간신히 말려 자신들에게 제사를 지내지 못하게 했다.' 바울과 바나바가 자신들에게 제사를 드리지 못하도록 말했다고 무리가 제사 드리기를 즉각 포기한 것은 아니었습니다. 그들은 막무가내로 계속 제사를 드리려 했습니다. 그래서 바울과 바나바는 그들을 간신히 말려, 자신들에게 제사 지내려는 무리의 시도를 무산시켰습니다. 여기에서 '무리'는 두말할 것도 없이 루스드라 사람들이었습니다. 선천성 하반신마비자를 일으켜 세운 바울에 대한 그들의 경외심은 그 정도로 컸습니다.

그러나 본문 19절 상반절은 이렇게 시작되고 있습니다.

> 유대인들이 안디옥과 이고니온에서 와서 무리를 충동하니.

비시디아 안디옥과 이고니온에서 온 유대인들이 무리를 충동하였습니다. 헬라어 원문에는 '무리'라는 단어 앞에 정관사가 붙어 있습니다. 비시디아 안디옥과 이고니온에서 온 유대인들이 바로 '그 무리'를 충동했다는 의미입니다. '그 무리'는 바울과 바나바를 신으로 믿어 제사 지내려던 바로 그 루스드라 사람들이었습니다.

본문 18절과 19절이 붙어 있기에, 바울과 바나바가 자신들에게 제사 지내려는 루스드라 사람들을 간신히 말리자마자, 이내 비시디아 안디옥과 이고니온에서 내려온 유대인들이 루스드라 사람들을 충동한 것처럼 보입니다. 그러나 실제로는 18절과 19절 사이에 상당한 시간이 소요되었습니다. 타우루스 산맥을 넘어 비시디아 땅으로 간 바울이 가장 먼저 찾아간 곳은 비시디아 안디옥이었습니다. 그리고 바울이 비시디아 안디옥을 떠난 것은 자의에 의해서가 아니었습니다. 비시디아 안디옥의 유대교 지도자 무리가 바울을 시기하여 귀부인들과 유력자들을 선동하여, 바울과 바나바를 박해하게 하여 비시디아 안디옥에서 쫓아 버린 탓이었습니다. 비시디아 안디옥에서 쫓겨난 바울과 바나바는 비시디아 안디옥에서 동남쪽으로 약 180킬로미터 떨어진 이고니온을 찾아가 복음을 전했습니다. 그러나 이고니온에서도 유대인들이 이방인들과 관리들을 선동하여 바울을 돌로 치려 하였으므로, 바울은 이고니온을 떠나 서남쪽으로 약 45킬로미터 떨어져 있는 루스드라를 찾았던 것입니다. 비시디아 안디옥에서부터 따지자면 루스드라는 약 225킬로미터나 떨어진 곳이었습니다.

그러므로 바울이 루스드라에 나타나 선천성 하반신마비자를 일으켰다는 소문이 루스드라에서 45킬로미터 떨어진 이고니온과 225킬로미터 떨어져 있는 비시디아 안디옥에 전해지고, 그 소문으로 인해 바울에 대한 시기심과 증오심에 다시 사로잡힌 비시디아 안디옥과 이고니온의 유대인들이 서로 작당하여 함께 루스드라를 덮치기까지는, 2천 년 전 당시 교통 여건으로는 아무리 짧아도 최소한 두 주간을 필요로 했습니다. 그 두 주간 동안 바울과 바나바는 루스드라에 그대로 머물러 있었습니다. 그렇다면 바울에게 제사 지내려 했던 루스드라 사람들과 바울의 유대는 그 기간 동안 더 깊어지지 않았겠습니까? 바울은 그들에게 기회가 닿는 대로 하나님의 말씀을 전했을 것이요, 시간이 흐를수록 루스드라 사람들의 바울에 대한 외경심은 더 커졌을 것입니다. 그와 같은 상황 속에서 비시디아 안디옥과 이고니온의 유대인들이 루스드라를 찾아와 루스드라 사람들을 충동한다 한들 그들이 무슨 소득을 얻을 수 있겠습니까?

그러나 본문 19절은 우리의 상상을 초월하는 내용을 증언하고 있습니다.

> 유대인들이 안디옥과 이고니온에서 와서 무리를 충동하니 그들이 돌로 바울을 쳐서 죽은 줄로 알고 시외로 끌어 내치니라.

바울을 신으로 믿어 제사를 드리려 할 정도로 바울을 신봉했던 루스드라 사람들이었건만, 비시디아 안디옥과 이고니온에서 온 사람들이 루스드라 사람들을 충동하자, 그들은 유대인들과 함께 바울이 죽었다고 판단되기까지 바울을 돌로 쳤습니다. 루스드라 사람들은 유대인이 아니었습니다. 루스드라에는 유대인 회당이 없을 정도로 유대인 거주자가 적었으므로, 루스드라 사람들과 유대인 사이에 평소 깊은 유대감이 형성되어 있는 것도 아니었습니다. 그런데도 루스드라 사람들은 생전 처음 보는 유대인들의 충동에 자신들이 신봉하던 바울을 죽이려고 돌로 치고 말았습니다. 우리말 '충동하다'로 번역된 헬라어 '페이도πείθω'는 '설득하다'라는 의미입니다. 도대체 비시디아 안디옥과 이고니온에서 온 유대인들이 루스드라 사람들을 어떻게 설득했기에, 바울을 신봉하던 루스드라 사람들이 갑자기 바울을 죽이려고 돌로 칠 정도로 돌변했겠습니까? 우리는 본문 이후에 사도행전에 나타난 바울의 생애 속에서 그 해답을 찾을 수 있습니다.

바울이 빌립보에 갔을 때 귀신 들린 여인을 만났습니다. 그 여인은 자유인이 아니었습니다. 그녀는 여러 명의 주인에게 고용되어 있었습니다. 그녀를 고용한 주인들은 귀신 들린 그녀로 하여금 사람들의 점을 보아 주게 하고 돈을 버는 사람들이었습니다. 그 여인을 고용한 주인이 여러 명이었다는 것은, 귀신 들린 그녀가 용한 족집게 점쟁이어서 주인들에게 많은 돈을 벌게 해주었음을 알 수 있습니다. 여러 날 동안 오며 가며 계속 귀신 들린 그 여인과 마주친 바울은 마침내 그 여인을 괴롭히는 귀신을 예수 그리스도의 이름으로 쫓아 주었습니다. 더러운 귀신 노예로 살던 사람이 귀신의 마수에서 벗어났다면 그것은 다 함께 기뻐하며 축하할 일이었습니다. 그러나 그 여인을 고용했던 주인들은 즉각 바울과 그의 수행원이었던 실라를 붙잡아 장터로 끌고 가서 관리들에게 넘겨주면서 그곳에 있는 사람들을 선동하여 바울을 고발하게 했고, 관리들은 바울에게 채찍질을 한 뒤 그를 빌립보 감옥에 투옥시켜 버렸습니다.

바울은 결코 채찍질을 당하거나 투옥당할 몹쓸 짓을 하지 않았습니다. 바울이 가련한 여인을 괴롭히는 귀신을 쫓아 준 것은 도리어 칭찬받아 마땅한 일이었습니다. 그런데도 왜 그 여인을 고용했던 주인들은 바울을 붙잡아 관리에게 끌어가고, 무리를 선동하여 집단적으로 바울을 고발케 하여 바울로 하여금 채찍질을 당하고 감옥에 감금되게 했겠습니까? 사도행전 16장 19절이 그 이유를 밝혀 주고 있습니다.

여종의 주인들은 자기 수익의 소망이 끊어진 것을 보고 바울과 실라를 붙잡아 장터로 관리들에게 끌어갔다가.

그들이 귀신 들린 여인을 고쳐 준 바울에게 그토록 격분한 이유는, 그 여인이 귀신으로부터 벗어남에 따라 자신들의 수익이 끊어져 버렸기 때문입니다. 그들의 관심사는 오직 자신들의 이권이었습니다. 그들은 귀신 들린 가련한 여인을 내세워 돈을 벌 정도로 자신들의 이권을 위해서라면 수단과 방법을 가리지 않는 사람들이요, 자신들의 이권을 침해하는 사람이라면 상대가 누구든 제거하지 않고는 배기지 못하는 사람들이었습니다.

그 이후 에베소서에서도 똑같은 일이 벌어졌습니다. 로마제국의 대표적인 대도시였던 에베소에는 유방을 12개 지닌, 다산과 풍요의 여신 아데미의 신전이 있었습니다. 그 신전은 2천 년 전 세계 7대 불가사의 중의 하나로 여겨질 만큼 그 규모가 크고 아름다웠습니다. 에베소 사람들은 아데미 신전은 사람의 손에 의해 지어진 것이 아니라, 하늘의 주신인 제우스가 하늘에서 직접 내려준 신전이라 믿을 정도로 크고 아름다웠습니다. 그 신전이 에베소 한가운데 자리 잡고 있었으므로, 에베소에는 아데미를 이용하여 돈을 버는 사람들이 부지기수였습니다. 그 큰 신전에서 직접 일하는 수많은 사람들을 제외하고도, 은으로 아데미의 신상을 빚거나 아데미 신전의 모형을 만들어 파는 은세공장이들도 많았습니다. 바울은 그 우상의 도시 에베소를 찾아가 하나님의 말씀을 전했습니다. 그러자 은세공장이인 데메드리오가 자신과 같은 직종에 종사하는 사람들을 선동하여 바울을 죽이려 했습니다. 그 이유는 사도행전 19장 24-27절이 밝혀 주고 있습니다.

즉 데메드리오라 하는 어떤 은장색이 은으로 아데미의 신상 모형을 만들어 직공들에게 적지 않은 벌이를 하게 하더니 그가 그 직공들과 그러한 영업하는 자들을 모아 이르되 여러분도 알거니와 우리의 풍족한 생활이 이 생업에 있는데 이 바울이 에베소뿐 아니라 거의 전 아시아를 통하여 수많은 사람을 권유하여 말하되 사람의 손으로 만든 것들은 신이 아니라 하니 이는 그대들도 보고 들은 것이라 우리의 이 영업이 천하여질 위험이 있을 뿐 아니라 큰 여신 아데미의 신전도 무시당하게 되고 온 아시아와 천하가 위하는 그의 위엄도 떨어질까 하노라 하더라.

에베소의 데메드리오가 사람들을 선동하여 바울을 죽이려 한 것 역시 자신의 이권으로 인함이었습니다. 바울은 사람의 손으로 빚어 만든 것, 눈에 보이는 것은 무엇이든 신이 아니라고 설교하였습니다. 따라서 행여 에베소 사람들이 바울의 말을 듣고 아데미를 숭배하지 않을 경우에 자신의 돈벌이가 막힐 것을 우려한 것이었습니다. 데메드리오의 선동에 그와 동일한 직종에 종사하던 사람들이 쉽게 동조한 것도, 그들 또한 무엇이 옳고 그른지를 따지기보다는 자신들의 이권을 우상으로 숭배하는 사람들이기 때문이었습니다.

그렇다면 우리는 루스드라 사람들이 비시디아 안디옥과 이고니온에서 찾아온 생면부지의 유대인들로부터 어떻게 설득당했기에, 바울을 신으로 숭배하려 했던 그들이 갑자기 바울을 죽이려 돌로 칠 정도로 돌변했는지 그 해답을 알 수 있습니다.

이미 우리가 알고 있는 것처럼 루스드라 사람들은 헬라 신화를 믿고, 헬라 신화 속에 열두 신들을 숭배하던 사람들이었습니다. 그들이 헬라 신화속의 신들과 얼마나 친숙했으면 바울이 선천성 하반신마비자를 일으켜 세우자마자 바나바와 바울을 제우스와 헤르메스라 믿었겠습니까? 심지어 제우스 신당의 제사장이 제물과 화환을 가지고 와서 사람들과 함께 바나바와 바울을 제우스와 헤르메스라고 제사를 드리려 했겠습니까? 루스드라 사람들이 이 정도로 헬라 신화 속의 신들을 숭배했다면, 신화 속의 열두 신을 내세워 밥 먹고 사는 사람들이 얼마나 많았겠습니까? 제우스 신당 외에도 나머지 열한 신들을 위한 열한 개의 신당들이 있었고, 각 신당마다 제사장 사제들이 있었을 것입니다. 그 신전들에 제물과 제물을 장식할 꽃들을 납품하는 업자들, 그리고 신당을 짓고 보수하는 건축업자들도 많았을 것입니다. 게다가 열두 신들의 신상을 빚거나 그림을 그려 파는 사람들, 열두 신들과 관련된 각종 기념품을 만들고 판매하는 사람들은 또 얼마나 많았겠습니까? 그 많은 사람들이 각각 자기 가족의 의식주를 위해 지출하는 금액을 다 합치면 연간 엄청난 금액이었을 것입니다. 그러고 보면 루스드라 사람 대부분의 경제 활동이 직접적으로든 간접적으로든 헬라 신화 속의 열두 신들과 연관되어 있다고 해도 과언이 아니었을 것입니다.

그 루스드라 사람들에게 바울이 무엇이라 설교했습니까? 사람의 손에 의해 만들어진, 눈에 보이는 것을 숭배하는 헛된 일을 버리라고 설교하지 않았습니까? 만약에 루스드라 사람들이 바울의 말을 듣고 눈에 보이는, 제우스와 헤르메스 같은 신상을 더 이상 섬기지 않는다면, 헬라 신화의 열두 신들과 직간접적으로 얽혀 있는 루스드라 사람들은 생업을 잃거나 경제적 손실을 감수해야만 했습니다. 그러나 루스드라 사람들은 선천성 하반신마비자를 일으킨 사도 바울의 영적 감화력에 감동되어, 눈에 보이는 것을 숭배하는 헛된 일을 버리라는 바울의 말에 대해 이의나 질문을 제기할 필요성을 느끼지 못했습니다.

그러나 비시디아 안디옥과 이고니온에서 온 유대인들은, 그때까지 루스드라 사람들이 생각하고 있지 않던 그들의 이권을 건드렸습니다. 만약 사도 바울의 말을 따를 경우 헬라 열두 신들의 이름으로 밥 먹고 사는 여러분의 밥줄이 하루아침에 끊어질 것인즉, 바울은 여러분을 도우러 온 것이 아니라 감언이설로 여러분의 삶을 파멸시키려는 흉악자라고 바울을 모함하고 매도한 것이었습니다. 바울이 눈에 보이는 우상을 섬기는 루스드라 사람들에게 헛된 일을 버리고 살아 계신 하나님께 돌아오라고 설교한 것은, 하나님을 믿음으로 인해 현실 속에서는 당분간 불이익을 당하더라도 그들로 하여금 영원한 생명, 영원한 구원을 얻게 하기 위함이었습니다. 그러나 비시디아 안디옥과 이고니온에서 온 유대인들은 현실보다 더 중요한 것은 없으므로 현실의 이권을 고수하라고 루스드라 사람들을 충동한 것이었습니다. 다시 말해 현실의 이권을 해치려는 바울을 응징하라는 사주였습니다.

유대인들의 충동질에 넘어간 루스드라 사람들은 현실의 이권을 지키기 위해, 유대인들과 함께 바울을 돌로 쳐 죽이는 편을 선택하고 말았습니다. 그들이 바울을 돌로 쳐 죽이려 했다는 것은 바울을 그들에게 보내신 하나님을 거부한 것이요, 그것은 현실의 이권을 위해 하나님께서 주시려는 영원한 생명과 영원한 구원을 거부한 것을 의미했습니다. 그리고 그것으로 그들은 사도행전의 무대에 다시는 등장하지 않습니다. 현실의 이권이라는 우상을 숭배하던 그들은 이미 2천 년 전에 한 줌의 흙으로 형체도 없이 사라져 버렸기 때문입니다. 엄청난 비극이었습니다.

오늘 본문은 실은 가룟 유다 이야기의 재판再版입니다. 그는 이 땅에서 예수 그리스도의 직계 제자로 선택되어 3년 동안이나 예수님과 함께 동거한, 인류 역사상 단 열두 명 가운데 한 사람이었습니다. 그럼에도 불구하고 그는 은 30냥이라는 현실의 이권 앞에서 예수 그리스도를 배신함으로, 스스로 파멸하는 어리석음을 범하고 말았습니다. 비극 중의 비극이었습니다. 가룟 유다의 비극은 그의 비극으로만 끝나지 않았습니다. 가룟 유다의 비극은 본문 속 루스드라에서도, 빌립보에서도, 에베소에서도 똑같이 재연되었습니다. 그로부터 2천 년이 지난 오늘날 우리의 삶 속에서도 재연되고 있음은 물론입니다.

지방에서 중소기업을 경영한다는 분으로부터 약 한 달 전에 편지를 받았습니다. 스스로 열심히 신앙생활한다는 그분은, 자신의 분야에서 정부 포상을 받을 정도로 성공한 기업인이었습니다. 그러나 그동안 사업을 하면서 정직하게 세금을 납부하지 않다가, 최근에 세무사찰을 당하여 엄청난 금액을 추징당했습니다. 추징금액을 기한 내에 납부하기 위해서는 살고 있는 집과 전 재산을 몽땅 처분해야 하고, 아이들도 다른 학교로 전학시켜야만 합니다. 게다가 만약 기한 내에 추징금액을 납부하지 않으면 세무서에 의해 전 재산을 압류당해야 할 판입니다. 자신이 다니는 교회 목사님과 상의했더니 목사님은 아무리 신앙인이라고 해도 현실을 도외시할 수는 없으므로, 세무서가 재산을 압류하기 전에 전 재산을 처분하여 일부만 세금으로 납부하고, 나머지는 가족을 위하여 빼돌려 놓는 것이 좋겠다고 했습니다. 그분 역시 현실적으로는 그보다 더 좋은 방안이 없을 것 같아 그렇게 하기로 작심하고, 그래도 누군가로부터 확실하게 동의를 얻기 위해 평소 저의 책을 즐겨 읽는다는 독자의 입장에서 제게 편지를 보낸 것이었습니다. 제가 그분에게 전화를 걸어 이렇게 말씀드렸습니다.

"집사님, 집사님의 회사가 거액의 세금을 추징당했다는 것은 그동안 집사님이 하나님을 믿는다면서도 정직하게 세금을 납부하지 않은 결과 아닙니까? 그런데 또다시 현실이라는 이유로 세금의 일부만 납부하고 나머지 재산을 빼돌린다면, 집사님이 그런 마음으로야 앞으로도 하나님 앞에서 계속 부정직하게 살 수밖에 없지 않겠습니까? 그렇게 살아서는 이다음에 하나님께서 부르실 때 과연 자신의 삶에 대해 후회하지 않을 수 있겠습니까? 만약 집사님께서 제 답변을 원하신다면, 집사님, 모든 재산을 처분하여 정직하게 세금을 납부하십시오. 아이들도 지금의 형편에 맞는 학교로 옮기십시오. 그리고 리어카를 끌더라도 그리스도인답게 정직한 마음으로 새롭게 시작하십시오. 그렇게 살면 당장의 어려움은 있더라도 하나님께서 반드시 결과를 책임져 주실 것입니다. 집사님, 그리스도인은 현실 속에서 믿음을 지키는 사람임을 절대로 잊지 마십시오."

하나님을 믿는다는 대부분의 그리스도인들이 믿음과 현실을 분리하여 생각합니다. 현실 속에서는 하나님을 좇지 않는 것입니다. 그러나 오해하지도, 착각하지도 마십시오. 믿음은 몽상 속에서 하나님을 좇는 것이 아닙니다. 현실을 회피하거나, 현실에서 도피하는 것도 아닙니다. 현실을 떠나서는 믿음은 아예 성립될 수도 없습니다. 현실만이 믿음이 싹트는 텃밭입니다. 그리스도인은 현실 속에서, 현실의 이권 앞에서 믿음을 지키고, 신앙 양심을 지키고, 하나님 말씀을 지키는 사람입니다. 하나님의 말씀보다 현실을, 현실의 이권을 더 중시하는 사람은, 아무리 미사여구를 동원해도 결코 참된 그리스도인일 수 없습니다. 그 사람은 본문의 루스드라 사람들처럼, 현실의 이권이라는 우상을 섬기는 또 다른 가룟 유다일 뿐입니다.

예수 그리스도는 몽상 속에서 십자가를 지신 것이 아닙니다. 그분은 현실 속에서, 현실 세계의 각종 이권 앞에서 인간의 죗값을 대신 치르기 위해 십자가에 못박혀 돌아가셨고, 현실 속에서 죽음을 깨뜨리고 부활하셨습니다. 현실 속에서, 현실의 이권 앞에서 믿음을 지키는 사람을 통해서만 예수 그리스도께서 현실을 새롭게 하시는 이유가 여기에 있습니다.

이 땅에 오신 예수 그리스도의 직계 제자로 선택되어, 예수님과 함께 밤낮으로 숙식을 함께하는 것은 인간에게는 특권 중의 특권이었습니다. 인류 역사상 그 특권을 누린 사람은 단 열두 명뿐이었고, 가룟 유다는 그 열두 명 가운데 한 사람이었습니다. 그러나 그는 은 30냥이라는 현실의 이권에 눈이 멀어 예수 그리스도를 배신했다가 스스로 파멸한, 가장 어리석은 인간으로 전락하고 말았습니다. 루스드라 사람들은 위대한 사도 바울로부터 직접 하나님의 말씀을 들었습니다. 하나님께서 바울을 통해 선천성 하반신마비자를 일으켜 세우시는 것을 자신들의 눈으로 직접 목격하기도 했습니다. 그러나 비시디아 안디옥과 이고니온에서 온 유대인들의 충동질을 받고는 현실의 이권이라는 우상을 숭배하기 위해 바울을 죽이려고 돌로 침으로써, 결과적으로 자신들에게 바울을 보내 주신 하나님을 거부하는, 또 다른 가룟 유다가 되고 말았습니다. 주님께서 오늘 이 시간, 바로 우리 자신이 어리석은 가룟 유다와 루스드라 사람들처럼, 현실의 이권이라는 우상숭배자임을 일깨워 주셔서 감사합니다.

그동안 믿음과 현실을 분리시켜 온 나의 어리석음을, 단지 몽상 속에서만 주님을 좇으려 했던 나의 무지를 용서해 주십시오. 이제부터 현실 속에서, 현실의 이권 앞에서 믿음을 지키고, 신앙 양심을 지키고, 주님의 말씀을 지키는, 참된 믿음의 사람으로 살아가게 도와주십시오. 주님께서 나의 죗값을 대신 치르기 위해 현실 속에서 십자가에 못박혀 돌아가시고, 현실 속에서 죽음을 깨뜨리고 부활하셨음을 잊지 말게 해주십시오. 그리하여 예수 그리스도 안에서, 날마다 내게 주어지는 현실을 새롭게 하는 그리스도인다운 그리스도인으로 살아가게 해주십시오. 아멘.

9. 그들이 돌로 바울을 쳐서 II

사도행전 14장 19절
유대인들이 안디옥과 이고니온에서 와서 무리를 충동하니 **그들이 돌로 바울을 쳐서** 죽은 줄로 알고 시외로 끌어 내치니라

"침묵은 금이다"라는 격언이 있습니다. 사람의 심중에는 수많은 생각들이 있고, 개개인의 사리 분별력을 통해 걸러진 생각이 그 사람의 행동으로 드러나게 됩니다. 그런 사람을 가리켜 사려 깊은 사람이라고 합니다. 반면에 말이 앞서는 사람은 말이 생각과 행동을 앞지르기에, 그런 사람의 삶은 경박함을 벗어날 수 없습니다. 말과 행동이 일치될 수가 없기 때문입니다. 이런 관점에서 침묵은 금입니다. 침묵은 생각을 반듯하게 정리해 주고, 바른 사리 분별력을 가능케 해주고, 보이는 것 이면의 것을 보게 해주는 원동력입니다. 그래서 침묵이라는 금을 지닌 사람의 삶은 어떤 상황 속에서도 경박할 수 없습니다.

'침묵은 금이다'라는 말은 사람과 사람 사이에만 국한된 이야기가 아닙니다. 이것은 하나님과의 관계에서도 그대로 적용됩니다. 다윗은 자신의 능력으로는 도저히 피할 수 없는 환난과 고통 속에서 이렇게 노래했습니다.

> 나의 영혼아 잠잠히 하나님만 바라라 무릇 나의 소망이 그로부터 나오는도다(시 62:5).

다윗은 자신의 환난과 고통을 물리쳐 주시라고 하나님께 절규하기만 한 것이 아니었습니다. 절박한 상황에 빠진 사람이 하나님의 도우심을 간구하며 절규하는 것은 대단히 중요합니다. 그러나 하나님 앞에서 소리치기만 해서는 안 됩니다. 그렇게 해서는 자기 우물에서 벗어날 수 없습니다. 인간에게 중요한 것은 원치 않는 상황을 피하는 것이 아니라, 바로 그 상황 속에서 자신을 향한 하나님의 뜻을 분별하는 것입니다. 그래서 다윗은 자신의 영혼더러 "잠잠히 하나님만 바라라"라고 타일렀습니다. 우리말 '잠잠히'로 번역된 히브리 동사 '다맘דָּמַם'은 '벙어리가 되다', '침묵하다'는 의미입니다. 다윗은 하나님을 향해 소리치던 입을 다물고 침묵했습니다. 그리고 그의 침묵은 곧, 자신의 소망이 하나님으로부터만 나온다는 깨달음을 안겨 주었습니다. 그렇지 않습니까? 내게 어떤 상황이 주어진다 해도, 천지를 창조하신 하나님께서 나의 하나님 되신다는 것보다 더 큰 소망이 어디에 있겠습니까? 그래서 그의 노래는 다음과 같이 이어집니다.

> 오직 그만이 나의 반석이시요 나의 구원이시요 나의 요새이시니 내가 흔들리지 아니하리로다(시 62:6).

나의 소망이신 하나님은 저 하늘 위에 계신 관념적인 존재가 아니라, 현실 세계의 온갖 인생 비바람 속에서 나의 반석이시요 나의 구원이시며 나의 요새 되시니, 이 세상 그 무엇이 나를 흔들 수 있으리오? 바로 이와 같은 믿음 속에서 베들레헴의 이름 없는 양치기였던 다윗은 하나님께서 신뢰하시는 하나님의 도구로 다듬어져 갔습니다. 그러나 그것은 절로 이루어진 것이 아니었습니다. 다윗이 하나님 앞에서 입을 다물고 침묵함으로써 얻고 누릴 수 있었던 하나님의 은총이었습니다. 확실히 침묵은 금입니다.

또 "침묵은 웅변이다"라는 격언도 있습니다. 침묵은 입을 다물고 말하지 않는 것이고, 웅변은 큰 소리로 힘차게 거침없이 말하는 것입니다. 침묵한다면 웅변은 불가능하고, 웅변하는 것은 침묵이 아닙니다. 상식적으로나 논리적으로는 '침묵은 웅변이다'라는 말은 성립되지 않습니다. 그러나 우리 가운데 그 누구도 '침묵은 웅변이다'는 역설에 이의를 제기하지 않습니다. 도무지 말이 통하지 않는 사람, 사사로운 목적으로 끊임없이 거짓 모함하는 사람, 자신이 만든 각본에 따라 누군가를 계속 올무에 빠뜨리려는 사람의 말에 일일이 대꾸하는 것은 시간 낭비일 뿐입니다. 그런 사람은 애당초 상대의 말에 귀를 기울일 의사가 없기 때문입니다. 그 경우에는 침묵보다 더 큰 웅변은 없습니다. 침묵은 상대의 모든 거짓 주장에 대한 가장 강력하고도 효과적인 부정을 의미하는 까닭입니다.

유대교 지도자 무리가 예수님을 죽이기로 작정하고, 겟세마네 동산에서 기도하시던 예수님을 체포하여 대제사장 집으로 끌고 갔습니다. 그곳에는 대제사장들과 장로들과 서기관들이 이미 모여 있었습니다. 그들은 사전 각본에 따라 거짓 증인들을 내세워 예수님을 고발하였습니다. 그러나 예수님께서는 거짓 증인들의 온갖 거짓 증언에 일절 대꾸하지 않고 침묵하셨음을 마가복음 14장 61절이 전해 주고 있습니다. 예수님께서는 딱 한 번, '네가 그리스도냐?'라는 대제사장의 질문에 '그렇다'고 입을 열어 시인하셨습니다. 그것은 사실이었기 때문입니다. 그 이외의 모든 거짓 증언에 대해서는 오직 침묵으로 일관하셨습니다. 그러나 예수님께서 입을 다물고 침묵하심으로써 고발당한 예수님께서는 진리시요, 사전 각본대로 예수님을 고발한 유대교 지도자 무리는 사악한 집단임이 더욱 대조적으로 극명하게 드러났습니다. 예수님의 침묵은 예수님의 웅변이었던 것입니다.

이처럼 침묵은 금인 동시에 위대한 웅변이기도 하지만, 중요한 사실은, 침묵은 '비굴'을 뜻하기도 한다는 것입니다. 만약 누군가가 일평생 말 한 마디도 없이 침묵하기만 한다면, 그리고 그가 말을 할 수 없는 언어장애인이 아니라면, 그 사람은 침묵의 참된 의미를 알지 못하는 비정상적인 사람임에 틀림없습니다. 침묵이 중요하다면 침묵 그 자체가 중요한 것이 아니라, 침묵은 해야 할 바른말을 잉태하는 말의 자궁이기 때문입니다. 그러므로 말해야 할 때 도리어 입을 다물고 침묵하는 것은 금이나 웅변이기는커녕 비겁한 비굴일 따름입니다.

예수님께서 십자가의 고난을 당하기 위해 나귀 새끼를 타고 예루살렘에 입성하실 때, 제자들이 예수님을 향해 "주의 이름으로 오시는 왕"이시라고 찬양했습니다. 이를 못마땅하게 여긴 바리새인들이 예수님께 제자들을 꾸짖어 말릴 것을 요청했습니다. 그러자 주님께서 이렇게 대답하셨습니다.

> 내가 너희에게 말하노니 만일 이 사람들이 침묵하면 돌들이 소리 지르리라(눅 19:40).

주님께서는, 사람이 말해야 할 때 말해야 할 것을 말하지 않고 침묵하면 사람 대신 돌들이 소리칠 것이라고 말씀하셨습니다. 바꾸어 말하면, 말해야 할 때 침묵하는 사람은 돌보다도 못한 존재라는 의미입니다. 침묵해서는 안 될 때 침묵하는 것보다 더 비굴한 짓은 없기 때문입니다.

'네 발로 바로 일어서라'는 바울의 명령 한마디에, 태어난 이래 단 한 번도 일어서거나 걸어 본 적이 없는 선천성 하반신마비자가 벌떡 일어나 걸었습니다. 그 광경을 현장에서 목격한 루스드라 사람들은 깜짝 놀랐습니다. 그들이 보기에 그것은 사람이 할 수 있는 일이 아니었습니다. 헬라 신화를 신봉하던 그들은 풍채가 좋은 바나바는 헬라 신화의 주신인 제우스, 풍채가 떨어지는 바울은 제우스의 전령인 헤르메스가 틀림없다고 믿어, 제물들과 화환들을 가지고 와서 그 두 사람에게 제사를 드리려 했습니다. 바울과 바나바는 그들에게 '눈에 보이는 것을 섬기려는 헛된 일을 버리고 천지 만물을 주관하시는 하나님을 믿을 것'을 권하면서, 그들을 간신히 말려 자신들에게 제사를 드리지 못하게 했습니다.

바울이 루스드라에 나타나 선천성 하반신마비자를 일으켰다는 소문은 루스드라에서 각각 45킬로미터와 225킬로미터 떨어진 이고니온과 비시디아 안디옥의 유대인들에게 전해졌습니다. 바울과 바나바를 자기 고장에서 쫓아내었던 그들은 서로 작당하여 루스드라를 덮쳤습니다. 그들은 바울에 대한 외경심을 지니고 있는 루스드라 사람들을 교묘하게 충동하여 바울을 배척하게 했습니다. 그리고 오늘의 본문이 그 결과를 밝혀 주고 있습니다.

유대인들이 안디옥과 이고니온에서 와서 무리를 충동하니 그들이 돌로 바울을 쳐서 죽은 줄로 알고 시외로 끌어 내치니라(19절).

바울을 신으로 믿어 제사를 드리려 했을 정도로 바울에 대해 외경심을 지니고 있던 루스드라 사람들은, 생전 처음 보는 유대인들의 충동질에 넘어가 유대인들과 함께 바울을 돌로 쳤습니다. 단순히 바울을 위협하여 루스드라에서 쫓아내기 위함이 아니었습니다. 돌 세례를 받은 바울이 쓰러져 미동도 하지 않자 루스드라 사람들은 바울이 죽었다고 판정하여 바울을 성 밖으로 내쳐 버렸습니다. 그들은 처음부터 바울을 죽이기 위해 돌로 친 것이었습니다. 우리말 '내치다'로 번역된 헬라어 동사 '쉬로σύρω'는 '질질 끌고 가다'라는 의미입니다. 바울이 죽었다고 판정한 그들은 바울의 시체를 짐짝 끌듯 질질 끌어 성 밖으로 내다 버렸습니다.

그것은 그들이 바울을 루스드라 성안에서 돌로 쳐 죽였음을 의미했습니다. 레위기 24장 14절과 민수기 15장 35절은 성내에서 사람을 돌로 치는 것을 엄격하게 금하고 있습니다. 그래서 유대인들은 사람을 돌로 쳐 죽일 때는 반드시 성 밖으로 끌고 가서 돌로 쳤습니다. 초대교회 최초의 순교자였던 스데반을 유대인들이 돌로 쳐 죽일 때에도 그를 먼저 성 밖으로 끌어낸 뒤 돌로 쳤음을 사도행전 7장 58절이 증언하고 있는 이유도 여기에 있습니다. 루스드라 사람들을 충동질하여 그들과 함께 바울을 돌로 쳐 죽이는 데 앞장선 사람들은 비시디아 안디옥과 이고니온에서 온 유대인들이었습니다. 그들이 돌로 쳐 죽이려 했던 바울 역시 유대인이었습니다. 그렇다면 그들은 율법에 따라 바울을 먼저 성 밖으로 끌어낸 뒤 바울을 돌로 침이 마땅했습니다. 그러나 루스드라 사람들을 충동한 유대인들은 행여 루스드라 사람들의 마음이 변할까 조급해진 나머지, 자신들이 금과옥조로 떠받들던 율법을 어기고 성안에서 바울을 돌로 쳐 죽이고 말았습니다.

유대인들과 루스드라 사람들은 아무도 보지 않는 외딴곳에서 바울을 돌로 쳐 죽인 것이 아니었습니다. 그들은 백주의 대낮에 루스드라 성안에서,

수많은 사람들이 보는 앞에서 바울을 죽이기 위해 돌로 쳤습니다. 그렇다면 바울이 돌에 맞아 죽는 그 현장에 있던 사람들을 우리는 몇 부류로 분류해서 생각해 볼 수 있습니다. 먼저는, 바울을 돌로 친 부류입니다. 유대인들과 그들의 충돌질에 넘어간 루스드라 사람들입니다. 두 번째는, 바울을 돌로 치지는 않았지만, 돌에 맞아 피투성이로 쓰러지는 바울을 보고 좋아라고 박수치며 바울에게 욕설을 퍼붓고 조롱한 부류입니다. 비록 그들이 돌을 들어 바울에게 던지지는 않았지만, 그들의 언행이 바울을 전적으로 부정했다는 의미에서 그들은 바울에게 돌을 던진 첫 번째 부류와 구별되지 않습니다. 마지막 부류는, 바울이 돌에 맞아 죽는 그 죽음의 상황에서 침묵한 부류입니다. 의인이 악한 무리에게 무고하게 돌에 맞아 죽는 현장에서 침묵한 사람들은 대체 어떤 사람들이었겠습니까? 마음이 약하거나 착한 사람들, 바울을 돌로 쳐 죽이려는 사람들이 옳지 않다고 생각하는 사람들, 공연히 남의 일에 개입하기를 꺼려 하는 사람들은 모두 그 현장에서 침묵하였을 것입니다. 그 현장에서 침묵한 사람들이 그들만이었다면, 이 귀한 예배 시간에 그들이 누구였는지를 생각해 볼 필요조차 없을 것입니다.

본문 20절은, 성안에서 바울을 돌로 친 사람들이 바울이 죽었다고 판정하여 그의 시체를 끌어다 성 밖으로 내버리자, 역시 바울이 죽었다고 여기고 바울의 시체를 중심으로 둘러서 있던 제자들에 대해 언급하고 있습니다. 일반적으로 주석가들은, 그 제자들은 함께 바울의 죽음을 확인하고 어떻게 장례식을 치를까 의논하기 위해 바울 주위에 둘러서 있었다고 해석합니다. 그 제자들은 바울이 전한 복음을 받아들이고 예수 그리스도를 영접한 루스드라의 그리스도인들이었습니다. 본문을 기록한 누가는 그들을 가리켜 '제자'라는 단어를 사용하였습니다. 그들 역시 예수 그리스도의 제자들이었음을 강조하기 위함이었습니다. 예수님의 제자라면 응당 말해야 할 때 말해야 할 것을 말해야 하지 않겠습니까? 예수 그리스도는 로고스—즉 말씀이고, 그 말씀을 자신의 입으로 전하는 것이 제자들의 의무이기 때문입니다. 그러나 그들은 불의가 의를 짓밟는 그 죽음의 현장에서 한마디의 말도 없었습니다. 그들은 오로지 침묵했습니다. 그리고 바울이 죽었다고 여겨지자 고작 바울을 위해 어떻게 장례를 치를까 의논하기 위해 침묵을 깨고 입을 열었을 뿐입니다.

그러나 그것은 그리 놀랄 일이 아닙니다. 그들은 이제 겨우 복음을 영접한 초신자에 지나지 않았기 때문입니다. 정작 우리를 충격에 빠뜨리는 사건은 따로 있습니다. 그것은 바나바의 침묵이었습니다. 사도행전 14장 4절은 바울뿐 아니라 바나바도 '사도'라 칭하고 있습니다. 오늘날에는 사도라는 용어가 그리스도인을 통칭하는 보편적인 용어가 되었지만, 2천 년 전 초대교회 시절에 사도는 초대교회의 최고 지도자를 의미했습니다. 그렇다면 바나바는 이제 갓 복음을 받아들인 루스드라의 그리스도인과는 달라야만 했습니다.

애당초 바울이 하나님의 은총으로 선천성 하반신마비자를 일으켰을 때 바울과 바나바를 신이라 믿은 루스드라 사람들은 풍채가 좋은 바나바를 헬라 신화의 주신인 제우스라고 경배하려 했습니다. 그렇지만 유대인들의 충동질을 당한 루스드라 사람들은 어찌 된 영문인지 바나바에게는 단 한 개의 돌도 던지지 않았습니다. 그들은 유대인들과 함께 바울만 죽이려고 돌로 쳤습니다. 그들이 바울을 제우스의 메시지를 전하는 전령이자 웅변의 신인 헤르메스라고 믿었던 사실이 시사하는 것처럼, 그들에게 하나님의 말씀을 전한 사람은 바울 한 사람이었기 때문일 것입니다. 그러나 화를 면한 바나바는 바울 홀로 돌에 맞아 죽어 가는 것을 보고도 침묵했습니다.

바나바가 대체 누구입니까? 바울과 함께 복음을 전하기 위해 기독교 역사상 최초로 지중해 세계를 누비고 다닌 전도자 아니었습니까? 그 유명한 안디옥교회의 담임목사였을 뿐 아니라, 사도라 칭함을 받을 정도로 초대교회 최고 지도자 반열에 있지 않았습니까? 그렇다면 자신의 동역자인 바울 홀로 돌팔매질을 당할 때, 설령 자기 역시 돌팔매질을 당할망정, '이런 불의한 일을 하지 말라'며 돌팔매질하는 무리를 가로막으며 그들을 만류함이 마땅하지 않겠습니까? 그러나 그는 단 한마디도 하지 않았습니다. 성경의 기록은 무서우리만치 냉혹합니다. 성경에 기록된 내용이라면 단어 하나마다 의미가 없을 수 없고, 성경의 기록에서 제외되었다면 반드시 이유가 있기 때문입니다. 만약 그때 바나바가 바울을 살리기 위해 돌팔매질을 하는 무리를 향해 단 한마디라도 했다면, 성경은 반드시 그 사실을 언급할 것입니다. 바울과 바나바가 자신들에게 제사 지내려는 루스드라 사람들을 향해 자신들의 옷을 찢으며 '이런 헛된 일을 버리라'고 소리쳤음을 성경이 분명히 증언하고 있는 것처럼 말입니다. 그러나 성경은 바울이 돌에 맞아 죽어 가는 그 죽음의 현장에서 바나바의 언행에 대해 일절 침묵함으로써, 바나바가 그 순간에 실제로 침묵하였음을 역설적으로 웅변하고 있습니다.

왜 그 순간 바나바가 침묵했겠습니까? 침묵이 금이라고 여겨서이겠습니까? 그 순간에는 침묵이 웅변이라 믿었기 때문이겠습니까? 그렇지 않습니다. 폭도로 돌변한 무리의 돌팔매질 앞에서 바나바가 순간적으로 비굴해진 까닭이 아니겠습니까? 본문 20절을 보시겠습니다.

> 제자들이 둘러섰을 때에 바울이 일어나 그 성에 들어갔다가 이튿날 바나바와 함께 더베로 가서.

모든 사람들이 죽었다고 여겼던 바울은 죽지 않고 극적으로 살아났습니다. 그는 아무 일도 없었던 것처럼 루스드라 성으로 되돌아갔습니다. 그리고 이튿날 바나바와 함께 더베로 갔습니다. 죽은 줄 알았던 바울이 살아났을 때, 결정적인 순간에 침묵했던 바나바에게 바울을 제대로 쳐다볼 면목이 있었겠습니까? 아무 일도 없었다는 듯 자신에게 그 어떤 원망의 내색도 않는 바울과 함께 더베로 가는 내내, 대체 바나바가 바울에게 무슨 말을 할 수 있었겠습니까?

우리는 오늘의 본문을 통해 세 가지 교훈을 얻게 됩니다. 첫째, 하나님을 믿는다는 그리스도인들 대부분이 침묵해서는 안 될 때 비굴하게 침묵한다는 것입니다. 두말할 것도 없이 인간의 '죄성'으로 인함입니다. 둘째, 하나님께서는 침묵해서는 안 될 때 침묵하지 않는 소수를 통해 역사하신다는 것입니다. 결정적인 순간에 침묵했던 바나바는 사도행전 15장을 끝으로 사도행전의 무대에서 사라지고 맙니다. 그 이후에 사도행전은 말해야 할 것을 말해야 할 때 말하기를 두려워하지 않았던 사도 바울의 독무대로 전개됩니다. 마지막 교훈은, 그러므로 진리로 인해 부당하게 모함받고 짓밟힐 때, 응당 자기편이 되어 주리라 믿은 사람이 입을 굳게 다물고 비굴하게 침묵한다고 해서 서운해하거나 원망하지 말라는 것입니다. 세상 사람들은 비굴하게 침묵해도, 이 세상 모든 사람을 다 합친 것보다 더 크신 하나님께서 함께해 주시기 때문입니다.

다음은 예수님의 말씀이십니다.

> 내가 너희에게 이르노니 사람이 무슨 무익한 말을 하든지 심판날에 이에 대하여 심문을 받으리니 네 말로 의롭다 함을 받고 네 말로 정죄함을 받으리라(마 12:36-37).

주님께서는 우리가 어떤 인간인지를 우리의 말로 판단하십니다. 우리의 말을 통해 우리의 중심까지 꿰뚫어 보시기에, 우리의 말이 빈말인지 아니면 참말인지도 아십니다. 우리의 말 그 자체가 우리의 인격이고 존재이기 때문입니다.

우리 모두, 말이 생각과 행동을 앞지르는 천박함에서 벗어나십시다. 침묵은 금이요 웅변임을 기억하십시오. 그러나 말해야 할 것을 말해야 할 때 침묵하는 것은 비겁한 비굴임을 잊지 마십시다. 예수 그리스도 안에서, 예수 그리스도를 힘입고, 예수 그리스도를 본받아, 침묵할 때 침묵할 줄 아는 지혜와, 침묵해서는 안 될 때 침묵하지 않는 용기를 지니십시오. 그로 인해 불이익을 당하고, 응당 자신의 편이 되어 주어야 할 사람마저 비굴하게 침묵할지라도 오히려 주님을 찬양하며 주님께 감사드리십시오. 2천 년 전이나 지금이나 주님의 역사는 그런 사람을 통해 이루어지고, 그런 사람을 통해서만 오늘 또다시 개천절을 맞는 이 나라가 새로워질 수 있기 때문입니다.

그동안 나는 침묵해야 할 때 스스로 침묵을 깨뜨리는 경박함과, 침묵해서는 안 될 때 침묵하는 비굴함 속에서 살아왔습니다. 그와 같은 나의 삶이 주님 보시기에는, 지천에 널려 있는 하찮은 돌멩이보다 못한 삶이었음을 이 시간 깨닫게 해주셔서 감사합니다.

"사람이 무슨 무익한 말을 하든지 심판날에 이에 대하여 심문을 받으리니, 네 말로 의롭다 함을 받고 네 말로 정죄함을 받으리라"고 말씀하신 주님! 그동안 경박하게 말하고 비굴하게 침묵한 나의 잘못을 회개하오니, 주님의 자비로우심으로 용서해 주십시오. 이제부터 주님 안에서, 주님을 힘입고, 주님을 본받아, 침묵할 때 침묵할 줄 아는 지혜와, 침묵해서는 안 될 때 침묵하지 않는 용기를 지니게 해주십시오. 그 결과 설령 내게 불이익이 주어져도, 응당 나의 편이 되어 주어야 할 사람들마저 입을 굳게 다물고 비굴하게 침묵한다 할지라도, 주님을 원망하거나 좌절하지 않게 해주십시오. 오히려 보잘것없는 나의 삶을 통해 이 시대를 새롭게 하시는 주님으로 인해 주님을 찬양하며, 주님께 감사드리게 해주십시오. 그리하여 나의 침묵이 보배로운 금이요 위대한 웅변이게 하시고, 나의 말이 영원한 진리의 매체가 되게 해주십시오. 침묵할 때 반드시 침묵하시고, 침묵해서는 안 될 때 결코 침묵하지 않으셨던 예수 그리스도의 이름으로 기도드립니다. 아멘.

10. 바울이 일어나

사도행전 14장 19-20절
유대인들이 안디옥과 이고니온에서 와서 무리를 충동하니 그들이 돌로 바울을 쳐서 죽은 줄로 알고 시외로 끌어 내치니라 제자들이 둘러섰을 때에 **바울이 일어나** 그 성에 들어갔다가 이튿날 바나바와 함께 더베로 가서

경상남도 거창군에 있는 거창고등학교는 기독교 정신으로 설립되어 운영되는 학교로 널리 알려져 있습니다. 거창고등학교가 표방하는 교육목표는 다음과 같습니다.

    사람은 모두 하나님의 뜻에 의해 고귀한 인격체로 이 세상에 태어났다.
    인간의 존재 가치는 절대적인 것으로 그 무엇과도 비교될 수 없다.
    이 세상에는 '나'만큼 귀한 '너'가 살고 있다.
    '너'라는 존재는 이용의 대상이 아니라 사랑과 구원의 대상이며, 더불어

살아가야 할 나의 소중한 이웃이다.

이러한 사상을 바탕으로 생명을 중시하는 신앙 교육, 인간 교육, 지식 교육을 교육목표로 삼는다.

한마디로 정리하면 기독교 정신의 바탕 위에서 빛과 소금의 역할을 다하고, 정의와 사랑을 실천할 수 있는 인재를 양성하여 평화로운 사회를 구현하자는 것입니다. 그리고 그 학교에는 졸업생들이 사회에 나가 직업을 선택할 때 어떤 기준으로 선택할지를 일러 주는 '직업 선택의 십계명'이 있습니다.

① 월급이 적은 쪽을 택하라.
② 내가 원하는 곳이 아니라 나를 필요로 하는 곳을 택하라.
③ 승진의 기회가 거의 없는 곳을 택하라.
④ 모든 것이 갖추어진 곳을 피하고 처음부터 시작해야 하는 황무지를 택하라.
⑤ 앞을 다투어 모여드는 곳은 절대 가지 마라. 아무도 가지 않는 곳으로 가라.
⑥ 장래성이 전혀 없다고 생각되는 곳으로 가라.
⑦ 사회적 존경 같은 건 바라볼 수 없는 곳으로 가라.
⑧ 한가운데가 아니라 가장자리로 가라.
⑨ 부모나 아내나 약혼자가 결사반대하는 곳이면 틀림없다. 의심치 말고 가라.
⑩ 왕관이 아니라 단두대가 기다리고 있는 곳으로 가라.

처음부터 끝까지 세상의 가치관과는 상반되는 내용들입니다. 고등학생이라면 아직 10대 미성년자들입니다. 무릇 어른은 미성년자들을 바른길로 인도할 책임이 있습니다. 하물며 교육자라면 두말할 나위도 없습니다. 그럼에도 어떻게 학교가, 교육자가, 미성년인 제자들을 승진의 기회가 거의 없는 곳, 장래성이 전혀 없다고 판단되는 곳, 부모와 배우자가 결사반대하는 곳, 심지어는 왕관이 아니라 단두대가 기다리는 길로 인도할 수 있는 것입니까? 삼척동자가 보아도 그 길은 인생을 망치는 길이 뻔하지 않습니까?

믿음은 삶의 길을 '선택'하는 것입니다. 그리스도인이 걷는 길과 세상 사람이 걷는 길이 동일하다면 그리스도인에게 애초 믿음은 불필요합니다. 그 경우에는, 세상 사람들처럼 세상의 길 위에서 최선을 다해 세상의 것을 더 많이 누리는 것이 가장 성공적인 삶일 것입니다. 그리스도인을 가리켜 믿음의 사람이라 부르는 것은, 그리스도인은 세상의 길과는 전혀 차원이 다른 길의 가치를 알고 믿음으로 그 길을 걷는 사람이기 때문입니다. 그러므로 거창고등학교는 그 학교를 찾은 학생들에게 세상의 길이 아니라, 세상의 길과는 전혀 다른 차원인 믿음의 길을 제시하고 있는 것입니다. 하나님께서는 당신의 말씀을 좇아 '믿음의 길'을 걷는 사람을 통해 당신의 뜻을 이루시고, 또 그와 같은 사람의 삶을 반드시 책임져 주심을 믿기 때문입니다. 만약 하나님께서 당신의 길을 좇는 사람을 통해 역사하시지도 않고 그 사람을 책임져 주시지 않는다면, 그 하나님은 죽은 하나님이 틀림없고, 성경은 인간이 만든 픽션에 지나지 않으며, 이 세상에서 하나님을 믿는 것보다 더 미련한 짓은 없을 것입니다.

버가에서 풍토병에 걸린 사도 바울은 즉각 전도 여행을 포기하고 집으로 되돌아가지 않았습니다. 그는 도리어 목숨을 걸고, 바나바와 함께 험산준령의 타우루스 산맥을 넘어 비시디아 안디옥으로 가서 복음을 전했습니다. 그러나 사도 바울을 시기한 유대교 지도자 무리의 모함과 선동으로 바울과 바나바는 그곳에서 쫓겨나고 말았습니다. 바울은 바나바와 함께 비시디아 안디옥에서 동남쪽으로 약 180킬로미터 떨어져 있고, 30개의 산을 지나야 이를 수 있는 이고니온을 찾아가 하나님의 말씀을 전했습니다. 하지만 그곳에서도 유대인들이 사람들을 선동하여 바울을 돌로 쳐 죽이려 했습니다. 바울은 다시 바나바와 함께 이고니온에서 서남쪽으로 약 45킬로미터 떨어져 있는 루스드라를 찾아가 복음을 전하며, 태어난 이래 단 한 번도 일어서거나 걸어 본 적이 없는 선천성 하반신마비자를 하나님의 능력으로 일으켜 세웠습니다.

그러나 바울이 루스드라에 나타났다는 소문을 들은 비시디아 안디옥과 이고니온의 유대인들은 각각 225킬로미터, 45킬로미터의 먼 길을 내달려 루스드라를 덮쳤습니다. 유대인들은 선량한 루스드라 사람들을 교묘히 충동질하여 그들과 함께 바울을 돌로 쳤습니다. 단지 돌로 바울을 위협하여 멀리 쫓아 버리기 위함이 아니었습니다. 그들은 처음부터 바울을 죽이기 위해 돌로 쳤습니다. 율법은 성안에서 사람을 돌로 치는 것을 엄금하고 있지만, 그들은 얼마나 급했던지 율법을 어기고 성안에서 바울을 돌로 쳤습니다. 그리고 그들은 바울이 죽었다고 단정하고, 바울의 시체를 질질 끌고 나가 성 밖에 내버리고 말았습니다. 하지만 바울로부터 복음을 갓 영접한 루스드라 초신자들은 말할 것도 없고, 바울의 동역자였던 바나바마저 바울이 돌에 맞아 죽는 그 죽음의 현장에서 바울을 살리기 위해 단 한 마디도 못한 채 비굴하게 침묵으로 일관하였습니다. 바울은 객지인 루스드라에서 동역자 바나바마저 침묵하는 가운데, 홀로 그렇게 외로이 돌에 맞아 죽었습니다.

복음 전도를 위해 지금까지 바울이 걸어온 길은 높은 연봉이나 승진이 보장된 길이 아니었습니다. 유대교에서 촉망받던 청년이었던 그가 만약 유대교에 머물러 있었다면, 그는 틀림없이 높은 연봉과 최고 지도자 지위를 누렸을 것입니다. 바울이 걸어온 길은 자신이 원하는 길이 아니라, 하나님을 알지 못하는 사람들을 위해 필요한 길이었습니다. 모든 것이 갖추어진 길이거나 수많은 사람들이 앞다투어 찾는 길이 아니라, 그 누구도 거들떠보지 않는 황무지 길이었습니다. 장래성이 있거나 사회적으로 출세하는 길과는 거리가 멀었습니다. 유대교가 지배하는 유대인 사회에서 그 길은 화려한 주류의 길이 아니라 고독한 비주류의 길이었습니다. 만약 바울의 부모가 알았다면 만사를 제쳐 놓고 바울의 앞을 가로막을 길이었습니다. 바울이 이 도시 저 도시에서 모함과 박해 속에서 쫓겨나고 끝내 돌까지 맞는 것을 그의 어머니가 목격했다면, 가만히 보고만 있었겠습니까? 바울의 옷자락을 붙잡으며 "바울아, 내가 너를 어떻게 키웠는데, 얼마나 힘겹게 예루살렘 유학까지 시켰는데, 네가 이곳에서 이러고 있느냐"며 더 이상 그 길을 가지 못하도록 만류하지 않았겠습니까? 그러나 바울은 계속 그 길을 걷다가, 믿었던 동료의 침묵 속에서 끝내 객지의 유대인들과 이방인들의 돌에 맞아 죽고 말았습니다. 루스드라에서 그를 기다리고 있던 것은 왕관이 아니라 끔찍한 단두대였습니다.

그래서 거기에서 바울의 인생이 그렇게 끝나 버리고 말았습니까? 만약 바울의 인생이 거기에서 그렇게 끝나 버리고 말았다면, 그 길을 스스로 걸어간 바울은 세상에서 가장 미련한 인간임에 틀림없습니다. 하지만 바울이 세상 사람 보기에 미련해 보이는 그 길을 걸은 것은 그가 정말 미련해서가 아니라, 그가 누구보다도 투철한 믿음의 사람이었기 때문입니다. 그러므로 바울이 루스드라에서 돌에 맞아 죽은 것은 결코 바울 인생의 끝일 수 없었습니다. 본문 20절을 보시겠습니다.

> 제자들이 둘러섰을 때에 바울이 일어나 그 성에 들어갔다가 이튿날 바나바와 함께 더베로 가서.

본문이 언급한 '제자들'은 바울로부터 복음을 갓 영접한 루스드라의 그리스도인들이었습니다. 그들은 바울을 돌로 쳐 죽인 사람들이 바울의 시체를 끌어다가 성 밖으로 내버리자, 그제야 바울의 시체로 다가갔습니다. 지난 시간에 말씀드린 것처럼, 그들 역시 바울이 죽었다고 여기고 그의 시체를 어떻게 장사 지낼 것인지 의논하기 위함이었을 것입니다. 바로 그때 모든 사람이 죽은 시체라고 여겼던 바울이 일어났습니다. 우리말 '일어나다'로 번역된 헬라어 동사 '아니스테미ἀνίστημι'는 자동사인 동시에 타동사로 사용되는 단어입니다. 이를테면 '일어나다'는 의미와 '일으켜 세우다'는 의미를 동시에 지니고 있습니다. 더욱 중요한 것은 이 단어가 앉은 자리나 누운 상태에서 일어나는 것뿐 아니라, 죽은 사람이 살아나는 것을 의미하기도 한다는 것입니다. 예수님께서 공생애 막바지에 제자들과 함께 예루살렘으로 올라가시면서 제자들에게 말씀하셨습니다.

> 보라 우리가 예루살렘으로 올라가노니 인자가 대제사장들과 서기관들에게 넘겨지매 그들이 죽이기로 결의하고 이방인들에게 넘겨주어 그를 조롱하며 채찍질하며 십자가에 못박게 할 것이나 제삼일에 살아나리라 (마 20:18-19).

예수님께서는 자신이 예루살렘에서 십자가에 못박혀 죽겠지만 사흘째 되는 날에 죽음 가운데서 다시 살아날 것임을 천명하셨습니다. 그때 '살아나다'란 의미로 사용된 단어가 바로 본문에서 사용된 단어와 동일한 '아니스테미'입니다. 또 주님께서는 요한복음 11장 25-26절을 통하여 다음과 같이 말씀하셨습니다.

> 나는 부활이요 생명이니 나를 믿는 자는 죽어도 살겠고 무릇 살아서 나를 믿는 자는 영원히 죽지 아니하리니 이것을 네가 믿느냐.

주님께서 당신을 가리켜서 '부활'이라고 말씀하셨는데, 그때 사용된 단어 역시 '아니스테미'의 명사형인 '아나스타시스$\dot{\alpha}\nu\dot{\alpha}\sigma\tau\alpha\sigma\iota\varsigma$'입니다.

우리는 본문에서 돌팔매질을 당한 바울이 실신한 것을 두고 사람들이 죽은 것으로 착각한 것인지, 아니면 돌에 맞은 바울이 실제로 죽었던 것인지 정확하게 알 수 없습니다. 한 가지 분명한 것은 그가 실신 상태에서 일어났던지, 혹은 정말 죽었다가 다시 살아났던지 간에, 그가 스스로 일어나거나 자기 능력으로 다시 살아난 것이 아니라는 것입니다. 돌팔매질을 당해 사람들이 죽었다고 단정했던 바울이 다시 일어날 수 있었던 것은, 하나님께서 그를 일으켜 세우시고 다시 살려 주셨기 때문입니다. 우리는 바울이 비시디아 안디옥의 유대인 회당에서 행한 설교 내용을 아직도 생생하게 기억하고 있습니다.

> 우리도 조상들에게 주신 약속을 너희에게 전파하노니 곧 **하나님이 예수를 일으키사** 우리 자녀들에게 이 약속을 이루게 하셨다 함이라 시편 둘째 편에 기록한 바와 같이 너는 내 아들이라 오늘 너를 낳았다 하셨고 또 **하나님께서 죽은 자 가운데서 그를 일으키사** 다시 썩음을 당하지 않게 하실 것을 가르쳐 이르시되 내가 다윗의 거룩하고 미쁜 은사를 너희에게 주리라 하셨으며 (행 13:32-34).

바울은 하나님께서 예수님을 죽음 가운데서 다시 일으키셨음을 두 번이나 강조하면서, 두 번 모두 동사 '아니스테미'를 사용하였습니다. 인간의 죗값을 대신 치르기 위해 십자가에 못박혀 돌아가신 예수님을 하나님께서 죽음 가운데에서 다시 일으켜 세우셨다는 것은 바울 믿음의 핵심이었습니다. 다시 말하면 예수 그리스도께서 걸어가신 그 십자가의 길을 걷기만 하면 설령 죽음과도 같은 상황을 만날지라도, 죽음의 한가운데에서 예수님을 다시 일으키신 하나님께서 바울 자신도 반드시 책임지시고 다시 일으켜 세워 주실 것임을 굳게 믿었습니다. 그래서 바울은 연봉도, 승진도, 장래도, 사회적 존경도 보장되지 않는 길, 부모가 알면 앞을 가로막고 결사반대할 길, 왕관이 아니라 단두대가 기다리는 그 길을 오직 믿음으로 기꺼이 좇다가 돌에 맞아 죽었습니다. 그렇다면 예수님을 죽음 한가운데서 일으키신 하나님께서, 예수 그리스도의 길을 좇다가 돌에 맞아 죽은 바울 역시 다시 일으키심은 너무나도 당연한 일 아니겠습니까?

그뿐이 아닙니다. 루스드라를 찾은 바울이 그곳에서 가장 먼저 한 일은 하반신마비자를 일으켜 세운 것이었습니다. 이미 잘 아는 바와 같이, 그 사람은 태어난 이래 단 한 번도 하반신을 사용해 본 적이 없는 선천성 하반신마비자였습니다. 바울은 그 선천성 하반신마비자에게 '네 발로 바로 일어서라'고 명령했고, 그와 동시에 그가 벌떡 일어나 걸었습니다. 그것은 바울의 능력이 아니었습니다. 하나님께서 바울을 도구로 삼아 그를 친히 일으켜 세우신 것이었습니다. 그때 바울이 선천성 하반신마비자를 향해 '일어서라'고 명령하면서 사용한 단어가 '아니스테미'였습니다. 바울은 태어나면서부터 죽어 있던 그 사람의 하반신을 향해 '살아나라'는 하나님의 명령을 대언했고, 그와 동시에 평생 말라붙어 있던 그의 하반신이 풀리면서 그가 일어나 걸었습니다. 이처럼 하나님을 알지도 못하고 하나님을 위해 아무것도 한 일이 없는 루스드라의 선천성 하반신마비자를 하나님께서 오직 당신의 자비하심으로 일으켜 세워 주셨다면, 온 중심을 다해 예수 그리스도의 길을 좇다가 루스드라에서 돌에 맞아 죽은 바울을 하나님께서 다시 살리시고 일으키시는 것은 사필귀정 아니겠습니까?

바울은 이후에 고린도 교인들에게 편지를 쓰면서 다음과 같이 증언했습니다.

> 우리가 사방으로 욱여쌈을 당하여도 싸이지 아니하며 답답한 일을 당하여도 낙심하지 아니하며 박해를 받아도 버린 바 되지 아니하며 거꾸러뜨림을 당하여도 망하지 아니하고 우리가 항상 예수의 죽음을 몸에 짊어짐은 예수의 생명이 또한 우리 몸에 나타나게 하려 함이라 우리 살아 있는 자가 항상 예수를 위하여 죽음에 넘겨짐은 예수의 생명이 또한 우리 죽을 육체에 나타나게 하려 함이라 (고후 4:8-11).

바울은 예수 그리스도의 길을 좇기 위해서라면 어떤 박해도, 어떤 죽음의 상황도 두려워하지 않고 자신을 내던졌습니다. 예수 그리스도를 좇다가 자신이 쓰러지는 한이 있더라도 본문 속 루스드라에서 그렇게 해주셨던 것처럼, 예수님을 죽음의 한가운데에서 일으키신 하나님께서 자신을 반드시 일으켜 주실 것이기에, 예수 그리스도를 위해 죽음의 절망 속에 빠질수록 오히려 죽음을 깨뜨리고 부활하시어 영원히 썩음을 당치 않으신 예수 그리스도의 생명이 자기 속에서 더욱 강하게 역사하신다는 진리의 역설을 온몸으로 터득한 덕분이었습니다.

혹 누군가가 이렇게 반문할지 모르겠습니다. 하나님께서 루스드라의 돌팔매질로부터 아무리 바울을 일으켜 세워 주셨다고 해도, 이 세상에서 바울의 최후는 비참하게 참수형을 당하는 것으로 끝나지 않았느냐고 말입니다. 그렇습니다. 바울이 참수형을 당했다는 것은 역사적 사실입니다. 이 세상에서 그를 마지막으로 기다리고 있던 것은 화려한 왕관이 아니었습니다. 그것은 루스드라의 돌팔매질보다 더 비참한 참수형의 단두대였습니다. 그래서 바울의 인생은 참수형의 단두대에서 끝나고 말았습니까? 결코 아닙니다. 참수형을 당하기 직전의 바울이 이 세상에 남긴 마지막 글이 디모데후서입니다. 바울은 그 디모데후서에서 이렇게 고백하였습니다.

> 나는 선한 싸움을 싸우고 나의 달려갈 길을 마치고 믿음을 지켰으니 이제 후로는 나를 위하여 의의 면류관이 예비되었으므로 주 곧 의로우신 재판장이 그날에 내게 주실 것이며 내게만 아니라 주의 나타나심을 사모하는 모든 자에게도니라 (딤후 4:7-8).

이 세상에서 바울의 육체가 참수형을 당해 목이 떨어져 나가는 순간, 하나님께서는 바울의 영혼에 영원한 의의 면류관, 영원한 생명의 왕관을 씌워 주셨습니다. 그리고 그가 주님을 위해 쓴 모든 글들은 예수 그리스도 안에서 영원히 썩음을 당하지 않고 영원한 하나님의 말씀으로 성경에 편입되었습니다. 2천 년 전 바울은 가장 미련한 길을 걷는 것처럼 보였지만, 그러나 그가 예수 그리스도 안에서 믿고 좇았던 하나님에 의해 그는 가장 위대한 사도로 영원 속에 영원히 살아 있습니다.

사무엘상 2장 8절은 하나님께서 '가난한 자를 진토에서 일으키신다'고 증언합니다. 우리말 '진토'로 번역된 히브리어 '아파르-עָפָר'는 '진흙', '흙', '먼지'를 의미하는바, 하나님께서는 진흙탕과 같은 비참한 상황 속에 빠져 있는 가난한 사람도 얼마든지 일으켜 세우신다는 의미입니다. 그런가 하면 창세기 2장 7절은 하나님께서 흙으로 사람을 지으셨음을 증언하면서, 사무엘상 2장 8절에 사용된 것과 똑같은 단어 '아파르'를 사용하였습니다. 그러므로 그 두 구절을 합치면 우리는 귀중한 깨달음을 얻게 됩니다. 즉, 하나님께서 진흙으로 사람을 창조하셨다는 것은 곧 진흙을 사람으로 일으키셨다는 의미입니다.

하나님께서는 아무 가치도 없는 진흙더미를 사람으로 일으켜 세운 분이십니다. 진흙을 사람으로 일으켜 세운 분이시라면 진흙탕과 같은 절망적이고도 비참한 상황에 빠진 사람인들 왜 일으키시지 못하겠습니까? 그래서 현실적으로 모든 소망이 끊어진 미디안의 팔십 노인 모세를 출애굽의 지도자로 일으키셨고, 갈릴리의 비천한 어부 베드로를 위대한 사도로 일으키셨고, 루스드라에서 돌에 맞아 죽은 바울을 다시 일으키셨고, 무엇보다도 인간의 죗값을 치르시기 위해 십자가의 제물로 돌아가신 예수님을 죽음의 한가운데에서 다시 일으키시사 영원히 썩음을 당치 않게 하셨습니다. 그래서 하나님을 믿는 그리스도인에게는 어떤 절망 속에서도 절망이 있을 수 없습니다. 그 어떤 절망 속에서든 우리를 일으키시는 하나님께서 우리와 함께하시기 때문입니다.

무슨 일을 하든, 어떤 직책이든, 연봉과 승진을 삶의 목적으로 삼지 마십시오. 연봉과 승진을 삶의 목적으로 삼으면 연봉과 직책이 높아질수록 예수 그리스도의 길과 더욱 멀어질 뿐이지만, 예수님을 목적으로 삼으면 연봉과 직책이 높아져도 변함없이 예수 그리스도의 길을 좇을 수 있음을 잊지 마십시오. 고작 몇십 년 살다 끝날 자신의 장래와 물거품 같은 인간의 박수갈채를, 영원하신 하나님의 말씀보다 더 중하게 여기는 어리석음을 범치 마십시오. 아무도 가려 하지 않고 거들떠보지도 않는 황무지 길을 두려워하지 마십시오. 설령 사랑하는 가족이 만류한다 해도, 기다리고 있는 것이 왕관이 아니라 단두대라 해도, 예수 그리스도의 길—그 진리의 길에 자기 자신을 기꺼이 내던지십시오. 예수 그리스도의 길을 좇는 한 아무리 넘어지고 쓰러져도, 하나님께서는 몇 번이라도 반드시 일으켜 세워 주실 것입니다. 이 세상에서는 말할 것도 없고, 이 세상을 떠난 뒤에도 예수 그리스도 안에서 영원히 일으켜 세워 주실 것입니다. 이것을 믿는 사람만 본문의 사도 바울처럼, 그 어떤 절망적인 상황 속에서도, 이 어둔 세상을 밝히는 진리의 빛이 될 수 있습니다.

보잘것없는 진흙더미를 사람으로 일으켜 세우신 하나님. 현실적으로 아무 장래성이 없는 미디안의 팔십 노인 모세를 출애굽의 지도자로 일으켜 세우신 하나님. 갈릴리의 무식한 어부 베드로를 인류의 역사를 새롭게 하는 사도로 일으켜 세우신 하나님. 루스드라의 돌팔매질로부터 바울을 다시 일으켜 세우신 하나님. 인간의 죗값을 대신 치르기 위해 십자가의 제물로 돌아가신 예수님을 죽음의 한가운데에서 다시 일으키시고 영원히 썩음을 당하지 않게 하신 하나님.

그 하나님께서 나의 하나님 되어 주심을 감사드립니다. 하나님을 믿는다면서도 세속적인 가치관으로 세상의 것을 추구하는 세상의 길을 좇느라 시신처럼 죽어 있던 나의 심령을, 이 시간 당신의 말씀으로 흔들어 깨워 주심을 감사드립니다. 이제부터 연봉과 승진의 기회가 보이지 않는다 해도, 세상 사람들이 장래성 없다며 거들떠보지도 않는다 해도, 모든 사람이 가기를 꺼려 하는 척박한 황무지라 해도, 박수갈채가 없는 고독한 길이라 해도, 주위 사람이 앞을 가로막고 말린다 해도, 화려한 왕관이 아니라 설령 단두대가 기다린다 해도, 예수 그리스도께서 가신 그 생명의 길, 그 진리의 길을 좇게 해주십시오. 그 길을 걷다가 넘어지고 쓰러져도 다시 나를 일으켜 세우시는 하나님을 의지하여 그 길을 완주하게 도와주십시오. 그리하여 내게 호흡이 있는 동안 이 세상을 밝히는 진리의 빛으로 살다가, 나의 코끝에서 호흡이 멎는 순간 나를 영원히 일으키시는 하나님을 영원토록 찬양하게 해주십시오. 아멘.

11. 그 성에 들어갔다가

> **사도행전 14장 19-22절**
> 유대인들이 안디옥과 이고니온에서 와서 무리를 충동하니 그들이 돌로 바울을 쳐서 죽은 줄로 알고 시외로 끌어 내치니라 제자들이 둘러섰을 때에 바울이 일어나 **그 성에 들어갔다가** 이튿날 바나바와 함께 더베로 가서 복음을 그 성에서 전하여 많은 사람을 제자로 삼고 루스드라와 이고니온과 안디옥으로 돌아가서 제자들의 마음을 굳게 하여 이 믿음에 머물러 있으라 권하고 또 우리가 하나님의 나라에 들어가려면 많은 환난을 겪어야 할 것이라 하고

    누가복음 7장은 예수님을 자기 집으로 초청한 바리새인 시몬의 이야기를 전해 주고 있습니다. 시몬은 예수님에 대한 믿음이나 외경심으로 예수님을 초청한 것이 아니었습니다. 바리새인의 입장에서 예수님이 대체 어떤 인물인지 탐색하기 위함이었습니다. 그래서 시몬은 예수님을 초청하였으면서도 예수님을 손님으로 영접하지는 않았습니다. 옛날 유대인들은 맨발에 샌들을 신고 다녔으므로 걷다 보면 발이 흙먼지로 더렵혀지기 마련이었습니

다. 그러므로 집주인은 손님이 도착하는 즉시 가장 먼저 발 씻을 물을 제공하거나, 부유한 집일 경우 하인으로 하여금 손님의 발을 씻겨 드리게 했습니다. 그리고 뜨거운 태양에 노출되었던 머리카락을 보호하기 위해 손님의 머리에 감람유를 부어 주었습니다. 식용 또는 등잔 기름으로 사용되던 감람유는 사치품이 아니라 값싼 생활용품이었기에, 누구라도 자기 집을 찾는 손님의 머리에 감람유를 부어 줄 수 있었습니다. 그리고 집주인은 입맞춤으로 손님에 대한 환영의 예를 갖추었습니다. 하지만 예수님을 초청한 바리새인 시몬은 초청자로서 그 어떤 예의도 갖추지 않았습니다. 애당초 예수님을 손님으로 접대할 목적이 아니었기 때문입니다.

그 동네에 '죄를 지은 한 여인'이 있었습니다. 그 여인이 구체적으로 어떤 죄를 지었는지는 알 수 없습니다. 그러나 누가복음 7장 37절이 그 여인을 가리켜 '죄를 지은 한 여인'이라고 칭하고 있음에 미루어, 그 여인은 동네 사람들로부터 죄 많은 여인으로 따돌림받는 가련한 여인이었음을 알 수 있습니다. 그 여인이 예수님께서 바리새인 시몬의 집에 와 계신다는 소문을 듣고 향유가 담긴 옥합을 들고 예수님을 찾아왔습니다. 향유는 값싼 대중용품인 감람유와는 비교할 수 없는 고가품이었습니다. 그래서 향유를 담는 그릇도 고가품의 옥합이었습니다. 예수님을 찾아온 죄 많은 여인은 예수님의 발아래 엎드려 울며 자신의 눈물로 예수님의 발을 씻겨 드리고, 자신의 머리카락으로 예수님의 발을 닦아 드렸습니다. 그리고 예수님의 발에 입을 맞추고, 감히 일어나 예수님을 내려다보며 예수님의 머리에 향유를 부어 드릴 엄두도 내지 못한 채, 옥합을 깨뜨려 낮고 낮은 겸손한 마음으로 예수님의 발에 향유를 부어 드렸습니다.

오직 탐색의 목적으로 예수님을 청한 바리새인 시몬이 그 광경을 놓칠 리가 없었습니다. 그는 이내 마음속으로 단정했습니다. '이 사람은 선지자가 아니로구나. 만약 선지자라면 자기에게 다가온 여인이 죄 많은 여인인 줄 알고 마땅히 물리쳤을 텐데, 자기 발에 향유까지 붓는 데도 가만히 있으니 이 사람은 선지자가 아님이 분명하구나.' 당시 바리새인들은 자신의 의로움을 과시하거나 혹은 죄인으로부터 부정을 타지 않기 위해 죄인과는 아예 상종도 하지 않았으니, 시몬이 그렇게 단정한 것은 바리새인인 그의 입장에서는 당연한 일이었습니다. 그러나 시몬은 겉으로는 조금도 내색하지 않았습니다. 단지 마음속으로만 예수님은 선지자가 아니라고 단정했을 뿐입니다. 그러나 시몬의 마음을 꿰뚫어 보신 예수님께서 시몬에게 물으셨습니다.

> 빚 주는 사람에게 빚진 자가 둘이 있어 하나는 오백 데나리온을 졌고 하나는 오십 데나리온을 졌는데 갚을 것이 없으므로 둘 다 탕감하여 주었으니 둘 중에 누가 그를 더 사랑하겠느냐(눅 7:41-42).

당시 한 데나리온은 근로자 하루분의 품삯에 해당하는 금액이었습니다. 시몬은 50데나리온의 빚을 탕감받은 사람의 열 배나 되는, 500데나리온을 탕감받은 사람이 채주債主를 더 사랑할 것이라고 대답했습니다. 시몬은 그렇게 대답은 하면서도 왜 예수님께서 삼척동자라도 알 수 있는 질문을 하시는지는 이해할 수 없었습니다. 시몬의 답변을 들으신 예수님께서 시몬으로 하여금 죄 많은 여인을 주목하게 하시고 시몬에게 말씀하셨습니다.

> 이 여자를 보느냐 내가 네 집에 들어올 때 너는 내게 발 씻을 물도 주지 아니하였으되 이 여자는 눈물로 내 발을 적시고 그 머리털로 닦았으며 너는 내게 입 맞추지 아니하였으되 그는 내가 들어올 때로부터 내 발에 입 맞추기를 그치지 아니하였으며 너는 내 머리에 감람유도 붓지 아니하였

으되 그는 향유를 내 발에 부었느니라 이러므로 내가 네게 말하노니 그의 많은 죄가 사하여졌도다 이는 그의 사랑함이 많음이라 사함을 받은 일이 적은 자는 적게 사랑하느니라(눅 7:44-47).

"사함을 받은 일이 적은 자는 적게 사랑하느니라"라는 주님의 말씀은, 사함 받은 것이 많다고 믿는 사람만 주님을 많이 사랑할 수 있다는 의미였습니다. 그것은 스스로 의인을 자칭하는 시몬의 정곡을 찌르는 말씀이었습니다. 바리새인 시몬이 예수님을 청하고서도 예수님을 손님으로 영접하지 않은 것은 스스로 의인이라 믿었기 때문입니다. 의인인 자신에게는 죄가 없으므로 자신의 죄를 사함 받기 위한 구원자 예수님이 그에게는 필요하지 않았습니다. 예수님으로부터 죄사함 받을 거리가 없으니, 의인인 자신과 무관한 예수님을 사랑할 까닭도 없었습니다. 그는 단지 의인의 입장에서 예수님이 선지자인지 아닌지를 판단하려 했을 뿐이었습니다.

그러나 죄 많은 여인은 달랐습니다. 그녀는 세상 사람들로부터 죄 많은 여인이라 손가락질받을 정도였으니, 자신이 얼마나 죄 많은 존재인지 누구보다 더 잘 알고 있었습니다. 누구도 거들떠보지 않던 죄 많은 그녀가 예수님의 복음을 듣고, 복음을 통해 구원의 은총을 입었습니다. 복음 속에서 생각해 보니 주님으로부터 사함 받은 것이 너무나도 많았습니다. 주님께서 온통 죄덩어리였던 자신의 존재 자체를 새롭게 해주셨습니다. 그래서 그 여인은 주님께서 시몬의 집에 계시다는 소문을 듣고 즉시 주님을 찾아가, 주님의 발 앞에 엎드려 자신의 눈물로 예수님의 발을 씻어 자기 머리카락으로 닦아드리고 주님의 발에 입 맞춘 뒤, 옥합을 깨뜨려 주님의 발에 향유를 부어 드렸습니다. 주님으로부터 사함 받은 것이 너무나도 많았기에 온 중심을 다해 주님을 사랑하지 않을 수 없었던 것입니다.

결국 바리새인 시몬은 자신을 의인이라 여긴 죄인이었고, 죄 많은 여인은 자신을 죄인이라 자각한 의인이 되었습니다. 이것이 복음의 역설이요, 주님께서 의인을 부르러 오신 것이 아니라 죄인을 부르러 오신 이유이기도 합니다. 바리새인 시몬처럼 자신을 의인이라 여기는 사람들은 설령 주님께서 눈앞에 계셔도 주님과의 접촉점이 있을 수 없습니다. 그러나 자신이 죄인임을 자각한 사람은 주님께서 보이지 않아도 구원자이신 주님을 찾지 않을 수 없고, 누가복음 7장의 죄 많은 여인처럼 자신을 구원해 주신 주님을 사랑하지 않을 수 없습니다. 오늘 본문이 우리에게 주는 메시지도 이것입니다.

바나바와 함께 루스드라를 찾은 바울은 그곳에서, 태어난 이래 단 한 번도 일어서거나 걸어 본 적이 없는 선천성 하반신마비자를 하나님의 권능으로 일으켜 세워 주었습니다. 그러나 바울이 루스드라에 나타났다는 소문을 접한 비시디아 안디옥과 이고니온의 유대인들은 각각 225킬로미터, 45킬로미터가량의 먼 길을 마다하지 않고 내달려 루스드라를 덮쳤습니다. 그 유대인들은 선천성 하반신마비자를 일으킨 바울에 대해 외경심을 갖고 있던 루스드라 사람들을 교묘히 충동질하여 그들과 함께 바울을 돌로 쳤습니다. 율법은 성안에서 사람을 돌로 치는 것을 엄금하고 있지만, 유대인들은 급한 나머지 율법을 어기고 성안에서 바울을 돌로 쳤습니다. 바울을 돌로 위협하여 멀리 내쫓기 위함이 아니었습니다. 그들은 처음부터 바울을 죽이기 위해 무자비하게 돌세례를 퍼부었습니다. 그러나 바울로부터 복음을 갓 영접한 루스드라의 초신자들은 말할 것도 없고, 바울의 동역자였던 바나바마저 바울을 살리기 위해 단 한 마디도 않은 채, 비굴하게 입을 굳게 다물고 침묵으로 일관하였습니다. 마침내 돌세례를 받은 바울이 쓰러져 미동도 않자, 바울을 돌로 친 사람들은 바울이 죽은 것으로 단정하고 바울의 시체를 질질 끌고 가 성 밖에 내팽개쳐 버렸습니다.

바울을 돌로 쳐 죽인 사람들의 종적이 사라지자, 그제야 복음을 갓 영접한 루스드라의 그리스도인들은 내팽개쳐진 바울의 시체에 다가갔습니다. 바울의 죽음을 확인하고 바울의 시체를 어떻게 장사 지낼 것인지 의논하기 위함이었습니다. 바로 그 순간, 모든 사람들이 죽었다고 단정했던 바울이 일어났습니다. 바울은 잠자리에서 일어나거나, 앉았던 의자에서 일어난 것이 아니었습니다. 폭도로 돌변한 사람들의 돌세례를 받고 쓰러져 모든 사람들이 죽었다고 단정했던 죽음의 자리에서 일어났습니다. 그렇다면 돌에 맞은 그의 몸은 성할 리가 없었습니다. 온몸이 상처와 피멍투성이였을 것입니다. 그 상황에서는 자신을 돌로 쳐 죽이려던 사람들이 득실거리는 루스드라 성에서 가능한 한 먼 곳으로 한시바삐 이동하여, 돌에 맞은 자기 몸을 추스르는 것보다 바울에게 더 시급한 일은 없었습니다. 그러나 돌세례의 죽음에서 일어난 바울의 처신은 전혀 뜻밖이었습니다.

> 유대인들이 안디옥과 이고니온에서 와서 무리를 충동하니 그들이 돌로 바울을 쳐서 죽은 줄로 알고 시외로 끌어 내치나 제자들이 둘러섰을 때에 바울이 일어나 그 성에 들어갔다가 이튿날 바나바와 함께 더베로 가서(19-20절).

돌세례의 죽음에서 일어난 바울은 루스드라의 동쪽으로 약 140킬로미터 떨어진 지점에 위치한 더베로 곧장 이동하지 않았습니다. 그것은 그 이튿날의 일이었습니다. 그는 일어나자마자 조금도 주저하지 않고 '그 성으로' 도로 들어갔습니다. '그 성'이란 도대체 어디였습니까? 루스드라였습니다. 루스드라는 어떤 곳이었습니까? 방금 바울을 돌로 쳐 죽였던 사람들이 득실거리는 곳이었습니다. 바울을 죽이기 위해 비시디아 안디옥과 이고니온에서 원정 온 유대인들이 아직 머물고 있을지도 모르는 곳이었습니다. 그 루스드라 성으로 되돌아가는 바울의 몸은 또 어떤 상태였습니까? 성한 곳이라고는 없는 상처와 피멍투성이였습니다. 그 상처투성이의 바울이 제대로 가눌 수도 없는 몸을 이끌고, 조금 전에 돌세례를 받아 시체로 끌려 나온 그 끔찍한 루스드라 성으로 다시 들어가고 있습니다. 상식적으로 생각한다면 도저히 있을 수 없는 일이었습니다. 그런데도 왜 바울은 그렇듯 무모하면서도 미련한 짓을 자행했겠습니까?

그 이유는 간단했습니다. 그가 사랑하는 예수 그리스도 때문이었습니다. 루스드라 성 안에는 자신을 돌로 친 사람들보다, 자신이 돌에 맞아 죽는 것을 구경한 사람들이 더 많았습니다. 아직 복음을 영접하지는 않았지만, 자신이 루스드라에 체류하는 동안 자신의 설교를 들은 사람들도 부지기수였습니다. 더욱이 선천성 하반신마비자가 일어나 걷게 된 것은 루스드라 사람들이 다 알고 있을 터였습니다. 온 루스드라 사람들이 주시하는 가운데 돌에 맞아 시체로 질질 끌려가 성 밖에 내팽개쳐진 바울이 설령 일어났더라도 그 길로 멀리 피신해 버렸더라면, 그가 루스드라 사람들에게 전한 복음은 허공 속에서 흔적도 없이 사라지고 말 것이요, 루스드라 사람들 보기에 선천성 하반신마비자가 일어난 것도 우연의 산물일 수밖에 없을 것입니다. 그것은 주님의 은혜로 돌세례의 죽음에서 다시 일어난 바울로서는 수용할 수 없는 일이었습니다. 바울은 상처투성이의 몸을 이끌고 다시 루스드라 성으로 되돌아감으로써 비록 자신의 육체는 돌에 맞아 넘어져도 자기 속에서 역사하시는 예수 그리스도의 생명은 결코 꺾어지지 않음을, 아무리 짓밟아도 예수 그리스도의 진리는 절대로 짓밟히지 않음을, 선천성 하반신마비자가 일어난 것은 예수 그리스도를 통한 하나님의 능력이었음을, 온 루스드라 사람들에게 상처투성이였을망정 자신의 온몸으로 역설하였습니다. 그뿐이 아니었습니다.

> 복음을 그 성에서 전하여 많은 사람을 제자로 삼고 루스드라와 이고니온과 안디옥으로 돌아가서 제자들의 마음을 굳게 하여 이 믿음에 머물러 있으라 권하고(21-22절 상).

이튿날 더베를 찾아 복음을 전한 사도 바울은 다시 루스드라를 거쳐 이고니온과 비시디아 안디옥으로 되돌아갔습니다. 이고니온의 유대인들 역시 바울을 돌로 쳐 죽이려 하지 않았습니까? 비시디아 안디옥의 유대인들도 귀부인들과 유력자들을 선동하여 바울을 박해하고 쫓아내지 않았습니까? 그렇다면 이고니온과 비시디아 안디옥도 바울이 되돌아가서는 안 될 곳이었습니다. 그러나 바울은 그곳에 있는 그리스도인들의 믿음을 북돋아 주기 위해 죽음을 무릅쓰고 그곳으로 되돌아갔습니다. 그 역시 주님에 대한 바울의 사랑으로 인함이었음은 두말할 나위가 없습니다.

대체 바울은 어떻게 이처럼 주님을 향한 남다른 사랑을 지니고 살 수 있었겠습니까? 이 질문에 대한 해답은 그의 고백 속에서 찾을 수 있습니다.

> 미쁘다 모든 사람이 받을 만한 이 말이여 그리스도 예수께서 죄인을 구원하시려고 세상에 임하셨다 하였도다 죄인 중에 내가 괴수니라(딤전 1:15).

바울이 예수 그리스도의 복음에 감격하고 죽기까지 주님을 사랑하지 않을 수 없었던 것은, 자신이 죄인이요 죄인 중에서도 괴수임을 일평생 잊지 않았기 때문입니다. 바울은 본래 예수 그리스도를 부정하고, 교회를 짓밟으며, 그리스도인들을 색출·연행·투옥하기를 천직으로 삼던 폭도였습니다. 그의 고백대로 그는 예수 그리스도의 비방자요, 박해자요, 폭행자였습니다(딤전 1:13). 그런데도 하나님께서는 예수 그리스도 안에서 폭도 바울에게 일방적인 구원의 은총을 베풀어 주셨습니다. 그래서 그는 일평생 하나님을 사랑할 수밖에 없었습니다.

> 누가 우리를 그리스도의 사랑에서 끊으리요 환난이나 곤고나 박해나 기근이나 적신이나 위험이나 칼이랴(롬 8:35).
> 내가 확신하노니 사망이나 생명이나 천사들이나 권세자들이나 현재 일이나 장래 일이나 능력이나 높음이나 깊음이나 다른 어떤 피조물이라도 우리를 우리 주 그리스도 예수 안에 있는 하나님의 사랑에서 끊을 수 없으리라(롬 8:38-39).

바울은 하나님의 사랑을 떠나서는 스스로 존립할 수조차 없었습니다. 그는 예수 그리스도 안에서 하나님께서 베풀어 주신 하나님의 사랑 안에서만 호흡할 수 있었습니다. 그는 예수 그리스도 안에서 하나님으로부터 사함 받은 것이 너무나도 많았기 때문입니다. 그래서 바울은 스스로 의인이라 착각하여 예수님을 청하긴 했지만 영접하지는 않았던 바리새인 시몬과 같지 않았습니다. 자신이 죄 많은 죄인임을 자각한 여인이 눈물로 주님의 발을 씻기고 옥합을 깨뜨려 주님의 발에 향유를 부어 드림으로 자신을 온전히 주님께 드린 것처럼, 죄인 중에 괴수임을 일평생 잊지 않았던 바울 역시 자기 생명의 옥합을 깨뜨려 자신의 사지백체를 주님께 내어 드림으로 주님의 사랑에 보답했습니다.

이것이 돌세례의 죽음에서 일어난 바울이 상처투성이의 몸을 끌고 주님을 위해 방금 돌세례를 당한 루스드라로 되돌아간 까닭이요. 피해야 할 이고니온과 비시디아 안디옥을 굳이 되찾아간 이유였습니다. 바울이 위대한 그리스도인이었다면, 바울이 위대해서가 아니었습니다. 예수 그리스도 안에서 폭도 바울에게 일방적인 구원의 은혜를 베풀어 주신 하나님의 사랑이 위대하기 때문이었습니다. 바울이 잘한 것이 있다면, 자신이 죄인이었음을 일평생 잊지 않음으로 하나님의 은총 속에서 역설적이게도 의인의 삶으로 일관할 수 있었다는 것입니다.

지난 5월 6일 양화진목요강좌의 강사였던 국악인 황병기 선생님은 강의가 시작되기 전, 제 방에서 환담을 나누는 중에 이런 말을 했습니다.

"사람들은 특출하게 아름다운 사람을 보고 그림처럼 아름답다 하고, 뛰어난 그림을 보고는 그림이 살아 있다고 말합니다. 이처럼 진정한 아름다움은 자기 한계를 넘어서는 데 있습니다."

그리고 그분의 강의 중에 이런 말도 있었습니다.

"연주는 정신 행위가 아니라 육체 행위입니다. 하루라도 연습하지 않으면 안 됩니다. 김연아 선수도 한 달간 쉬면 얼음판에서 넘어질 것입니다."

정말 그렇지 않습니까? 머릿속에 아무리 아름다운 선율이 가득 차 있어도 육체의 행위, 다시 말해 육체의 훈련이 수반되지 않으면 머릿속의 아름다운 선율은 명연주로 드러날 수 없습니다.

사도 바울에게 믿음은 정신 행위가 아니었습니다. 그가 머릿속으로만 주님의 구원의 은총을 깨닫고 마음으로만 주님께 감사를 표한 것이 아니었습니다. 바울에게 믿음은 '육체 행위'였습니다. 그는 주님께서 자신을 새로운 피조물로 거듭나게 해주셨음을 머리로 믿었기에, 그 믿음은 주님을 위해 방금 죽음의 돌세례를 당한 루스드라로 되돌아가는 육체의 행위로 드러났습니다. 이처럼 바울에게 믿음은 정신 행위로 끝나지 않고 육체 행위로 이어졌기에, 그의 일거수일투족을 통해 하나님의 말씀이 육신을 입을 수 있었고, 말씀이 육신이 되는 그의 삶은 그림처럼 아름다웠습니다. 돌세례의 죽음에서 일어나자마자 자신이 사랑하는 예수 그리스도를 위해 상처투성이의 몸으로, 방금 돌세례를 당한 루스드라 성 안으로 다시 들어가는 바울의 모습은 이 세상 그 어떤 명화보다 더 감동적인 그림이지 않습니까? 다메섹 도상에서 주님을 만난 바울이 로마에서 주님을 위해 참수형을 당하기까지 초지일관 주님을 사랑한 그의 삶보다 더 감동적인 그림을 이 세상 어디에서 볼 수 있겠습니까? 바울의 삶이 자기 한계를 뛰어넘어 이렇듯 그림보다 더 아름다울 수 있었던 것은, 자신이 죄인 중의 괴수였음을 잊지 않고 자신을 구원해 주신 주님을 일평생 사랑했기에, 그가 사랑한 주님께서 그의 삶을 당신의 영원한 작품으로 승화시켜 주셨기 때문입니다.

혹 자신을 의인이라 여기고 있습니까? 그렇다면 스스로 의인이라 착각하는 죄인으로 살다가 죄인으로 죽을 수밖에 없습니다. 그런 사람은 아무리 예배에 참석해도 인간을 죄와 사망에서 구원해 주신 주님과의 접촉점을 지닐 수 없기 때문입니다. 자신이 죄인임을 자각하고 있습니까? 그렇다면 그 자각이 한순간의 정신 행위로 끝나지 않고 지속적인 육체의 행위로 드러나게 하십시다. 우리 모두 온몸으로 주님을 사랑하십시다. 우리의 삶 속에서 하나님의 말씀이 육신을 입게 하십시다. 우리의 삶 자체가 주님을 향한 사랑의 고백이 되게 하십시다. 그때 우리가 아무리 보잘것없어도 우리의 삶은 주님 안에서 우리의 한계를 넘어, 이 세상 그 어떤 명화보다 더 감동적인 주님의 영원한 작품으로 승화될 것입니다.

사람이 자기 속에 암덩어리를 지니고 살아도, 자신이 건강하다고 착각하는 동안에는 의사를 찾지 않습니다. 그러나 자신의 병을 자각하면 자기 몸을 움직여 서둘러 의사를 찾고, 의사의 지시를 따르고, 의사가 처방해 준 약을 성실하게 복용하면서, 의사에게 감사한 마음을 지니게 됩니다.

우리가 아무리 교회를 다녀도 스스로 의인이라고 착각하는 동안에는 어리석은 바리새인 시몬처럼, 주님과 무관한 죄인일 수밖에 없음을 잊지 말게 해주십시오. 스스로 의인이라 착각하는 죄인이 아니라, 주님 안에서 자신이 죄인임을 자각하는 의인이 되게 해주십시오.

더러운 죄인이었던 자기 실체를 한순간도 망각하지 않음으로, 당신 자신을 제물 삼아 우리에게 새 생명을 주신 주님을 일평생 온 중심을 다해 사랑하게 해주십시오. 주님을 사랑하는 우리의 신앙 행위가 정신 행위로만 멈추지 않고, 우리의 육체 행위로 이어지게 해주십시오. 우리의 눈과 귀가 주님의 눈과 귀가 되게 하시고, 우리의 손과 발이 주님의 손과 발이 되게 해주십시오. 하나님의 말씀이 우리의 삶 속에서 날마다 우리의 육신을 입게 해주십시오. 그리하여 주님의 발을 눈물로 씻겨 드리고 옥합을 깨뜨려 향유를 부어 드린 죄 많은, 그러나 주님 안에서 의인이 된 여인처럼, 상처투성이의 몸으로 방금 죽음의 돌세례를 당한 루스드라 성 안으로 다시 들어가는 바울처럼, 우리의 삶 자체가 이 세상의 그 어떤 명화보다 더 감동적인 주님의 작품으로 승화되게 해주십시오. 아멘.

12. 이 믿음에 머물러 있으라

사도행전 14장 19-22절

유대인들이 안디옥과 이고니온에서 와서 무리를 충동하니 그들이 돌로 바울을 쳐서 죽은 줄로 알고 시외로 끌어 내치니라 제자들이 둘러섰을 때에 바울이 일어나 그 성에 들어갔다가 이튿날 바나바와 함께 더베로 가서 복음을 그 성에서 전하여 많은 사람을 제자로 삼고 루스드라와 이고니온과 안디옥으로 돌아가서 제자들의 마음을 굳게 하여 **이 믿음에 머물러 있으라** 권하고 또 우리가 하나님의 나라에 들어가려면 많은 환난을 겪어야 할 것이라 하고

〈고향의 봄〉은 온 국민이 좋아하는 동요입니다. 이원수 작시·홍난파 작곡의 이 동요 가사는, 잘 아시는 것처럼 다음과 같습니다.

나의 살던 고향은 꽃피는 산골
복숭아꽃 살구꽃 아기 진달래
울긋불긋 꽃대궐 차리인 동네

그 속에서 놀던 때가 그립습니다

꽃동네 새동네 나의 옛 고향
파란들 남쪽에서 바람이 불면
냇가의 수양버들 춤추는 동네
그 속에서 놀던 때가 그립습니다

우리 국민 가운데 산골에서 태어난 사람은 전체의 10퍼센트도 되지 않을 것입니다. 대부분의 사람들은 복숭아꽃과 살구꽃이 어떻게 생겼는지도 모릅니다. 모든 사람이 냇가의 수양버들이 춤추는 꽃동네, 새동네 출신인 것도 아닙니다. 더욱이 이원수 선생이 〈고향의 봄〉을 지은 때는 문학가로서의 명성을 얻은 이후가 아니었습니다. 〈고향의 봄〉은 그의 나이 불과 15세(1926년), 그러니까 초등학교 5학년 때의 작품입니다. 당시 방정환 선생이 발간하던 〈어린이〉지에 출품한 그의 동시가 당선되어 그 잡지에 실렸고, 그 동시를 본 홍난파 선생이 곡을 붙여 우리가 알고 있는 〈고향의 봄〉이 되었습니다. 그러므로 이원수 선생이 초등학교 5학년 때 지은 〈고향의 봄〉은 대한민국 시문학사詩文學史에서 가장 걸출한 시가 아닙니다. 〈고향의 봄〉에 붙여진 홍난파 선생의 곡이, 그분이 생전에 작곡한 수많은 곡들 가운데 가장 뛰어난 곡인 것도 아닙니다. 그런데도 〈고향의 봄〉이 동요의 범주를 넘어 남녀노소 빈부귀천을 막론하고 온 국민으로부터 사랑받는 국민의 노래가 된 것은, 그 노래가 인간의 영원한 노스탤지어인 고향을 주제로 삼고 있기 때문입니다.

다음은 시인 김재호 선생의 〈고향의 노래〉입니다.

국화꽃 져버린 겨울 뜨락에

창 열면 하얗게 무서리 내리고
나래 푸른 기러기는 북녘을 날아간다
아 이제는 한적한 빈 들에서 보라
고향 길 눈 속에선 꽃등불이 타겠네
고향 길 눈 속에선 꽃등불이 타겠네

달 가고 해 가면 별은 멀어도
산골짝 깊은 골 초가 마을에
봄이 오면 가지마다 꽃잔치 흥겨우리
아 이제는 손 모아 눈을 감으라
고향 집 싸리울엔 함박눈이 쌓이네
고향 집 싸리울엔 함박눈이 쌓이네

산골짝 깊은 골에 담이라야 싸리울이 고작인 초가집이라면, 그곳에서의 삶이 얼마나 가난하고 고달프며 불편했겠습니까? 그러나 고향을 떠나 객지에 살아도 빈 들에만 서면, 그 산골짝 깊은 골의 고향 집이 떠오릅니다. 깊고 깊은 겨울밤을 밝혀 주던 초롱불이 아름다운 꽃등불이 되어 객지에서 지친 마음을 따뜻하게 밝혀 줍니다. 손을 모으고 눈을 감아도 싸리울에 함박눈이 쌓이던, 모든 것이 포근하고 푸근하기만 하던 고향집이 떠오릅니다. 고향을 떠난다고 고향과 단절되는 것이 아니라, 떠난 고향은 도리어 마음속에서 날이 갈수록 더욱 생생하게 살아남음을 일깨워 주는 아름다운 시입니다.

저는 제 나이 16세 때 고향 부산을 떠났습니다. 그리고 지금 서울에서 46년째 살고 있습니다. 태어나서 15년 동안 고향에서 산 기간보다, 서울에서 산 기간이 세 배나 더 깁니다. 거주지의 거주 기간으로만 따진다면 저는 서울 사람임이 분명합니다. 그러나 저는 지금까지 제가 서울 사람이라고 생각해 본 적이 없습니다. 제가 태어난 곳, 제 고향이 서울이 아니기 때문입니다. 제 일가친척 중에서 부산에 사는 분은 거의 없습니다. 부산에 간다고 저를 반겨 주는 사람이 따로 있는 것도 아닙니다. 그런데도 제 고향을 생각하기만 하면, 제가 태어나 자라던 집과 마당, 뛰놀던 골목길은 날이 갈수록 더욱 또렷하게 제 마음속에 살아나고, 고향을 생각하는 것만으로도 마음이 푸근해집니다. 그리고 고향을 방문할 기회가 있으면, 떠나기도 전부터 공연히 설레는 마음을 감추지 못하곤 합니다.

고향은 깊은 산골이든 도시 한가운데든 상관없이, 모든 인간에게 존재의 출발점입니다. 출생의 흔적이 그곳에 서려 있고, 이해타산의 셈을 알기 이전의 순박한 모습이 그곳에 서려 있고, 어린 시절 때 묻기 이전의 해맑은 꿈이 서려 있는 곳이며, 무엇보다도 차마 겉으로 드러낼 수 없었던 마음속 깊은 곳의 속울음까지 다독거려 주시던 어머니의 손길이 서려 있습니다. 그래서 고향의 겉모습은 변형되어도 옛 고향은 영원한 노스탤지어로 우리의 마음속에 자리 잡고, 고향을 생각할 때마다 우리는 따뜻한 위로와 함께 새로운 힘을 얻습니다. 명절 때만 되면 많은 사람들이 기를 쓰고 고향을 찾는 까닭이 여기에 있을 것입니다. 그렇다면 우리와 똑같은 성정을 지닌 인간인데다, 우리처럼 가족을 중시하는 유대인이었던 사도 바울 역시 고향을 생각하는 마음이야 우리와 다를 바 없지 않겠습니까?

루스드라 사람들은 선천성 하반신마비자를 하나님의 권능으로 일으켜 세운 바울을, 헬라 신화 속의 신이라 믿었을 정도로 바울에 대해 외경심을 지니고 있었습니다. 그러나 비시디아 안디옥과 이고니온으로부터 와서 루스드라를 덮친 유대인들은 루스드라 사람들을 교묘하게 충동질하여, 그들과 함께 바울을 죽이기 위해 돌로 쳤습니다. 돌세례를 당해 쓰러진 바울이 미동도 하지 않자, 바울을 돌로 친 사람들은 바울의 시체를 질질 끌고 가 성 밖에 내다 버렸습니다. 그러나 모든 사람이 죽었다고 단정했던 바울은 돌세례의 죽음 한가운데서 다시 일어났습니다. 그리고 바울은 상처와 피멍투성이의 몸을 이끌고 방금 돌세례를 당했던 루스드라 성으로 다시 들어가, 자신의 육체는 돌에 맞아 쓰러질지라도 자기 몸속에서 역사하시는 예수 그리스도의 생명은 결코 꺾어지지 않음을, 아무리 짓밟아도 예수 그리스도의 진리는 절대로 짓밟히지 않음을, 선천성 하반신마비자가 일어난 것은 우연이 아니라 예수 그리스도를 통한 하나님의 능력이었음을, 비록 상처투성이였을망정 자신의 온몸으로 루스드라 사람들에게 역설하였습니다.

그리고 그 이후의 일을 본문은 다음과 같이 밝혀 주고 있습니다.

> 제자들이 둘러섰을 때에 바울이 일어나 그 성에 들어갔다가 이튿날 바나바와 함께 더베로 가서 복음을 그 성에서 전하여 많은 사람을 제자로 삼고(20-21절 상).

돌세례의 죽음에서 일어나 루스드라 성 안으로 다시 들어간 상처투성이의 바울은 그날 밤, 필경 루스드라의 그리스도인들로부터 응급처치를 받았을 것입니다. 이튿날이 되자 바울은 바나바와 함께 루스드라 동쪽 140킬로미터가량의 지점에 위치한 더베를 찾아갔습니다. 140킬로미터라면 걸어서 닷새 길이었습니다. 상처투성이인 바울에게는 결코 가까운 거리가 아니었습니다. 그러나 그는 더베에 도착하자마자 쉴 틈도 없이 복음을 전했고, 그 덕분에 더베의 많은 사람들이 복음을 영접하고 그리스도인이 되었습니다. 다행히 바울을 죽이려고 비시디아 안디옥과 이고니온으로부터 와서 루스드라를 덮쳤던 유대인들이 더베를 덮치지는 않았습니다. 험산준령의 타우루스 산맥을 넘어 비시디아 안디옥과 이고니온과 루스드라를 거쳐 더베에 이르기까지, 바울은 더베에서만 유대인의 방해를 받지 않고 복음을 전할 수 있었습니다.

중요한 사실은 마지막 전도지인 더베에서 동쪽으로 약 200킬로미터 못 미쳐 다소가 위치해 있다는 것이었습니다. 사도 바울은 본래 지중해 세계 전도를 위해 수리아의 안디옥에서부터 전도 여행을 시작했습니다. 그리고 마지막 전도지인 더베에 이르기까지 바울의 여정을 이해하기 쉽게 둥근 시계판의 숫자로 설명할 수 있습니다. 바울의 출발지였던 수리아의 안디옥은 3시에 해당합니다. 그의 첫 번째 전도지였던 구브로 섬은 6시에 해당하고, 구브로 섬에서 다시 배를 타고 찾아간 밤빌리아의 버가는 9시에 해당합니다. 버가에서 타우루스 산맥을 넘어 비시디아 안디옥과 이고니온 그리고 루스드라를 거쳐 당도한 마지막 전도지 더베는 12시, 그리고 더베 동쪽의 다소는 2시에 해당합니다. 그러므로 12시 지점의 더베에서 3시 지점의 수리아 안디옥으로 되돌아가기 위해서는 앞으로 2시 방향의 다소로 나아가면 되지, 거꾸로 11시 방향으로 역행하여 먼 길을 돌아갈 이유가 없었습니다. 특히 2시 지점의 다소에서는 배를 이용할 수 있었으므로, 더베에서 수리아 안디옥으로 돌아가기에 다소는 최적의 경유지였습니다. 더베에서 다소로 가기 위해서는 타우루스 산맥을 넘어야 한다는 것은 큰 문제가 될 수 없었습니다. 타우루스 산맥은 지중해 연안을 따라 동서로 활처럼 휘어져 있기에, 더베에서 바울이 어느 쪽 길을 선택하더라도 타우루스 산맥을 반드시 되넘어야 함은 매한가지였습니다.

바울이 다소를 향해 앞으로 나아가야 할 또 하나의 이유는, 그가 타우루스 산맥을 넘어 그동안 거쳐 온 성읍들마다 유대인들이 바울을 죽이려 했기 때문입니다. 그 길을 거꾸로 되돌아간다는 것은 목숨을 담보로 걸어야 하는 위험하기 짝이 없는 짓이었습니다. 이상과 같은 거리상의 문제나 신변상의 안전 문제를 차치하고서도, 바울에게는 다소를 향해 앞으로 나아가야 할 절대적인 이유가 있었습니다. 다소는 바울이 태어난 바울의 고향이었기 때문입니다.

바울은 수리아 안디옥교회의 목사였던 바나바의 청함으로 고향 다소를 떠나 수리아 안디옥으로 갔습니다. 바나바와 함께 수리아 안디옥교회를 목회한 지 1년 여가 경과했을 때, 바울은 성령님의 명령을 좇아 바나바와 더불어 전도 여행을 시작했습니다. 그리고 마지막 전도지인 더베에 이른 본문의 시점은, 바울이 전도 여행을 시작한 지 1년 정도 지났을 때였습니다. 이를테면 고향을 떠난 지 2년이 경과한 셈이었습니다. 평소의 바울이라면 지척에 있는 고향을 지나칠 수도 있었을 것입니다. 그러나 버가에 도착하여 풍토병에 걸린 바울은, 풍토병에 시달리는 병약한 몸으로 도리어 목숨을 걸고 험산준령의 타우루스 산맥을 넘지 않았습니까? 가는 곳마다 유대인들이 바울을 죽이려 하지 않았습니까? 루스드라에서는 돌에 맞아, 사람들이 죽었다고 단정할 정도로 몸이 심하게 상하지 않았습니까? 그 상한 몸을 겨우 이끌고 140킬로미터나 떨어진 더베를 찾아와 쉴 틈도 없이 복음을 전하지 않았습니까? 바울의 일생에서 지금보다 더 심신이 지친 적은 없었을 것입니다. 그렇다면 고향을 지척에 둔 바울로서는 달리 생각할 필요도 없이 곧장 고향 다소로 가, 가족들의 따뜻한 보살핌 속에서 상한 몸을 추스르고 지친 마음을 달램이 마땅했습니다. 더욱이 그 길이 수리아 안디옥으로 귀환하는 최단 코스였다면 두말할 여지도 없었습니다.

그러나 바울은 고향의 길목에 이르러서도 고향을 찾아가지 않았습니다.

복음을 그 성에서 전하여 많은 사람을 제자로 삼고 루스드라와 이고니온과 안디옥으로 돌아가서(21절).

바울은 왔던 길을 역행하여 루스드라와 이고니온과 비시디아 안디옥으로 되돌아갔습니다. 12시 지점에서 3시 지점으로 가기 위해 2시 방향으로 나아가지 않고 11시, 10시, 9시 방향으로 거꾸로 돌아가는 길을 선택한 것이었습니다. 바울이 그 길을 선택한 것은 무엇인가 잘못 계산하여 착각했거나, 바보 천치여서가 아니었습니다. 바울 자신으로부터 복음을 영접했던 그리스도인들을 다시 만나 그들의 믿음을 북돋아 주기 위함이었습니다.

제자들의 마음을 굳게 하여 이 믿음에 머물러 있으라 권하고(22절 상).

바울은 가는 곳마다 그리스도인들을 만나 그들의 마음을 굳게 해주었습니다. 우리말 '굳게 하다'로 번역된 헬라어 동사 '에피스테리조$\epsilon\pi\iota\sigma\tau\eta\rho\iota\zeta\omega$'는 '재건하다', '더 강하게 하다'라는 의미입니다. 비시디아 안디옥의 그리스도인들은 자신들에게 복음을 전해 준 바울이, 유대인들에게 선동당한 귀부인들과 유력자들의 박해 속에서 쫓겨나는 것을 목격하지 않았습니까? 이고니온의 그리스도인들은 유대인들이 바울을 돌로 쳐 죽이려는 것을 자신들의 눈으로 보지 않았습니까? 루스드라의 그리스도인들은 바울이 자신들의 눈앞에서 돌에 맞아 시체가 되어 질질 끌려 나가는 것을 직접 목격하지 않았습니까? 비록 바울이 죽지 않고 일어난 것을 보았다 해도 이튿날 떠나버렸기에, 루스드라의 그리스도인들이 그 이후 바울의 생사에 대해서는 전혀 알 수 없지 않았겠습니까? 그와 같은 상황 속에서는, 비록 그들이 복음을 영접했다 할지라도, 그리스도인으로 살아간다는 것이 두렵고 떨리지 않았겠습니까?

그런데 언제 만날지 기약도 없이 떠난 바울이 다시 자신들의 눈앞에 나타났습니다. 자신들이 있는 곳이 안전한 지상낙원이어서가 아니라, 바울을 죽이려는 사람들이 여전히 득실거림에도 불구하고 오직 주님을 위해, 자신들을 위해, 목숨을 걸고 자신들을 다시 찾아온 것이었습니다. 그렇다면 그들이 바울을 보는 순간 흔들리던 그들의 마음이 재건되지 않았겠습니까? 바울을 보는 것만으로도, 주님을 향한 그들의 마음이 더 강해지지 않았겠습니까?

그리고 바울은 그들에게 "이 믿음에 머물러 있으라"고 권했습니다. 바울은 믿음을 한번 맛보거나 체험해 보라고 말하지 않았습니다. 바울은 '이 믿음에 머물러 있으라'고 말했습니다. '머물다'라는 것은 '계속 거하다'라는 뜻으로, 일회성이 아니라 지속성을 필요로 하는 행동입니다. 즉 바울은 '믿음에 머물러 있으라'고 권함으로써 믿음의 지속성을 강조한 것입니다. 그런데 바울은 그냥 '믿음에 머물러 있으라'고 말하지 않고, 정관사를 붙여 '이 믿음에 머물러 있으라'고 말했습니다. 대체 '이 믿음'은 구체적으로 어떤 믿음이겠습니까?

제자들의 마음을 굳게 하여 이 믿음에 머물러 있으라 권하고.

바울이 강조한 '이 믿음'은 '마음을 굳세게 하는 믿음', '마음을 재건하는 믿음', '마음을 더 강하게 하는 믿음'입니다. 하나님을 믿는다는 것은 하나님께 자신의 마음을 드리는 것이기 때문입니다. 주님께서는 "네 마음을 다하고 목숨을 다하고 뜻을 다하여 주 너의 하나님을 사랑하라"(마 22:37)고 말씀하셨습니다. 언뜻 생각하면, '네 목숨을 다하여 하나님을 사랑하라'고 목숨을 가장 먼저 언급하는 것이 타당할 것 같습니다. 인간에게 목숨보다 더 소중한 것은 없기 때문입니다. 그러나 주님께서는 '목숨'보다 '마음'을 먼저 언급하셨습니다. 하나님께 자신의 마음을 드리는 사람만, 하나님을 위해 자기 목숨도 드릴 수 있기 때문입니다. 마음이 목숨을 끌고 가는 것이지, 목숨이 마음을 견인하는 것이 아닙니다. 그러므로 참된 믿음은 날마다 하나님 앞에서 자신의 마음을 굳게 세우는 것이요, 하나님의 말씀으로 자신의 마음을 매일 재건하는 것이요, 하나님의 말씀을 힘입어 자신의 마음을 날로 더 강하게 하는 것입니다.

'이 믿음에 머물러 있으라.'—이것은 실은 바울 자신의 신앙고백이었습니다. 예수 그리스도를 부정하고 교회를 짓밟으며 그리스도인을 색출·연행·투옥시키는 것을 천직으로 삼던 바울이 다메섹 도상에서 주님으로부터 구원의 은총을 입은 뒤, 주님을 향한 바울의 마음은 조금도 흔들리지 않았습니다. 주님을 향한 바울의 마음은 날마다 굳게 세워졌고, 매일 재건되었으며, 날이 갈수록 더 강해졌습니다. 주님께 자신의 마음을 드리면 드릴수록 주님의 생명과 사랑이 자신을 통해 더 크게 역사하심을 자신의 삶으로 매일 경험하고, 날마다 확인했기 때문입니다. 그래서 바울은 이렇게 고백했습니다.

> 누가 주의 마음을 알아서 주를 가르치겠느냐 그러나 우리가 그리스도의 마음을 가졌느니라(고전 2:16).

바울은 아예 예수 그리스도의 마음으로 살았습니다. 자신의 마음을 온전히 주님께 드린 것입니다. 주님께서 어떤 분이십니까? 인간의 죗값을 대신 치르시기 위해 십자가의 제물로 돌아가셨다가 사흘째 되는 날, 죽음을 깨뜨리고 부활하신 분이 아니십니까? 그분을 주인으로 모시고 그분의 마음을 지니고 사는 바울의 마음을 이 세상 그 무엇이, 그 어떤 상황이, 그 어떤 사건이 뒤흔들 수 있었겠습니까? 그래서 바울은 풍토병에 걸려서도 목숨을 걸고 타우루스 산맥을 넘어 복음의 불모지인 비시디아 땅으로 갈 수 있었고, 루스드라에서 죽음의 돌세례를 받았음에도 정신이 들자마자 곧장 루스드라 성 안으로 다시 들어가 자신이 건재함을 루스드라 사람들에게 보여 줄 수 있었고, 상처투성이의 몸으로 더베를 찾아가 쉴 틈도 없이 복음을 전할 수도 있었습니다. 그뿐 아니라 상하고 지친 몸으로 고향이 지척인 더베까지 갔으면서도 모든 인간이 본능적으로 찾기 원하는 고향으로 향하지 않고, 도리어 자신을 죽이려는 유대인들이 득실거리는 루스드라와 이고니온과 비시디아 안디옥으로 되돌아가, 자신으로부터 복음을 영접했던 그리스도인들의 마음을 굳게 세워 주고, 재건해 주고, 더 강하게 해주면서, '이 믿음에 머물러 있으라'고 진심으로 권면했습니다.

이처럼 일평생 주님을 위해 자신의 삶을 던진 바울의 삶이 이 세상 그 어떤 명화보다 더 감동적인 주님의 작품으로 승화되었다면, 그 출발점은 주님을 향한 바울의 마음이었습니다. 지난 시간에 믿음은 정신 행위가 아니라 육체 행위라고 말씀드렸습니다. 그러나 바울의 육체 행위가 마음을 앞지른 것은 아니었습니다. 만약 그랬더라면, 육체의 행위가 마음을 앞서는 그의 삶은 주님의 작품은커녕 패역하기 짝이 없었을 것입니다. 자신에게 은총을 베풀어 주신 주님을 향해 먼저 확정된 바울의 마음이 위에서 말씀드린 것과 같은 그의 육체 행위를 수반하였기에, 그는 우리 모두가 흠모하는 위대한 사도로 예수 그리스도 안에서 영원히 살아 있습니다.

다윗은 시편 57편 7절을 통해 "하나님이여 내 마음이 확정되었고, 내 마음이 확정되었사오니, 내가 노래하고 내가 찬송하리이다"라고 고백했습니다. 하나님을 향해 마음이 확정되는 것이 얼마나 중요하면 '내 마음이 확정되었고, 내 마음이 확정되었다'고 두 번씩이나 반복하여 강조했겠습니까? 우리말 '확정되다'로 번역된 히브리 동사 '쿤 כון'도 '굳게 세우다'라는 의미입니다. 비록 베들레헴의 이름 없는 양치기 출신이었을망정, 일평생 하나님을 찬양하는 삶으로 일관한 다윗이 3천 년이 지난 오늘날 이스라엘 국기에 이스라엘의 별로 새겨질 수 있었던 것 역시, 다윗의 마음이 하나님을 향해 먼저 굳게 세워져 있었기 때문입니다.

믿음은 주님께 자신의 마음을 드리는 것입니다. 주님을 사랑하는 것도 주님께 마음을 드리는 것입니다. 마음을 한 번 드리고 그치는 것이 아니라, 지속적으로 드리는 것입니다. 주님께 자신의 마음을 드릴 수 있는 사람만 자신의 생명도, 삶도 드릴 수 있습니다.

우리 모두 주님을 향해 우리의 마음을 확정하십시다. 주님을 향해 날마다 우리의 마음을 굳게 세우고, 주님의 말씀 안에서 우리의 마음을 매일 재건하고, 주님의 말씀을 힘입어 우리의 마음을 날이 갈수록 더 강하게 하십시다. 우리가 비록 보잘것없는 존재라 할지라도, 주님의 사랑과 생명이 충만하게 역사하시는 우리의 삶은, 뭇사람을 살리는 또 하나의 사도행전으로 엮어지게 될 것입니다. 우리 홀로라면 절대로 불가능하지만, 주님께서 함께 계시기에 반드시 가능합니다.

> 다윗의 마음이 하나님을 향해 확정되고 또 확정되었기에, 비록 베들레헴의 이름 없는 양치기 출신이었을망정, 일평생 자신의 삶으로 하나님을 찬양한 다윗은 이스라엘의 영원한 별이 되었습니다. 바울이 주님을 자기 마음의 주인으로 모시고 주님의 마음으로 살았기에, 교회를 짓밟던 폭도였던 그가 인류의 역사를 새롭게 하는 영원한 사도가 되었습니다. 그래

서 바울은 로마서 12장 2절을 통해 우리에게, "너희는 이 세대를 본받지 말고 오직 마음을 새롭게 함으로 변화를 받아, 하나님의 선하시고 기뻐하시고 온전하신 뜻이 무엇인지 분별하도록 하라"고 권면하고 있습니다.

주님, 원하옵건대 이 시간 우리의 마음에 새로운 영을 부어 주십시오. 주님을 향해 우리의 마음이 확정되고, 또 확정되게 해주십시오. 주님을 향해 우리의 마음이 날마다 굳게 세워지게 해주시고, 주님의 말씀 안에서 우리의 마음이 매일 재건되게 해주시고, 주님의 말씀을 힘입어 우리의 마음이 날이 갈수록 더 강해지게 해주십시오. 그 마음으로 주님께서 기뻐하시는 선하고 온전한 뜻이 무엇인지 분별하여, 고향을 지척에 두고서도 자기 일신의 안일을 위해 고향을 찾지 않고 오직 주님을 위해, 믿음의 형제를 위해, 박해받고 쫓겨나고 죽음의 돌세례를 당했던 곳으로 되돌아선 바울처럼 살게 해주십시오.

우리의 믿음이 일회성으로 멈추지 않고 지속성을 지니게 해주시고, 우리의 마음이 언제나 우리 육체의 행위를 수반하게 해주십시오. 그리하여 주님의 생명과 사랑이 넘쳐 나는 우리의 삶이, 이 시대의 뭇사람을 살리는, 또 하나의 사도행전으로 엮어지게 해주십시오. 아멘.

13. 많은 환난을 종교개혁 주일

사도행전 14장 19-22절
유대인들이 안디옥과 이고니온에서 와서 무리를 충동하니 그들이 돌로 바울을 쳐서 죽은 줄로 알고 시외로 끌어 내치나라 제자들이 둘러섰을 때에 바울이 일어나 그 성에 들어갔다가 이튿날 바나바와 함께 더베로 가서 복음을 그 성에서 전하여 많은 사람을 제자로 삼고 루스드라와 이고니온과 안디옥으로 돌아가서 제자들의 마음을 굳게 하여 이 믿음에 머물러 있으라 권하고 또 우리가 하나님의 나라에 들어가려면 **많은 환난을** 겪어야 할 것이라 하고

사람들은 의인에게 박수를 보냅니다. 그러나 거기에는 전제 조건이 있습니다. 의인이 멀리 있거나, 혹 가까이 있더라도 자기와 직접적인 관련이 없어야 한다는 전제 조건입니다. 가령 청백리清白吏가 있다고 하십시다. 사람들은 그 청백리에게 찬사를 보낼 것입니다. 하지만 청백리 곁에서 그와 함께 일하는 동료들에게 그는 눈엣가시와 같을 것입니다. 그 결과 그 청백리가 인사상의 불이익을 당한다면, 그 소식을 접한 사람들은 청백리의 편에 서서 의분을 느

낄 것입니다. 그러나 그 청백리의 관할구역이 자신들의 삶의 영역으로 바뀐다면 사람들은 어떻게 반응하겠습니까? 그 청백리가 엄정하게 법을 집행함에 따라 그동안 내지 않던 세금을 납부해야 하고, 그동안 누리던 부당 이익을 더 이상 누릴 수 없게 되더라도, 사람들이 예전처럼 그 청백리에게 박수를 쳐주겠습니까? 그럴 리가 없습니다. 박수는 고사하고, 어떻게 하면 그 청백리를 자신들의 영역에서 몰아낼까 모두 한마음으로 노심초사할 것입니다.

의인에게 찬사를 보낸다고 해서 그 사람도 의인인 것을 의미하는 것은 아닙니다. 불의한 사람도 의인에게 얼마든지 찬사를 보낼 수 있습니다. 오히려 자신의 불의를 감추고 거짓 의를 드러내기 위해 의인에게 누구보다 더 열렬하게 찬사를 보낼 수 있습니다. 그러므로 의인에게 찬사를 보내는 것만으로는 그가 의인인지 아닌지 구별할 수 없습니다. 그 여부는, 그가 찬사를 보내던 의인이 그의 곁에 다가와 그와 관계가 맺어질 때 비로소 드러나게 됩니다. 그때에도 의인에게 박수를 치는 사람이라면 불의한 사람일 수 없고, 그때 그 의인을 미워하고 배척하는 사람은 의인일 리가 없습니다.

그래서 하나님께서는 잠언 29장 27절을 통해 이렇게 말씀하십니다.

> 불의한 자는 의인에게 미움을 받고 바르게 행하는 자는 악인에게 미움을 받느니라.

의인은 의를 사랑하는 사람이기에 불의를 미워하기 마련이고, 그러므로 불의를 행하는 악인은 불의를 미워하는 의인을 미워할 수밖에 없습니다. 그렇다면 우리 모두 하나님 앞에서 정직하게 자문해 보십시다. 만약 지금 내가 누군가를 미워하고 있다면, 그 이유가 그 사람이 내 곁에서 불의를 행하기 때문입니까? 아니면 의를 행하기 때문입니까? 만약 누군가가 나를 미워하고 있다면 내가 악을 좇기 때문입니까? 아니면 의를 좇기 때문입니까? 사람들은 자기 자신이 어떤 인간인지 아는 것은 쉽지 않다고 생각합니다. 그러나 의와 불의에 관한 한, 자신이 악인인지 의인인지 손쉽게 확인하는 방법이 있습니다. 의인을 미워하면서 의인으로부터 미움을 받기도 하는 사람은 아무리 겉으로 경건해 보여도 불의한 사람이요, 악인을 미워함과 동시에 악인으로부터 미움을 받기도 하는 사람은 그의 행색과 상관없이 의인임이 틀림없습니다. 그러므로 '불의한 자는 의인에게 미움을 받고 바르게 행하는 자는 악인에게 미움을 받는다'는 하나님의 말씀은, 이 세상에서 하나님의 말씀을 좇아 바르게 살려는 사람은 누군가로부터, 어떤 형태로든 미움을 받을 수밖에 없음을 일깨워 줍니다. 이것이 종교개혁 주일을 맞아, 하나님께서 오늘의 본문을 통해 우리에게 주시는 메시지입니다.

루스드라에서 죽음의 돌세례를 당했던 사도 바울은 상처와 피멍투성이인 몸을 이끌고, 루스드라에서 동쪽으로 약 140킬로미터 떨어져 있는 더베를 찾아가 복음을 전했습니다. 더베는 바울의 1차 전도 여행의 마지막 전도지였고, 더베에서 동쪽으로 약 200킬로미터 채 못 미친 곳에 다소가 있었습니다. 더베까지 찾아간 바울에게는 반드시 다소로 나아가야 할 이유가 있었습니다. 다소는 바울이 태어난 고향이었습니다. 그러므로 루스드라에서 죽음의 돌세례를 당해 그 어느 때보다 심신이 지쳐 있는 바울에게는, 고향을 찾아가 사랑하는 가족들의 따뜻한 보살핌 속에서 상처투성이인 몸을 추스르고 지친 마음을 달랠 필요가 절실했습니다. 또 마지막 전도지인 더베에서 첫 출발지인 수리아 안디옥으로 되돌아가기 위해서도 다소를 경유하는 것이 최단 거리 코스였습니다. 구태여 왔던 길을 역행하여 멀고 먼 길을 돌아갈 이유가 없었습니다. 더욱이 그동안 바울이 거쳐 온 성읍마다 바울을 박해하고 죽이려는 사람들이 득실거렸으므로, 다소를 경유하는 최단 코스를 마다하고, 굳이 왔던 길을 되돌아가는 것은 자신의 목숨을 걸어야 하는 어리석고 위험하기 짝이 없는 길이었습니다. 그러나 바울은 자기 일신상의 안일을 위해 고향 다소로 나아가지 않고 왔던 길을 역행하여, 자신을 죽이려는 사람들이 득실거리는 루스드라와 이고니온과 비시디아 안디옥을 되찾았습니다. 자신으로부터 복음을 영접한 그리스도인들을 만나, 그들의 믿음을 북돋아 주기 위함이었습니다.

제자들의 마음을 굳게 하여 이 믿음에 머물러 있으라 권하고 또 우리가 하나님의 나라에 들어가려면 많은 환난을 겪어야 할 것이라 하고(22절).

바울로부터 복음을 전해 듣고 주님을 영접한 루스드라와 이고니온과 비시디아 안디옥의 그리스도인들은, 그들에게 복음을 전해 준 바울이 그들의 눈앞에서 박해받고, 쫓겨나고, 죽음의 돌세례를 당해 시체로 질질 끌려가는 것을 목격해야만 했습니다. 따라서 새롭게 그리스도인으로 살아가는 그들의 마음이 얼마나 두려웠겠습니까? 그러나 다시는 못 볼 줄 알았던 사도 바울을 다시 보는 것만으로도 흔들리던 그들의 믿음이 재건되고, 주님을 향한 그들의 마음이 더욱 굳게 세워지지 않았겠습니까?

그러나 바울은 그들에게 예수 잘 믿어 세상에서 출세하라거나, 부귀영화와 무병장수를 누리라고 말하지 않았습니다. 바울은 그들에게 "우리가 하나님의 나라에 들어가려면 많은 환난을 겪어야 할 것이라"고 말했습니다. 언뜻 바울의 이 말은, 이 세상에서 많은 환난을 겪는 것이 하나님 나라에 들어가기 위한 전제 조건인 것처럼 들립니다. 많은 환난을 겪는 인간의 행위나 공로가 없으면, 하나님의 나라에 들어갈 수 없는 것처럼 여겨진다는 의미입니다. 그러나 우리가 잘 알고 있는 것처럼 바울 신학의 핵심은 '이신칭의以信稱義', 즉 믿음으로 의롭다 함을 받는다는 것입니다. 다시 말해 십자가의 제물로 돌아가신 예수 그리스도 안에서 하나님께서 성취하신 구원을 믿음으로 의로우신 하나님의 나라를 얻는 하나님의 자녀가 된다는 것입니다.

그러므로 '우리가 하나님의 나라에 들어가려면 많은 환난을 겪어야 할 것이라'는 본문 말씀은, 예수 그리스도 안에서 하나님의 나라를 얻은 하나님의 자녀가 되었음을 정녕 믿는다면, 이 세상에서 결과적으로 환난을 겪는 것을 두려워하지 말라는 의미입니다. 의로우신 하나님의 자녀로 산다는 것은 하나님의 말씀을 좇아 의로운 삶을 추구하는 것이요, 의로운 삶을 사는 사람들은 의를 미워하는 사람들의 미움을 받을 수밖에 없기 때문입니다.

본문에서 '환난'으로 번역된 헬라어 '들립시스θλῖψις'는 '환난' 이외에도 '고난', '고통', '괴로움', '시련'의 뜻을 지닙니다. 왜 그리스도인들이 의로운 삶을 살려 할 때 세상에서 미움 받고 환난을 당해야 합니까? 왜 바른 삶을 사는 그리스도인들이 고난과 고통을 겪으며, 고뇌와 시련에 시달려야 합니까? 이 세상이 악하기 때문이요, 이 세상이 어둠이기 때문입니다. 악은 의를 미워하고, 어둠은 빛을 배척하기 마련인 까닭입니다. 의가 악을 이기는 길, 다시 말해 빛이 어둠을 이기는 길은 하나밖에 없습니다. '자신을 태우는 것'입니다. 빛이 자신을 태우지 않으면, 자신을 태우는 환난과 고통과 시련은 면하지만, 자신을 태우기를 멈추는 것은 어둠에 대한 굴종을 의미할 뿐, 더 이상 어둠을 이기는 빛일 수는 없습니다. 양초 그 자체는 빛이 아닙니다. 어둠 속에 놓여 있는 양초는 어둠의 한 부분일 따름입니다. 그러나 양초가 자신을 태우는 즉시 양초는 어둠을 제압하는 빛이 됩니다. 양초가 자신을 태우는 것은 환난이요, 고통이요, 시련입니다. 괴로움과 고뇌가 없을 수 없습니다. 그럼에도 양초가 그 과정을 피하지 말아야 할 것은, 그 과정을 통해서만 보잘것없는 양초가 어둠을 이기는 빛으로 승화되는 까닭입니다.

예수님께서 당신의 제자들을 세상에 보내시면서 말씀하셨습니다.

> 보라 내가 너희를 보냄이 양을 이리 가운데로 보냄과 같도다(마 10:16상).

이 세상이 얼마나 악하고 어두우면 주님께서 이 세상을 '이리'로, 그 속에서 그리스도인으로 살아갈 당신의 제자를 '양'으로 표현하셨겠습니까? 이리 떼 속에서 가장 안전한 길은 자신도 이리로 사는 것입니다. 그렇게 살면 적어도 이리 떼 속에서 환난과 시련을 겪지는 않을 수 있습니다. 반면에 이리 떼 속에서 양으로 살아가는 것은 환난과 시련과 고통과 고뇌를 자초하는 길입니다. 그것은 현실적으로나 상식적으로나 있을 수 없는 일입니다. 이리 떼 속에서 양이 생존한다는 것은 전혀 불가능한 일이기 때문입니다. 그럼에도 주님께서는 왜 그토록 무모한 삶을 당신의 제자들에게 요구하십니까? 주님께서 십자가의 고난을 당하시기 전, 제자들과 이른바 최후의 만찬을 가지신 뒤에 제자들에게 말씀하셨습니다.

> 보라 너희가 다 각각 제 곳으로 흩어지고 나를 혼자 둘 때가 오나니 벌써 왔도다 그러나 내가 혼자 있는 것이 아니라 아버지께서 나와 함께 계시느니라(요 16:32).

예수님께서는 악한 이리 떼가 우글거리는 이 어둔 세상에 오신 하나님의 '어린 양'이었습니다. 세상의 이리들이 하나님의 어린 양을 가만히 둘 리가 없었습니다. 예수님의 생명을 노리며 이리저리 생채기를 내다가 끝내 예수님을 십자가에 못박아 죽이기로 했습니다. 예수님께서는 임박한 당신의 죽음을 내다보시며, 막상 당신에게 죽음의 고난이 시작되면 제자들마저 당신을 버리고 뿔뿔이 흩어져 당신 홀로 남게 될 것을 예상하셨습니다. 그리고 실제로 그 상황이 이르자, 예수님께서는 인간의 죗값을 대신 치르시기 위해 십자가 죽음의 고난을 당신 홀로 묵묵히 당하셨습니다. 십자가 위에서 홀로, 당신을 송두리째 태우신 것입니다. 어떻게 그런 일이 가능할 수 있었습니까? "그러나 내가 혼자 있는 것이 아니라 아버지께서 나와 함께 계시느니라." 예수님께서는 알고 계셨습니다. 이 세상 모든 사람이 당신을 버려도, 그래서 당신 홀로 남은 것처럼 보여도, 바로 그 순간에도 하나님 아버지께서는 변함없이 당신과 함께하고 계심을 분명히 알고, 또 굳게 믿으셨습니다. 그래서 예수님께서는 제자들에게 계속 말씀하셨습니다.

> 이것을 너희에게 이르는 것은 너희로 내 안에서 평안을 누리게 하려 함이라 세상에서는 너희가 환난을 당하나 담대하라 내가 세상을 이기었노라 (요 16:33).

하나님의 어린 양이 십자가의 죽음을 당한다는 것보다 더 큰 환난이 어디에 있겠습니까? 생살이 못박혀 죽어야 하는 고통과 고뇌와 괴로움이 얼마나 컸겠습니까? 그러나 이 세상의 시련과 환난이 결코 예수님을 제압하지 못했습니다. 십자가 고난의 환난을 당하고 돌아가신 예수님을 하나님께서 사흘째 되는 날, 죽음의 한가운데에서 영원히 일으키셨기 때문입니다. 하나님의 섭리를 위해 십자가 위에서 당신 자신을 온전히 태우신 예수님께서 당신과 함께하시는 하나님 아버지를 힘입어 세상의 악한 이리 떼를 제압하고, 칠흑 같은 어둠을 깨뜨리심으로, 세상을 밝히고 살리는 영원한 생명의 빛이 되신 것이었습니다.

그래서 예수님께서는 당신의 양 떼인 그리스도인들을 악한 이리 떼가 득실거리는 세상의 어둠 속으로 내보내십니다. 그들이 비록 세상에서 환난을 당할지라도, 괴로움과 고뇌와 시련 속에서도 하나님의 말씀을 좇기 위해, 하나님의 나라와 그의 의를 먼저 구하기 위해, 그들과 함께하고 계신 예수 그리스도 안에서 자신을 태우는 한, 세상을 이기신 예수님께서 그들을 반드시 세상의 어둠을 이기는 빛으로 세워 주실 것이기 때문입니다.

중요한 사실은 예수님께서 이 땅에서 환난을 당하시고 고통과 시련을 겪으실 때, 예수님을 미워하고 배척하는 최선봉에 선 사람들이 유대인들이었다는 것입니다. 예수님께서는 하나님을 알지 못하는 세상 사람들에게 환난을 당하신 것이 아닙니다. 하나님을 누구보다 잘 안다는, 하나님의 선민임을 자처하던 유대인들에게 환난을 당하셨습니다. 무릇 주님을 믿는 그리스도인들은 이 사실을 절대로 망각해서는 안 됩니다. 교회가, 그리스도인들이, 깨어 있지 않으면, 교회가, 그리스도인들이, 주님의 이름으로 참된 그리스도인을 미워하고 배척하는 일이 얼마든지 일어날 수 있기 때문입니다.

이 땅의 목회자와 교인에 대한 두 분의 글을 읽어 드리겠습니다. 먼저 처음 분의 글입니다.

> 주여, 주의 양들이 주렸나이다. 목말랐나이다. 삯꾼들이 주는 꼴은 참꼴이 아니로소이다. 제 생각, 제 솜씨로 장만한 꼴이로소이다. 주여, 그들에게 참꼴이 없나이다. 주의 살을 먹여 줄 목자가 없나이다. 주의 피를 마시울 그 아무도 없나이다. 주의 생명을 그대로 줄 종들이 없나이다. 오, 주여! 그들에게는 모든 것이 다 갖추어져 있나이다. 그러나 그들의 생명은 말랐나이다. 죽게 되었나이다. 주여, 누구를 보내어 주의 양을 살리시

려 하시나이까? 생명 양식을 주시려 하나이까? 오, 주여! 내가 여기 있사오니 나를 보내옵소서.

다음은 또 다른 분의 글입니다.

오늘날의 신자를 향하여 "그대가 예수님을 믿는 목적이 무엇이냐"고 물으면, 곧 대답하기를 "죄사함을 입어 영생에 들어가기 위하여"라고 합니다. 그러나 사실이 그렇습니까? 그보다도 생활이 나아지기 위하여, 남의 신용을 얻기 위하여, 인격 수양을 얻기 위하여, 사회사업을 하기 위하여 믿는 자가 더 많지 않습니까? 그 증거로는, 저희 중에 자기 죄를 위하여 슬퍼하는 사람이 없다는 것입니다. 그들은 죄라면 살인강도나 간음, 사기 같은 법률상의 죄로만 알 뿐이요, 그런 잘못이 없는 한 자기는 의인인 줄로 압니다. 기도할 때는 습관처럼 "저는 죄인이오나……" 하지만, 머리를 들고 있는 동안은 자신이 죄인이라는 생각은 조금도 없습니다. 영생을 원한다고 하나, 그 영생은 늙은이에게는 욕심밖에 더 되는 것 없고, 젊은 이에게는 내용 없는 빈말밖에 되는 것이 없습니다. 불신자가 누리는 세상 영화에서 털끝만 한 것도 빼지 않고 다 누린 후, 천당에 가서 불신자는 못 가지는 복락을 또 한 가지 더 얻자는 것이니, 욕심의 변태가 아니고 무엇이겠습니까? 몸은 비록 죽으나 우리의 사업과 정신은 후에 남는 것이라고 생각하니, 텅 빈 말이 아니고 무엇이겠습니까?

이 시대 목회자와 교인의 문제점을 어쩌면 이렇게도 잘 지적했을까 싶을 정도로 공감이 가는 내용입니다. 그러나 이 글들은 우리 시대의 글들이 아닙니다. 놀랍게도 첫 번째 글은 지금부터 79년 전인 1931년 차재선 전도사가 쓴 글이고, 두 번째 글은 75년 전인 1935년 김교신 선생에 의해 써진 글입니다. 사람들은 옛날로 거슬러 갈수록 교회는 보다 교회다웠을 것이라는 막연한 기대감을 지니고 있습니다. 그러나 우리는 두 분의 글을 통하여 오늘날 우리 시대의 교회와 칠팔십 년 전의 교회 사이에는, 실은 아무런 차이가 없음을 알 수 있습니다. 그래서 참된 그리스도인으로 살고자 했던 차재선 전도사와 김교신 선생에게 세상 사람들은 찬사를 보내었지만, 막상 그분들이 속한 교회는 그분들을 달가워하지 않고 불편해하며 배척하고 말았습니다.

교회의 교회다움을 온몸을 던져 역설한 마르틴 루터는 세상 사람, 세상의 집단에 의해 파문당하지 않았습니다. 그를 파문한 것은 예수 그리스도의 이름으로 세워진 중세 천주교회였습니다. 어느 시대 어느 곳에서나 교회가 항상 사도행전 속의 초대교회로 되돌아가자고 역설해 왔고 또 지금도 역설하고 있다는 것은, 대부분의 교회가 그만큼 성경과 동떨어져 있다는 반증입니다. 예수 그리스도의 이름으로 세워진 교회가 성경과 동떨어져 참된 그리스도인을 미워하고 배척하는 이유가 대체 무엇입니까?

신약성경에는 복음서가 가장 먼저 등장합니다. 그리고 그 뒤를 이어 교회의 태동과 역사를 전해 주는 사도행전이 이어지고 있습니다. 복음서 그리고 그 뒤에 위치한 사도행전, 바로 이 순서가 중요합니다. 교회가 앞세워야 할 것은 언제나 복음—하나님의 말씀이지, 교회 그 자체가 아닙니다. 교회가 중요하다면 교회 그 자체가 중요해서가 아니라, 교회가 하나님의 말씀을 드러내는 말씀의 통로요 도구이기 때문입니다. 교회가 이 사실을 망각하고 하나님의 말씀보다 교회 그 자체를 앞세울 때 교회든, 교단이든, 교황청이든, 예외 없이 추악한 이해집단으로 추락하고, 주님의 이름으로 주님의 양 떼를 미워하고 배척하는 어리석은 이리 떼로 전락하고 만다는 것이 2천 년 기독교역사가 우리에게 주는 냉엄한 교훈입니다.

교회가 대체 무엇입니까? 교회는 예수 그리스도를 주인으로 모시고 그분을 본받아 사는 그리스도인들의 모임 아닙니까? 그러므로 교회의 모든 문제는 교회를 이루고 있는 우리의 문제, 아니 나 자신의 문제입니다. 그렇다면 종교개혁 493주년을 맞아 이 시간, 우리 모두 하나님 앞에서 한 번 더 정직하게 자문해 보십시다. 만약 지금 내가 누군가를 사랑하고 있다면 그 이유가 무엇입니까? 그 사람이 내 곁에서 나를 위해 불의마저 서슴지 않기 때문입니까? 아니면 매사에 나를 의의 길로 인도하기 때문입니까? 만약 누군가가 나를 사랑하고 있다면 그 까닭은 또 무엇입니까? 내가 그의 곁에서 불의마저 거리끼지 않기 때문입니까? 아니면 철저하게 의를 좇기 때문입니까? 내가 지금 불의를 행하는 사람을 사랑하면서 불의한 사람으로부터 사랑받기도 한다면 나는 불의한 사람일 수밖에 없고, 내가 의로운 사람을 사랑하면서 의로운 사람으로부터 사랑받기도 한다면 나는 하나님의 나라와 그의 의를 먼저 구하는 사람임에 틀림없습니다.

복음서 그리고 그 뒤에 위치한 사도행전, 이 순서를 절대로 잊지 마십시다. 복음을 삶의 목적으로 삼되, 어떤 경우에도 복음을 나 자신의 욕망을 이루기 위한 도구로 전락시키는 어리석음을 범치 마십시다. 악한 이리 떼가 우글거리는 이 세상의 어둠 속에서 설령 환난과 시련을 당하고 고통과 고뇌와 괴로움을 겪을망정, 오직 복음—하나님의 말씀으로 먹고 마시는 하나님의 어린 양이 되십시다. 하나님의 나라와 그 의를 먼저 구하기 위해 자신을 태우기를 두려워하지 않는 용기 있는 그리스도인이 되십시다. 그때 우리는 우리의 가정과 일터, 이 땅의 교회, 이 시대의 역사를 새롭게 하는 진정한 개혁가가 될 것입니다. 십자가에서 당신을 태우심으로 세상의 어둠을 이긴 빛이신 주님께서 우리와 함께하고 계시기 때문입니다. "세상에서는 너희가 환난을 당하나, 담대하라. 내가 세상을 이기었노라!"

'불의한 자는 의인에게 미움을 받고, 바르게 행하는 자는 악인에게 미움을 받는다'는 하나님의 말씀 앞에서, 지금 내가 누구를 미워하고 있다면 그 사람을 미워하는 이유가 무엇이며, 내가 누군가로부터 미움을 받고 있다면 그 까닭은 또 무엇인지 성찰케 해주심을 감사합니다. 십자가에서 죽음의 고난을 당하시는 주님을 배신하고 제자들이 모두 뿔뿔이 도망쳤지만, 홀로 남은 주님께서는 '내가 혼자 있는 것이 아니라 아버지께서 나와 함께하신다'고 말씀하셨습니다. 그 하나님 아버지의 구원의 섭리를 이루시기 위해 십자가 위에서 당신 자신을 송두리째 태우심으로, 주님께서는 이 악한 세상을 이기고, 이 세상의 어둠을 깨뜨리는 빛이 되셨습니다. 그리고 우리에게 말씀하십니다. '이것을 너희에게 이르는 것은, 너희로 내 안에서 평안을 누리게 함이라. 세상에서는 너희가 환난을 당하나, 담대하라, 내가 세상을 이기었노라.'

주님, 언제 어디서나 우리와 함께하고 계시는 주님을 잊지 않게 해주십시오. 어떤 경우에도, 하나님의 말씀인 복음서와 사도행전의 순서를 혼동하지도 않게 해주십시오. 비록 세상에서 환난과 시련을 당하고, 고뇌와 고통과 괴로움을 겪을지라도, 악한 이리 떼와 어둠으로 뒤덮인 이 세상 속에서, 하나님의 말씀으로 먹고 마시는 하나님의 어린 양으로 살아가게 해주십시오. 항상 하나님의 나라와 그의 의를 먼저 구하기 위해, 기꺼이 자신을 태울 줄 아는 용기를 허락해 주십시오. 그리하여 우리의 삶이 이 세상을 이기신 예수 그리스도 안에서 세상의 악과 어둠을 물리치는 빛이 되게 해주시고, 이 땅의 교회와 세상을 새롭게 하는 개혁의 원동력이 되게 해주십시오. 아멘.

14. 주께 그들을 위탁하고

사도행전 14장 19-23절

유대인들이 안디옥과 이고니온에서 와서 무리를 충동하니 그들이 돌로 바울을 쳐서 죽은 줄로 알고 시외로 끌어 내치니라 제자들이 둘러섰을 때에 바울이 일어나 그 성에 들어갔다가 이튿날 바나바와 함께 더베로 가서 복음을 그 성에서 전하여 많은 사람을 제자로 삼고 루스드라와 이고니온과 안디옥으로 돌아가서 제자들의 마음을 굳게 하여 이 믿음에 머물러 있으라 권하고 또 우리가 하나님의 나라에 들어가려면 많은 환난을 겪어야 할 것이라 하고 각 교회에서 장로들을 택하여 금식기도하며 그들이 믿는 **주께 그들을 위탁하고**

빛과 어둠은 정반대 개념입니다. 빛이 밝음이라면, 어둠은 어두움 그 자체입니다. 빛이 어둠일 수 없고, 어둠이 빛일 수도 없습니다. 그러나 장편소설 《혼불》의 작가인 고故 최명희 선생은 "어둠은 결코 빛보다 어둡지 않다"고 말했습니다. 어둠이 빛보다 어둡지 않다는 것은, 어둠도 빛처럼 밝다는 말입니다. 우리의 상식을, 자연 법칙을 완전히 뒤집어 놓는 말입니다.

하지만 곱씹어 볼수록, 가슴에 와 닿는 말이 아닐 수 없습니다. 확실히 어둠은 빛보다 어둡지 않습니다. 이 세상에 빛이 없다면, 어둠은 언제나 칠흑같은 어둠일 수밖에 없습니다. 그러나 이 세상에는 빛이 있습니다. 그 빛을 아는 사람에게는, 그 빛을 경험한 사람에게는, 어둠은 결코 빛보다 어둡지 않습니다. 어둠이 짙을수록 그 어둠 속에서 시시각각 다가오는 빛을 더욱 뚜렷이 보고, 바라고, 소망하기 때문입니다. 어둠이 있기에 빛의 가치를 알 수 있는 것처럼, 빛은 어둠의 참된 의미를 일깨워 주는 주님의 은총입니다. 그래서 사도 바울은 로마의 감옥에 갇힌 죄수의 신분으로 에베소 교회 교인들에게 다음과 같은 내용의 편지를 보냈습니다.

> 또 나를 위하여 구할 것은 내게 말씀을 주사 나로 입을 열어 복음의 비밀을 담대히 알리게 하옵소서 할 것이니(엡 6:19).

바울은 비록 감옥에 갇힌 죄수의 신분일망정, 입을 열어 복음의 비밀을 담대히 알릴 수 있게끔 기도해 줄 것을 에베소 교인들에게 부탁했습니다. 그리고 바울의 편지는 이렇게 이어지고 있습니다.

> 이 일을 위하여 내가 쇠사슬에 매인 사신이 된 것은 나로 이 일에 당연히 할 말을 담대히 하게 하려 하심이라(엡 6:20).

바울은 감옥 속에서도 쇠사슬에 묶여 있었습니다. 바울은 살인강도 짓을 범한 흉악범이 아니었습니다. 그는 오직 진리를 전했을 뿐입니다. 그 대가로 감옥에 갇혀야 했다면, 수감된 것만도 억울하기 짝이 없었을 텐데 설상가상으로 바울은 감옥 속에서도 쇠사슬에 묶여 있어야 했습니다. 그렇다면 바울의 인생에서 그보다 더 깊은 절망, 더 짙은 어둠은 있을 수 없었습니다.

그러나 바울에게 그 어둠은 결코 빛보다 어둡지 않았습니다. 바울은 자신이 쇠사슬에 묶여 있는 것은 '당연히 할 말을 담대히 하게 하려 하심'이라고 고백했습니다. 감옥 속이라도 몸이 자유롭다면 딴생각을 할 수도 있고, 편안하게 두 다리를 뻗고 잠을 잘 수도 있습니다. 그러나 몸이 쇠사슬에 묶여 있다면 앉아 있는 것도 불편하고, 누워도 편치 않을 것입니다. 이를테면 딴 짓, 딴생각할 겨를이 없을 것입니다. 그 상태에서 바울이 할 수 있는 것이라고는 한 가지뿐이었습니다. 주님의 말씀을 생각하고, 묵상하고, 곱씹고, 먹고, 삼키는 것이었습니다. 주님의 말씀을 먹고 삼킬수록, 주님의 말씀이 충만할수록, 바울에게는 그 말씀의 능력이 차고 넘쳤습니다. 쇠사슬에 묶여 있을망정 누구 앞에서든, 예전보다 주님의 말씀을 더 담대하게 전할 수 있는 힘을 얻을 수 있었습니다. 그러므로 사도 바울에게는, 감옥에 죄수로 갇힌 것도 모자라 그 속에서 쇠사슬에 묶여 있어야 하는 것마저 주님의 은혜요, 감사의 조건이었습니다.

바울에게 그것이 가능할 수 있었던 것은 그가 빛이신 예수님을 만났던 사람이요, 그 주님께서 자신과 함께하고 계심을 믿었기 때문입니다. 그래서 쇠사슬에 묶여 있는 로마 감옥의 어둠도 결코 빛보다 어두울 수 없었습니다. 그 어둠 속에서 예수 그리스도의 빛은 더욱 또렷하게 드러났고, 그 어둠 속에서 빛이신 예수 그리스도에 대한 바울의 소망이 더 커졌기 때문입니다.

바울은 비시디아 안디옥에서부터 가는 곳마다 유대인들의 박해와 살해 위협에 시달려야만 했습니다. 그것은 사도행전 13장 45절의 증언처럼, 바울에 대한 유대교 지도자 무리의 시기심에서부터 시작되었습니다. 비시디아 안디옥을 처음 방문한 사도 바울이 안식일을 맞아 그곳에 있는 회당을 찾았을 때, 회당장은 처음 보는 바울에게 설교를 요청했습니다. 바울의 설교가 끝나자, 생전 처음 듣는 복음에 감동한 사람들이 바울에게 그다음 안식일에도 설교해 줄 것을 간청했습니다. 그리고 일주일 후에 아무도 상상치 못한 일이 벌어졌습니다. 바울의 설교를 들은 사람들이 일주일 동안 얼마나 바울에 대한 입소문을 내었던지, 그다음 안식일에 엄청난 인파가 유대인 회당으로 몰려든 것이었습니다. 그 광경을 목격한 유대교 지도자 무리는 불타는 시기심에 사로잡히고 말았습니다. 어느 날 갑자기 나타난 바울의 설교를 듣기 위해 평소 자신들이 설교할 때와는 비교가 불가능한 대인파가 몰려든 것을 그들의 자존심상 도저히 용납할 수 없었기 때문입니다. 그래서 그들은 사람들을 선동하여 바울을 집요하게 박해하기 시작했습니다.

이처럼 비시디아 안디옥에서 바울에 대한 박해는 분명히 유대인들의 시기심에서 비롯되었습니다. 그러나 이고니온의 유대인들도 바울을 돌로 쳐 죽이려 했고, 또 비시디아 안디옥과 이고니온의 유대인들이 루스드라까지 찾아가 바울을 죽이려고 돌세례를 퍼부었을 뿐 아니라, 그 이후에도 바울이 가는 곳마다 유대인들이 바울을 죽이려고 했던 데는 또 다른 근본적인 이유가 있었습니다.

바울이 전한 복음의 핵심이 무엇이었습니까? 하나님의 독생자이신 예수 그리스도께서 인간의 죗값을 대신 치르시기 위해 십자가의 제물이 되어 돌아가셨다가 사흘째 되는 날 죽음을 깨뜨리고 부활하셨으므로, 누구든지 예수 그리스도를 믿기만 하면, 누구든지 예수 그리스도 안에 있기만 하면, 죄 사함을 얻고 하나님의 자녀가 된다는 것이었습니다. 그 반면에 예수님을 십자가에 못박아 죽이는 데 앞장섰던 유대교의 핵심은 무엇이었습니까? 인간이 어떤 죄든 사함 받기 위해서는 율법을 좇아 계속하여 짐승을 제물로 삼는 제사를 드려야 한다는 것이었습니다. 그 제사를 드리기 위해서는 제사장들이 절대적인 위치를 차지하고 있었습니다. 제사장 없이는 제사가 아예 성립될 수도 없었습니다. 제사장들은 하나님께 드리는 제물의 일부를 그들의 몫으로 가져가는 것도 모자라, 성전에서 제물 판매 등을 통해 막대한 수익을 올리고 있었습니다.

그러므로 유대교가 바울이 전하는 복음을 받아들인다면 그것은 짐승 제사를 근간으로 하는 유대교의 와해를 의미했고, 유대교와 관련하여 밥 먹고 사는 수많은 유대인들의 생계가 상실되는 것을 의미했습니다. 그래서 그들은 무엇이 옳고 그른지를, 무엇이 하나님의 뜻인지를 따지지 않고, 오직 자신들의 기득권을 고수하기 위해, 자신들에게 유리하게 확립되어 있는 종교 체제와 질서를 지키기 위해 바울을 집요하게 제거하려 했습니다. 유대교 입장에서 본다면 바울은 반드시 제거해야 할 공적公敵 1호요, 비겁한 배교자였습니다.

그렇다고 유대교에 속한 유대인들만 바울을 죽이려 한 것은 아니었습니다. 그리스도인이 된다는 것은 주님의 말씀을 좇아 바르고 의로운 삶을 사는 것입니다. 그러므로 자신의 욕망을 위해 불의와 거짓을 서슴지 않는 사람들은, 자기 곁에서 자신의 삶과 얽혀 있는 그리스도인을 배척하기 마련입니다. 바울이 유대인들뿐 아니라 세상 사람들로부터도 환난을 당한 이유가 여기에 있습니다. 실제로 바울을 참수형에 처해 죽인 사람은 유대인이 아닌, 로마제국의 네로 황제였습니다.

그래서 바울은 고향 다소를 지척에 둔 더베에까지 이르렀음에도 고향 다소를 거쳐 첫 출발지인 수리아 안디옥으로 되돌아가는 짧은 여정을 마다하고, 그동안 거쳐 온 먼 길을 굳이 역행하여, 자신을 죽이려는 유대인들이 득실거리는 루스드라와 이고니온 그리고 비시디아 안디옥을 되찾았습니다. 자신으로부터 복음을 영접한 그리스도인들을 만나 그들의 믿음을 북돋아 주기 위함이었습니다. 주님을 좇아 살기로 결단한 그들 역시 바울 자신처럼 유대인들로부터, 세상 사람들로부터, 온갖 어려움을 당할 것이 불을 보듯 뻔했기 때문입니다. 그러므로 그들을 다시 찾아가 그들의 믿음을 북돋아 주는 것은, 그들에게 복음을 전한 바울의 당연한 의무이기도 했습니다.

그들을 다시 만난 바울은 그들에게, '우리가 하나님의 나라에 들어가려면 많은 환난을 겪어야 할 것'이라고 말했습니다. 이것은 세상에서 환난을 겪는 인간의 행위나 공로가 하나님의 나라에 들어가기 위한 전제 조건임을 의미하는 말이 아니라고 했습니다. 지난 시간에 말씀드린 것처럼, 예수 그리스도 안에서 의로운 하나님의 나라를 얻은 하나님의 자녀 되었음을 정녕 믿는다면, 이 세상에서 결과적으로 겪을 수 있는 환난을 조금도 두려워하지 말라는 의미였습니다.

만약 바울의 말이 그것으로 끝났다면, 네 능력이나 의지로 환난을 극복하라는 말밖에 되지 않습니다. 그러나 바울의 말은 그것으로 끝나지 않았습니다. 그 이후에 바울이 무엇을 했는지 본문 23절 상반절이 밝혀 주고 있습니다.

각 교회에서 장로들을 택하여.

루스드라, 이고니온, 비시디아 안디옥을 차례로 되찾아간 바울은 가는 곳마다 교인들 가운데에서 '장로들'을 택하였습니다. 우리말 '장로'로 번역된 헬라어 명사 '프레스뷔테로스πρεσβύτερος'는 '손위의 연장자', '나이 든 노인' 혹은 '원로'를 일컫는 단어입니다. 유대교에서는 최고 의결기구인 산헤드린 공회 회원을 장로라고 부르기도 했습니다. 사도행전에서 초대교회가 시작된 이래, '장로'라는 용어가 처음 등장한 것은 사도행전 11장에서입니다.

로마 황제 글라우디오 때에 팔레스타인 지역을 휩쓴 대흉년으로 인해 예루살렘과 인근 그리스도인들이 큰 재난을 당했습니다. 그 소식은 바나바와 바울이 공동으로 목회하고 있던, 예루살렘에서 480여 킬로미터 떨어진 수리아 안디옥의 교인들에게도 전해졌습니다. 수리아 안디옥의 교인들은 예루살렘 모교회 교인들을 위한 구제금을 모금하였습니다. 그리고 그 구제금을 누가 누구에게 전해 주었는지는 사도행전 11장 30절이 밝혀 주고 있습니다.

이를 실행하여 바나바와 사울의 손으로 장로들에게 보내니라.

수리아 안디옥의 교인들을 대표하여 예루살렘의 모교회를 찾아가 구제헌금을 전달한 사람은 바나바와 바울로 개명하기 이전의 사울이었고, 그 헌금을 수령한 사람은 예루살렘 교회의 장로들이었습니다. 그러나 그 내용만으로는 당시 장로가 어떤 역할을 담당했는지 파악할 수 없습니다. 그러나 사도행전에서 '장로'라는 용어가 두 번째로 등장하는 오늘의 본문은, 초대교회에서 장로의 역할이 무엇이었는지를 분명하게 시사해 주고 있습니다.

각 교회에서 장로들을 택하여 금식기도하며 그들이 믿는 주께 그들을 위탁하고(23절).

가는 곳마다 장로들을 택한 바울은 그들과 함께 금식기도하면서, 그들이 믿는 주님께 그들을 위탁하였습니다. 그것이 그들을 장로로 택한 바울이 그들을 위해 할 수 있는 모든 것이었습니다. 바울로부터 택함 받은 장로들과, 그들을 장로로 택한 바울을 포함하여 이 세상 모든 인간은 연약하고 유한

하기 짝이 없는 존재일 뿐이요, 오직 죽음의 환난을 깨뜨리고 영원히 부활하신 예수님만 참된 힘이시요, 능력이시요, 소망이시기 때문입니다. 예수님 안에서만 어둠이 결코 빛보다 어두울 수 없는 까닭이었습니다.

그렇다면 왜 바울은 굳이 장로를 택하여 금식기도하며 그들이 믿는 주님께 그들을 위탁했겠습니까? 장로로 택함 받은 그들 자신을 위해서였겠습니까? 그들에게 교인들 위에 군림하면서 교인들을 지배하는 종교 권력을 쥐어 주고, 세상적이면서도 인간적인 명예를 안겨 주기 위함이었겠습니까? 결코 아닙니다. 그들로 하여금 기도하며 주님께 자신들을 위탁하는 본이 되게 함으로써, 나머지 교인들 역시 그렇게 살게 하기 위함이었습니다. 다시 말해 초대교회 장로들의 역할은 기도와 주님에 대한 자기 위탁의 선봉장이 됨으로써, 교인들 역시 기도하며 자신들을 주님께 온전히 위탁하게 하는 것이었습니다.

어떤 교회가 참된 교회요, 이상적인 교회이겠습니까? 유명 목사가 담임목사인 교회이겠습니까? 세상에서 성공했다거나 세상의 것들을 많이 소유한 사람들이 장로와 권사가 되는 그런 교회이겠습니까? 절대로 아닙니다. 그런 교회가 사람들이 넘치는 소위 대형 교회가 될 수 있을지는 모르나, 그런 교회일수록 인간의 교회로 전락하기 쉽다는 것은 이미 과거의 역사를 통해 증명되었습니다. 참된 교회, 이상적인 교회는, 교인들이 서로 기도하며 주님께 자신을 위탁하는 본이 되고 선봉장이 되는 교회입니다. 오직 죽음의 환난을 이기고 부활하신 주님만 우리의 영원한 힘이시요, 능력이시요, 소망이시기 때문입니다.

마르틴 루터에 의해 촉발된 종교개혁의 핵심 사상은 '만인제사장'이었습니다. 예수 그리스도께서 인간을 위한 대속물로 십자가의 제물이 되셨으므로, 누구든지 예수 그리스도를 통해 거룩하신 하나님께 직접 나아가는 제사장이 될 수 있다는 것이었습니다. 그러나 당시 유럽 대륙을 장악하고 있던 로마 가톨릭교회의 입장은, 하나님의 죄사함은 사제를 통해서만 인간에게 주어지고, 인간의 예배는 사제를 통해서만 하나님께 올려진다는 것이었습니다. 제사장 역할을 하는 사제를 통하지 않고서는 회개도, 죄사함도, 구원도, 예배도 불가능했습니다.

그러므로 바울이 전하는 예수 그리스도의 복음을, 짐승을 제물 삼는 제사를 주관하면서 종교적 기득권을 움켜쥐고 있던 유대교 집단이 결코 받아들일 수 없었던 것처럼, 중세 로마 가톨릭교회 역시 마르틴 루터가 성경에 입각하여 주장한 '만인제사장'을 절대로 받아들일 수 없었습니다. 그것은 로마 가톨릭교회의 근간인 사제주의를 정면으로 부정하는 도발이었기 때문입니다. 그래서 로마 가톨릭교회가 군대를 동원하여 마르틴 루터를 죽이려 하였지만 그는 굴하지 않았습니다. 도리어 그는 기도하고, 자신을 더욱 주님께 위탁하며 이렇게 찬양하였습니다.

> 내 주는 강한 성이요 방패와 병기 되시니
> 큰 환난에서 우리를 구하여 내시리로다
> 옛 원수 마귀는 이때도 힘을 써 모략과 권세로
> 무기를 삼으니 천하에 누가 당하랴
>
> 내 힘만 의지할 때는 패할 수밖에 없도다
> 힘 있는 장수 나와서 날 대신하여 싸우네
> 이 장수 누군가 주 예수 그리스도 만군의 주로다
> 당할 자 누구랴 반드시 이기리로다
>
> (찬송가 585장에서)

군대를 동원한 로마 가톨릭교회의 위협보다 영원한 힘이시요, 능력이시요, 소망이신 주님에 대한 마르틴 루터의 믿음이 더 컸습니다. 당시 마르틴 루터는 기도하며 주님께 온전히 자신을 위탁하는 믿음의 본이자 선봉장이었고, 그로 인해 교회는 새로워질 수 있었습니다. 주님께 자신을 위탁한 마르틴 루터에게는, 로마 가톨릭교회로부터 당한 온갖 위협의 어둠이 결코 빛보다 어둡지 않았습니다.

오늘은 11월 첫째 주일입니다. 오늘로 올해는 한 달 세 주밖에 남지 않았습니다. 올 한 해 동안 그 어느 때보다 열심히 살고, 최선을 다하여 노력하였음에도 불구하고 실패와 절망과 환난의 어둠 속에 빠져 있습니까? 그렇다면 영원한 힘이시요, 능력이시요, 소망이신 예수 그리스도를 바라보십시다. 예수 그리스도 안에서는, 지금 처해 있는 어둠이 결코 빛보다 어둡지 않을 것입니다. 그 어둠이야말로, 우리로 하여금 주님께 우리 자신을 더욱 위탁하게 해주시려는 주님의 은총이기 때문입니다. 서두에 말씀드린 작가 최명희 선생은 그의 작품 《혼불》에서 달걀과 관련하여 의미심장한 말을 하고 있습니다.

> 눈멀고 귀먹어 민둥하니 낯바닥 봉창이 된 달걀 껍데기 한 겹, 그까짓 것 어느 귀퉁이 모서리에 톡 때리면, 그만 좌르르 속이 쏟아져 버리는 알 하나. 그것이 바위를 부수겠다 온몸을 던져 치면 세상이 웃을 것이다. 하지만 바위는 아무리 강해도 죽은 것이요, 달걀은 아무리 약해도 산 것이니, 바위는 부서져 모래가 되지만, 달걀은 깨어나 바위를 넘는다.

얼마나 감동적인 내용입니까? 달걀이 바위를 부수겠다고 온몸을 던지는 것은 자기 파멸의 지름길입니다. 달걀 백만 개가 아니라 천만 개가 부딪쳐도 달걀만 깨어질 뿐 바위는 꿈쩍도 않습니다. 그러나 달걀이 어미 닭 품속에 거하면서 병아리로 부화되면 바위를 훌쩍 뛰어넘을 수 있습니다. 달걀 혼자 서는, 그렇듯 감격적인 비상은 절대로 불가능합니다. 달걀이 어미 품에 자신을 위탁할 때에만 가능한 일입니다.

연약하기 짝이 없는 유한한 인간이 자기 능력으로 실패와 절망과 환난과 죽음의 어둠을 뚫고 나가려는 것은, 달걀이 바위를 부수겠다고 자기 온몸을 바위에 던지는 것처럼 어리석은 일입니다. 그러나 기도하면서 주님께 자신을 온전히 위탁하는 사람에게는, 예수 그리스도 안에서, 예수 그리스도를 힘입어, 실패와 절망과 환난과 죽음의 어둠을 뛰어넘는 생명의 비상이 가능합니다. 죽음을 깨뜨리고 부활하신 예수 그리스도는 영원한 힘이시요, 능력이시요, 소망이시기 때문입니다.

그래서 주님께 자신을 위탁한 사람에게는, 어둠은 결코 빛보다 어둡지 않습니다.

빛을 알지 못하는 사람에게 어둠은 어두움 그 자체일 수밖에 없지만, 빛을 아는 사람에게 어둠은 결코 빛보다 어둡지 않습니다. 어둠이 짙을수록 그 어둠 속에서 도리어 빛을 바라고 소망하기 때문입니다. 진리의 빛이신 주님께서 우리를 불러 주시고, 우리를 품어 주시고, 언제나 우리와 함께 동행해 주심을 감사드립니다. 그리고 이 시간, 빛이신 주님 안에서는 어둠이 결코 빛보다 어둡지 않음을 깨닫게 해주셔서 감사드립니다.

이제 올해도 한 달 세 주밖에 남지 않았습니다. 그 어느 해보다 더 열심히 살았음에도 오히려 지금 실패와 절망과 환난의 어둠 속에 처해 있다면, 지금이야말로 예수 그리스도 안에서 어둠이 빛보다 결코 어둡지 않음을 확인할 은혜의 때임을 깨닫게 해주십시오. 본문 속의 사도 바울과 장로들과 교인들처럼, 금식으로 기도하며 자신을 주님께 온전히 위탁하게 해주십시오. 죽음을 깨뜨리고 부활하신 주님만 우리의 영원한 힘이시요, 능력이시요, 소망이심을 잊지 말게 해주십시오.

그리하여 로마의 감옥에 갇혀 쇠사슬에 묶여 있으면서도, "내가 쇠사슬에 매인 사신이 된 것은 나로 이 일에 당연히 할 말을 담대히 하게 하려 하심이라"는 바울의 고백이 우리의 고백이 되게 해주십시오. 온갖 환난과 고통 속에서도 "나의 힘이신 여호와여, 내가 주를 사랑하나이다. 여호와는 나의 반석이시요 나의 요새시요 나를 건지시는 이시요 나의 하나님이시요 내가 그 안에 피할 나의 바위시요 나의 방패시요 나의 구원의 뿔이시요 나의 산성이시로다"(시 18:1-2)라는 다윗의 찬양이 우리 모두의 찬양이 되게 해주십시오. 그와 같은 믿음으로 예수 그리스도 안에서 이 세상의 모든 어둠을 뛰어넘는, 참생명의 비상을 날마다 누리게 해주십시오. 아멘.

15. 버가에서 전하고

사도행전 14장 19-25절

유대인들이 안디옥과 이고니온에서 와서 무리를 충동하니 그들이 돌로 바울을 쳐서 죽은 줄로 알고 시외로 끌어 내치니라 제자들이 둘러섰을 때에 바울이 일어나 그 성에 들어갔다가 이튿날 바나바와 함께 더베로 가서 복음을 그 성에서 전하여 많은 사람을 제자로 삼고 루스드라와 이고니온과 안디옥으로 돌아가서 제자들의 마음을 굳게 하여 이 믿음에 머물러 있으라 권하고 또 우리가 하나님의 나라에 들어가려면 많은 환난을 겪어야 할 것이라 하고 각 교회에서 장로들을 택하여 금식기도하며 그들이 믿는 주께 그들을 위탁하고 비시디아 가운데로 지나서 밤빌리아에 이르러 말씀을 **버가에서 전하고** 앗달리아로 내려가서

사도 바울이 마지막 전도지로 삼았던 곳은 고향 다소를 지척에 둔 더베였습니다. 더베에서 첫 출발지인 수리아 안디옥으로 돌아가기 위해서는 고향 다소를 경유하는 길이 최단 거리 코스였습니다. 그러나 바울은 굳이 그 편한 길을 마다하고 그동안 거쳐 왔던 먼 길을 역행하여, 자신을 죽이려는

사람들이 득실거리는 루스드라와 이고니온 그리고 비시디아 안디옥을 되찾아 갔습니다. 바울이 목숨을 걸고 그 위험하고도 먼 길을 되돌아간 것은, 자신으로부터 복음을 영접한 그리스도인들을 만나 그들의 믿음을 북돋아 주기 위함이었습니다. 바울은 가는 곳마다 교인들 가운데서 장로들을 택하고 함께 금식기도하면서, 그들이 믿는 주님께 그들을 위탁하였습니다. 자신이 택한 장로들로 하여금 기도하며 주님께 자신들을 위탁하는 본과 선봉장이 되게 함으로써, 나머지 교인들도 그들을 본받아 그렇게 살게 하기 위함이었습니다.

자신을 주님께 위탁한다는 것, 내맡긴다는 것은 구체적으로 무슨 의미이겠습니까? '새신자반', '성숙자반', '사명자반'에서 배운 것처럼, 그 첫 번째 의미는 언제 어디서나 하나님의 말씀을 좇아 사는 것입니다.

> 태초에 말씀이 계시니라 이 말씀이 하나님과 함께 계셨으니 이 말씀은 곧 하나님이시니라(요 1:1).

하나님은 말씀이시고, 말씀 가운데 거하십니다. 말씀을 떠나서는 하나님을 알 수도, 하나님과 관계를 맺을 수도 없습니다. 그러므로 언제 어디서나 하나님의 말씀을 좇지 않고서는 하나님께 자신을 위탁하는 길이 있을 수 없습니다. 예수께서도 이렇게 말씀하셨습니다.

> 사람이 나를 사랑하면 내 말을 지키리니 내 아버지께서 그를 사랑하실 것이요 우리가 그에게 가서 거처를 그와 함께하리라 나를 사랑하지 아니하는 자는 내 말을 지키지 아니하나니 너희가 듣는 말은 내 말이 아니요 나를 보내신 아버지의 말씀이니라(요 14:23-24).

예수님께서는 예수님을 사랑한다는 것이 무엇을 뜻하는지 명쾌하게 설명해 주셨습니다. 우리가 예수님을 사랑한다는 것은 감정의 변화나 느낌을 뜻하지 않습니다. 예수님을 사랑한다는 것은, 예수님의 말씀을 좇아 사는 것입니다. 하나님의 말씀이 인간의 육신을 입고 이 땅에 오신 분이 예수님이셨습니다. 그러므로 예수님을 사랑하노라고 말을 하면서도 예수님의 말씀을 좇지는 않는다면, 그는 실제로는 예수님을 사랑하는 사람이 아닙니다.

그렇다면 하나님께서 말씀이시요 그 말씀이 육신을 입고 이 땅에 오신 분이 예수님이시라는 것과, 우리가 그 말씀을 좇아 살아야 한다는 것 사이에는 무슨 함수관계가 있습니까? 말씀이신 하나님께서는 당신의 말씀으로 천지를 창조하신 창조주이시고, 우리는 하나님에 의해 창조된 하나님의 피조물입니다. 그러므로 하나님의 말씀은, 하나님께서 당신의 피조물인 인간에게 주신 인생 사용설명서라고 했습니다. 피조물인 인간은 하나님께서 주신 인생 사용설명서인 하나님의 말씀을 좇아 삶으로 인생을 낭비함이 없이 바르게 구축할 수 있습니다.

주의 말씀은 내 발에 등이요 내 길에 빛이니이다(시 119:105).

인생 사용설명서인 하나님의 말씀을 좇지 않으면, 어떤 인간이든 한 치 앞도 내다볼 수 없는 칠흑 같은 어둠 속에서 단 한 번밖에 없는 자신의 인생을 허망하게 갉아먹을 수밖에 없습니다. 이것이 하나님께서 당신의 말씀을 좇아 살 것을 우리에게 요구하시는 까닭입니다.

많은 그리스도인들이 하나님의 말씀을 좇아 사는 것은 하나님을 위해서라고 착각하고 있습니다. 하나님을 위해 하나님의 말씀대로 살아 드린다는 착각으로 인해, 그리스도인에게 하나님의 말씀을 좇아 산다는 것보다 더 큰 부담은 없습니다. 그러나 하나님의 말씀을 좇아 산다는 것은 하나님을 위해서가 아니라, 우리 자신을 위해서라고 했습니다. 인생 사용설명서인 하나님의 말씀을 좇아 살지 않으면, 결국 물거품처럼 허망한 욕망을 위해 자신의 생명을 갉아먹는 어리석음에서 탈피할 수 없기 때문입니다. 이것을 깨달은 사람에게는 하나님의 말씀이 더 이상 무거운 짐이거나 부담일 수 없습니다.

> 하나님을 사랑하는 것은 이것이니 우리가 그의 계명들을 지키는 것이라 그의 계명들은 무거운 것이 아니로다(요일 5:3).

하나님의 말씀이 자신의 인생을 바르게 세울 수 있는 유일한 인생 사용설명서임을 깨달은 사람에게 하나님의 말씀은 무거운 짐이기는커녕, 자신을 위한 하나님의 가장 크고도 위대한 사랑의 선물이 됩니다. 그래서 그 사람은 자신의 삶을 하나님의 말씀에 위탁하지 않을 수 없습니다.

자신의 삶을 하나님께 위탁한다는 두 번째 의미는, 주어진 상황을 믿음으로 받아들이는 것입니다. 하나님께서는 어느 특정 공간에 머물러 계시는 분이 아닙니다. 하나님께서는 무소부재하신 분입니다. 성경은, 우리가 어디에 있든 하나님께서 항상 우리와 함께하고 계심을 증언하고 있습니다. 그러므로 우리에게 시시각각 주어지는 모든 상황, 우리의 삶 속에서 일어나는 크고 작은 모든 사건이 예외 없이 하나님의 섭리에 의한 것임을 깨달아, 자신의 예상과 빗나간 상황과 사건 속에서도 흔들림 없이 하나님의 사랑과 하나님의 공의를 좇아 그리스도인답게 행동하고 처신하는 것이 하나님께 자신의 삶을 위탁하는 것입니다.

인간의 상황 인식과 판단 그리고 일의 추진 방법이 언제나 하나님과 동일하다면, 인간은 구태여 하나님을 믿을 필요가 없을 것입니다. 하나님께서는 피조물인 인간과는 근본적으로 다른 창조주이십니다. 그러므로 하나님께서 당신의 섭리를 이루시는 과정이나 일을 추진하시는 방법은 언제나 인간의 상상을 초월합니다.

주전 586년 바빌로니아 제국의 예루살렘 침공으로 유다 왕국은 멸망하고 말았습니다. 유대인들이 하나님과 동일시했던 예루살렘성전은 파괴되었으며, 수많은 인명이 살상당하고 모든 재산을 약탈당했을 뿐 아니라, 지배계층에 속해 있던 사람 대부분은 바빌로니아에 포로로 끌려갔습니다. 외국 군대의 말발굽 아래에서 한 나라가 망한다는 것보다 더 큰 비극이 어디에 있겠습니까? 한 민족에게 그보다 더 큰 절망은 또 어디에 있을 수 있겠습니까? 예루살렘은 온통 유대인들의 통곡 소리로 뒤덮였습니다. 그때 예레미야 선지자가 외쳤습니다.

> 사람이 여호와의 구원을 바라고 잠잠히 기다림이 좋도다 사람은 젊었을 때에 멍에를 메는 것이 좋으니 혼자 앉아서 잠잠할 것은 주께서 그것을 그에게 메우셨음이라 그대의 입을 땅의 티끌에 댈지어다 혹시 소망이 있을지로다 자기를 치는 자에게 뺨을 돌려대어 치욕으로 배불릴지어다 이는 주께서 영원하도록 버리지 아니하실 것임이며 그가 비록 근심하게 하시나 그의 풍부한 인자하심에 따라 긍휼히 여기실 것임이라 주께서 인생으로 고생하게 하시며 근심하게 하심은 본심이 아니시로다(애 3:26-33).

나라 잃은 유대인들은 모든 것이 끝났다고 절망 속에서 통곡했습니다. 그러나 예레미야는 바로 그 상황에서 '하나님의 본심'을 믿었습니다. 하나님의 본심은 유대인들을 망하게 하려는 것이 아니라, 망국의 고통을 통해 그들을 바로 세워 주시려는 데 있음을 믿었습니다. 이처럼 예레미야는 하나님의 본심을 믿었기에 나라가 망한 그 절망적인 상황 속에서도 믿음의 자세를 바르게 견지하면서, 하나님을 믿는 사람답게 행동하고 처신할 수 있었습니다. 호세아 선지자도 예레미야 선지자와 동일한 의미의 내용을 증언했습니다.

> 오라 우리가 여호와께로 돌아가자 여호와께서 우리를 찢으셨으나 도로 낫게 하실 것이요 우리를 치셨으나 싸매어 주실 것임이라(호 6:1).

아니, 창조주이신 하나님께서는 당신의 피조물인 연약한 인간을 장난감 삼아 심심풀이로 장난치는 분이십니까? 도로 낫게 하실 것이면 아예 찢으시지를 말고, 싸매어 주실 것이면 치시지를 마셔야지, 왜 찢고 치신 다음에 또 낫게 하시고 싸매어 주시는 것입니까? 하나님께서 찢고 치시는 것은 우리 삶에서 반드시 도려내어야 할 고름투성이의 환부요, 하나님께서 낫게 하고 싸매어 주시는 것은 우리에게 필요한 새 생명을 주시기 위함입니다. 그러므로 하나님의 본심을 믿는 사람은 최선을 다한 뒤에 주어진 결과에 연연하지 않습니다. 자신이 원한 결과를 얻더라도 교만에 빠지지 않고, 정반대의 결과가 주어지더라도 절망하지 않고 더욱 겸손하게 하나님의 사랑과 하나님의 공의의 길을 꿋꿋하게 걸어갑니다. 자신의 계획은 빗나가도, 하나님의 계획은 한 치의 오차도 없이 치밀하게 이루어지고 있음을 믿기 때문입니다.

하나님의 본심을 믿는 사람은 나아가 모든 일이 이루어지는 때를 주관하는 분이 하나님이심을 믿습니다.

> 범사에 기한이 있고 천하만사가 다 때가 있나니 날 때가 있고 죽을 때가 있으며 심을 때가 있고 심은 것을 뽑을 때가 있으며 죽일 때가 있고 치

료할 때가 있으며 헐 때가 있고 세울 때가 있으며 울 때가 있고 웃을 때
가 있으며 슬퍼할 때가 있고 춤출 때가 있으며 돌을 던져 버릴 때가 있
고 돌을 거둘 때가 있으며 안을 때가 있고 안는 일을 멀리할 때가 있으
며 찾을 때가 있고 잃을 때가 있으며 지킬 때가 있고 버릴 때가 있으며
찢을 때가 있고 꿰맬 때가 있으며 잠잠할 때가 있고 말할 때가 있으며 사
랑할 때가 있고 미워할 때가 있으며 전쟁할 때가 있고 평화할 때가 있느
니라(전 3:1-8).

이처럼 언제나 하나님의 본심을 믿으며 천하만사에 하나님께서 정하신 때와 기한이 있음을 믿는 사람이 자신의 삶을 온전히 하나님께 위탁하면서, 어떤 상황 속에서든 하나님의 인생 사용설명서를 좇아 매사에 그리스도인답게 살아갈 수 있습니다. 이런 관점에서 가는 곳마다 장로들을 택하여 함께 금식기도하며 그들이 믿는 주님께 그들을 위탁한 본문의 바울이야말로 누구보다도 먼저, 그리고 누구보다도 온전히 하나님께 자신을 위탁한 그리스도인이었습니다.

수리아 안디옥교회가 지중해 선교를 위해 최초로 파송한 전도팀은 세 명으로 구성되어 있었습니다. 수리아 안디옥교회 담임목사였던 바나바와 그의 동역자였던 바울, 그리고 그 두 사람의 수행원 마가였습니다. 그 세 사람 가운데 담임목사였던 바나바가 전도팀의 우두머리였습니다. 우두머리인 바나바가 선택한 첫 번째 전도지는 그의 고향이기도 한, 지중해의 구브로 섬이었습니다. 그러나 구브로 섬의 동쪽 항구 살라미에서 서쪽 항구인 바보에 이르는 동안 전도팀의 우두머리가 바나바에서 바울로 바뀌었습니다. 교회 목회에는 바나바가 뛰어났지만, 전도 현장에서는 바울의 능력이 더 두드러

졌던 것입니다. 본래 전도팀의 우두머리였던 바나바가, 바울이 자신을 대신하여 우두머리가 된 데 대해 아무 이의도 제기하지 않았다는 것은, 바나바 역시 자신을 하나님께 위탁한 사람이었음을 알게 해줍니다.

구브로 섬에서 전도팀의 새로운 우두머리로 부상한 바울이 야심차게 결정한 그다음 행선지는 밤빌리아의 버가였습니다. 밤빌리아는 오늘날 터키 남쪽 지중해 연안 지역이고, 버가는 그 지역에 있는 로마제국의 주요 도시였습니다. 주전 12세기경 페르시아제국에 의해 세워진 버가는 주전 334년 헬라제국의 알렉산더 대왕에게 정복되었다가, 다시 그 땅을 차지한 로마제국이 대대적으로 확장하면서 도시의 전성시대를 맞았습니다. 2천 년 전 바울이 버가를 찾았을 때가 바로 버가의 최고 전성시대였습니다.

오늘날 버가를 찾아가면 버가의 옛 유적터가 발굴되어 있습니다. 도시 입구에서부터 사람을 압도하는 높이 12미터에 이르는 두 탑의 거대함, 폭 20미터에 길이 300미터로 도시 한가운데를 관통하고 있는 대도로의 위용, 가로 세로 65미터에 달하는 대광장의 웅장함 등이, 2천 년 전 버가가 얼마나 큰 도시였는지를 생생하게 보여 주고 있습니다. 바울이 그동안 거쳐 온 구브로 섬의 살라미나 바보와는 비교할 수 없는 대도시였습니다. 그러므로 구브로 섬에서 배를 타고 버가를 향해 근 이틀 동안 항해하면서, 버가에 도착하는 즉시 그 대도시에서 하나님의 말씀을 전하리라는 야무진 꿈에 젖어 있는 바울의 모습이 눈에 선합니다.

그러나 버가에 당도하자마자 바울의 계획은 모두 어그러지고 말았습니다. 수행원이었던 마가가 전도팀을 무단이탈하여 집으로 되돌아가 버린 것이었습니다. 당시 육상에서 여행 수단은 도보였고, 걸어서 여행하기 위해서는 길에서 끼니를 때우고 노숙하는 일이 잦았으므로 수행원의 도움 없이 걸어서 장거리 여행을 한다는 것은 여간 힘든 일이 아니었습니다. 설상가상으로 바울은 그곳에서 풍토병에 걸리고 말았습니다. 구브로 섬에서 근 이틀 동안 배를 타고 야심차게 찾아간 버가였지만, 그는 그곳에서 단 한 명에게도 복음을 전할 수 없었습니다. 그러나 바울은 조금도 절망하지 않았습니다. 그는 믿음으로 그 상황을 받아들였고, 그 상황을 주신 하나님의 본심을 믿었습니다.

우리에게 주어지는 모든 상황은 우리를 위한 하나님의 교통신호 아닙니까? 하나님께서는 우리에게 주어지는 상황을 통해 때로는 우리를 멈추게도 하시고, 때로는 우리가 계획한 지점을 지나치게도 하시지 않습니까? 바울은 야심차게 찾아간 버가였지만, 그곳에서 수행원이 무단이탈하고 자신이 풍토병에 걸렸다고 해서 모든 것을 포기하고 되돌아가지 않았습니다. 그는 버가에서 다른 곳으로 인도하시는 하나님의 신호등을 본 것입니다. 그는 저지대인 버가에서 걸린 풍토병이 자연 치유될 수 있는 고지대 비시디아 안디옥을 찾아갔습니다. 버가에서 그곳에 이르기 위해서는 반드시 험산준령의 타우루스 산맥을 넘어야 했습니다. 그것은 최소한 7일 이상 산속에서 먹고 자야 하는 험난한 길이었습니다. 풍토병에 걸린 바울에게는 목숨을 걸어야 하는 길이었습니다. 그러나 하나님의 신호등을 본 이상 바울은 개의치 않고 타우루스 산맥을 넘어 비시디아 안디옥으로 갔고, 그 결과 하나님께서 구원하시려는 비시디아 안디옥 사람들이 구원받을 수 있었습니다. 버가에 도착한 바울이 풍토병에 걸리지 않아 구태여 타우루스 산맥을 넘으리라 생각할 필요도 없이, 자신의 의지를 좇아 버가와 인근 지중해 연안 지역에서만 복음을 전했다면, 비시디아 안디옥에서 당신의 택하신 백성을 구원하시려는 하나님의 섭리는 바울을 통해서는 이루어지지 않았을 것입니다. 따라서 바울이 버가에 도착하자마자 풍토병에 걸린 것은 하나님의 오묘하신 섭리였고, 바울의 위대함은 그 절망적인 상황 속에서도 하나님의 본심을 의심 없이 믿는 믿음을 지니고 있었다는 것입니다.

애써 찾아간 비시디아 안디옥에서 바울을 시기한 유대인들의 선동과 박해로 쫓겨났을 때에도 바울은 그 누구도 원망하지 않았습니다. 그것은 자신을 또 다른 곳으로 이끄시는 하나님의 신호등이었기 때문입니다. 바울은 하나님의 신호등을 따라 이고니온으로 가서 하나님의 말씀을 전했고, 그곳에서도 유대인들이 죽이려 하자 또다시 하나님의 인도하심 속에서 루스드라를 찾아갔습니다. 그곳에서는 비시디아 안디옥과 이고니온에서 원정 온 유대인들로부터 죽음의 돌세례를 받았지만 그때도 바울은 하나님을 원망하기는커녕 도리어, 하나님의 진리는 아무리 짓밟아도 결코 짓밟히지 않음을 피투성이가 된 자신의 온몸으로 루스드라 사람들에게 보여 주었습니다. 죽음의 돌세례 속에서도 하나님의 본심을 굳게 믿은 것입니다.

그리고 계속 하나님의 신호등을 따라 고향이 지척인 더베까지 갔지만, 그는 그리운 고향을 찾지 않았습니다. 지금은 고향에서 자기 일신의 안일을 꾀할 때가 아니라, 왔던 길로 되돌아가 복음을 갓 영접한 그리스도인들의 믿음을 북돋아 줄 때임을 알았기 때문입니다. 그 하나님의 때에 순종하여 루스드라와 이고니온과 비시디아 안디옥으로 되돌아간 바울은, 가는 곳마다 장로들을 택하여 함께 금식기도하며 그들이 믿는 주님께 그들을 위탁했습니다. 그리고 그 이후에 있었던 일을 본문 24-25절 상반절이 밝혀 주고 있습니다.

비시디아 가운데로 지나서 밤빌리아에 이르러 말씀을 버가에서 전하고.

바울은 비시디아 안디옥에서 밤빌리아의 첫 기착지였던 버가로 되돌아왔습니다. 그가 버가에서 풍토병에 걸려 버가를 떠난 지 최소한 1년여 이상 경과한 때였습니다. 비시디아 안디옥에서 버가로 되돌아오기 위해서는 또다시 험산준령의 타우루스 산맥을 넘으면서, 아무리 짧아도 7일 이상 그 산속에서 먹고 자야만 했습니다. 그 고된 길을 강행군하여 버가로 되돌아온 바울은 곧장 수리아의 안디옥으로 되돌아가 휴식을 취하지 않았습니다. 그는 버가에 도착하자마자 버가에서 하나님의 말씀을 전했습니다. 1년여 전과는 달리 버가를 되찾은 지금은, 그곳에 머물면서 하나님의 말씀을 전할 때임을 알았던 것입니다.

바울의 일생이 눈부시도록 아름답고도 감동적인 것은 이상 살펴본 것처럼 그가 어떤 상황 속에서든 하나님의 본심을 믿고, 믿음의 눈으로 하나님의 신호등을 보면서 하나님의 때에 자신을 온전히 맡긴 결과였습니다.

다음은 이사야 선지자의 증언입니다.

> 그러나 여호와여, 이제 주는 우리 아버지시니이다 우리는 진흙이요 주는 토기장이시니 우리는 다 주의 손으로 지으신 것이니이다(사 64:8).

우리는 진흙이요, 하나님께서는 우리를 빚으신 토기장이심을 믿으십니까? 우리를 빚으신 하나님께서는 천지를 창조한 전능하신 하나님이심을 믿으십니까? 그 하나님께서 언제 어디서나 우리와 함께하고 계심을 믿으십니까? 그렇다면 설령 자신의 계획이 무산되고 실패의 쓴잔을 마시더라도, 하나님의 본심을 믿으십시다. 하나님께서 때로 찢으시는 것은 그 자체가 목적이어서가 아니라, 그 찢어짐을 통해 우리를 다시 낮게 하시고 새롭게 세워주시기 위함임을 믿으십시다. 어떤 상황 속에서든, 그분이 주신 인생 사용설명서를 좇아 하나님의 사랑과 하나님의 공의를 행하십시다. 주어진 일에 최선을 다하되, 매사의 때를 하나님께 맡기십시다. 믿음의 눈으로 하나님의 신호등을 보면서, 자신의 삶을 온전히 하나님께 위탁하십시다. 그보다 더, 자신을 영화롭게 하는 길은 없습니다. 사도 바울의 삶을 통해 확인할 수 있는 것처럼 하나님께 자신을 위탁하는 것은, 유한한 인간이 시간과 공간을 초월하여 하나님의 영원에 접속하는 유일한 길이기 때문입니다.

바울은 자신의 계획이 무산되는 절망적인 상황 속에서도 하나님을 원망하지 않았습니다. 그는 하나님의 본심을 믿었고, 주어진 모든 상황 속에서 자신을 인도하시는 하나님의 신호등을 믿음의 눈으로 보았습니다. 그는 하나님께서 멈추라시는 곳에서 멈추었고, 가라시는 곳으로 향했습니다. 그래서 애써 찾아간 버가를 그냥 지나쳤고, 1년 후 다시 찾아갔을 때에는 그곳에서 멈추어 하나님의 말씀을 전했습니다. 그는 매사의 때를 단 한 번도 자신이 결정한 적이 없었습니다. 철저하게 하나님의 때에 순종하면서, 어떤 상황 속에서든 하나님의 인생 사용설명서를 따라 하나님의 사랑과 하나님의 공의를 행했습니다. 이처럼 자신의 삶을 철저하게 하나님께 위탁했기에 그가 가는 곳마다 그를 통해 하나님의 신비스러운 섭리가 이루어졌고, 그 결과 그는 인류의 역사를 새롭게 한 영원한 사도가 되었습니다. 이 시간 그와 같은 바울의 모습 앞에서 우리 자신을 성찰할 수 있는 기회를 주셔서 감사드립니다.

나는 그동안 내가 바라고 원하는 것만 하나님의 뜻이라고 단정했습니다. 하나님을 믿는다면서도 하나님께서 주신 인생 사용설명서는 대수롭지 않게 여겼습니다. 매사의 때를 나 자신이 결정했습니다. 하나님의 본심을 믿은 적도, 생각해 본 적도 없었습니다. 이러고서도 스스로 하나님을 믿는다고 착각해 온 나의 어리석음을 용서해 주십시오. 이제부터 나를 빛으시고, 예수 그리스도 안에서 나를 자녀 삼아 주신 하나님의 본심을 믿는, 참믿음의 사람이 되게 해주십시오. 최선을 다한 뒤에 어떤 결과가 주어지든, 그 상황 속에서 하나님의 인생 사용설명서를 더욱 겸손하게 좇게 해주십시오. 하나님의 신호등을 따라 매사의 때를 하나님께 맡기면서, 하나님의 사랑과 하나님의 공의를 온전히 행하게 해주십시오. 그리하여 나의 삶이 이 시대의 역사 속에 하나님의 섭리를 이루는, 하나님의 영원한 통로로 쓰임 받게 해주십시오. 아멘.

16. 하나님이 함께 행하신 감사 주일

사도행전 14장 19-28절

유대인들이 안디옥과 이고니온에서 와서 무리를 충동하니 그들이 돌로 바울을 쳐서 죽은 줄로 알고 시외로 끌어 내치니라 제자들이 둘러섰을 때에 바울이 일어나 그 성에 들어갔다가 이튿날 바나바와 함께 더베로 가서 복음을 그 성에서 전하여 많은 사람을 제자로 삼고 루스드라와 이고니온과 안디옥으로 돌아가서 제자들의 마음을 굳게 하여 이 믿음에 머물러 있으라 권하고 또 우리가 하나님의 나라에 들어가려면 많은 환난을 겪어야 할 것이라 하고 각 교회에서 장로들을 택하여 금식기도하며 그들이 믿는 주께 그들을 위탁하고 비시디아 가운데로 지나서 밤빌리아에 이르러 말씀을 버가에서 전하고 앗달리아로 내려가서 거기서 배 타고 안디옥에 이르니 이곳은 두 사도가 이룬 그 일을 위하여 전에 하나님의 은혜에 부탁하던 곳이라 그들이 이르러 교회를 모아 **하나님이 함께 행하신** 모든 일과 이방인들에게 믿음의 문을 여신 것을 보고하고 제자들과 함께 오래 있으니라

20세기 독일을 대표하는 신학자 가운데 한 사람이었던 헬무트 틸리케는

나치 치하에서 히틀러의 나치 정권을 비판하다가 교수직과 설교권을 박탈당했습니다. 2차 세계대전이 막바지로 치닫던 1944년부터 그는 독일 슈투트가르트에서 그곳의 교인들에게 주일마다 '주님의기도'를 설교하기 시작했습니다. 설교를 시작할 때만 해도 슈투트가르트는 전쟁의 피해를 입기 전이었고, 그곳 사람들의 삶은 활기를 띠고 있었습니다. 그러나 얼마 지나지 않아 연합군의 공습이 시작되었고, 1945년 초 헬무트 틸리케가 '주님의기도'에 대한 설교를 마쳤을 때에는, 연합군의 공습으로 슈투트가르트는 온통 폐허로 변해 있었습니다. 그 와중에도 그의 설교 원고는 스위스로 밀반출되어 《세계를 부둥켜안은 기도 Das Gebet, das die Welt umspannt》라는 책으로 출판되었습니다. 그 책은 국적을 불문하고 2차 세계대전에 참전한 병사들과 포로들, 그리고 전쟁의 피해자인 유럽인들의 영혼을 사로잡았습니다. 많은 사람들이 절망과 죽음의 전쟁 속에서 그 책을 통해 신앙을 되찾고 하나님의 위로와 소망을 다시 얻게 된 것입니다.

히틀러 나치 정권의 공포정치, 시도 때도 없이 계속되는 연합군의 공습, 살던 집과 일터가 하루아침에 잿더미로 무너지고 사랑하는 가족이 죽어 가는 전쟁의 참화 속에서 대체 무엇을 믿을 수 있으며, 또 무엇을 설교할 수 있겠습니까? 그러나 헬무트 틸리케는 그 절망적인 상황 속에서도 하나님에 대한 변함없는 믿음과 소망, 그리고 감사와 찬송을 설교하였습니다. 우리가 잘 알고 있는 것처럼 '주님의기도'의 결어는 이렇게 끝납니다.

나라와 권세와 영광이 아버지께 영원히 있사옵나이다. 아멘.

헬무트 틸리케는 이 마지막 결어에 대해 설교하면서도, 하나님을 찬송할 것을 거듭 강조하였습니다. 찬송은, 찬송하라고 해서 절로 되는 것이 아닙니다. 찬송은 '감사'와 불가분의 관계에 있습니다. 감사할 일이 있으면 찬송은 절로 수반되기 마련입니다. 바꾸어 말하면, 감사일 일이 없으면 찬송은 불가능합니다. 전쟁 통에 온 도시가 잿더미로 변하고 사랑하는 가족을 잃은 판에 무슨 감사가 있을 수 있으며, 어떻게 찬송이 가능할 수 있겠습니까? 그러나 헬무트 틸리케는 다음과 같이 설교했습니다.

> 하나님을 찬송한다는 것은 만물을, 그것이 도달할 궁극의 목표로부터 내다보는 것을 의미한다.

만물이 도달할 궁극적 목표는 두말할 것도 없이 하나님이십니다. 그러므로 헬무트 틸리케가 한 말의 의미는 만물이 도달할 궁극적 목표이신 하나님, 다시 말해 모든 일의 결과이신 하나님, 모든 인생의 종착점이신 하나님의 관점에서 내다보면, 모든 것이 감사의 조건이기에 하나님을 찬송하지 않을 수 없다는 것입니다. 이것은 하나님을 믿는 우리에게 대단히 중요한 사실을 일깨워 주고 있습니다. 우리가 살아오면서 크게 기뻐하고 감사했던 일이, 도리어 비극과 불행의 시발점이 되었던 일이 얼마나 많았습니까? 반면에 울 기력도 없이 절망적이기만 했던 고통이, 지나고 보면 행복의 전주곡이었던 적은 또 얼마나 잦았습니까? 이처럼 감사에 대한 우리의 판단이 실제와 부합하지 않는 것은, 감사의 조건에 대한 판단 기준이 전적으로 우리 자신의 관점에 기인하고 있기 때문입니다.

우리가 하나님을 믿는다면서도 자신의 관점으로만 감사의 조건을 따질 경우, 우리의 감사의 조건은 하나님을 믿지 않는 사람의 감사 조건과 결코 구별될 수 없습니다. 그 경우에 우리는 어쩔 수 없이 믿지 않는 사람들처럼 소위 세상에서 출세하고 성공하면 그것이 내일 어떤 화근으로 되돌아올지 생각해 볼 겨를도 없이 기뻐하면서 감사하고, 반대로 실패하면 그것이 예수 그리스도 안에서 전화위복으로 이어질 것임을 믿을 여유도 없이 절망하는, 불신앙의 사람으로 살아갈 수밖에 없습니다. 그런 믿음으로는, 연이은 공습으로 삶의 터전이 잿더미로 변하고 사랑하는 가족들을 까닭 없이 잃어야 하는 전쟁의 참화 속에서도 하나님을 찬송한 헬무트 틸리케처럼 참된 그리스도인으로 살아간다는 것은 애당초 불가능합니다.

그러나 만물이 도달할 궁극적 목표이신 하나님, 모든 일의 결과이신 하나님, 모든 인생의 종착점이신 하나님의 관점에서 자신의 삶을 내다보면, 우리는 우리에게 주어진 모든 정황이 감사의 조건임을 고백하면서 하나님을 찬송하지 않을 수 없습니다. 이것이 오늘 감사 주일을 맞아 하나님께서 본문을 통해 우리에게 주시는 메시지입니다.

사도 바울이 마지막 전도지로 삼았던 곳은 고향 다소가 지척인 더베였습니다. 더베에서 첫 출발지인 수리아의 안디옥으로 돌아가는 데엔 고향 다소를 경유하는 것이 최단 거리 코스였습니다. 그러나 바울은 그 편안한 고향 길을 마다하고 왔던 길을 역행하여, 자신을 죽이려는 사람들이 득실거리는 루스드라와 이고니온 그리고 비시디아 안디옥을 되찾았습니다. 바울이 그 위험하고도 먼 길을 목숨을 걸고 되돌아간 것은, 자신으로부터 복음을 영접한 그리스도인들을 만나 그들의 믿음을 북돋아 주기 위함이었습니다. 바울은 가는 곳마다 교인들 가운데서 장로들을 택하여 그들과 함께 금식기도 하면서, 그들이 믿는 하나님께 그들을 위탁하였습니다. 그가 택한 장로들로 하여금 기도하며 자신을 주님께 위탁하는 본과 선봉장이 되게 함으로써, 나머지 교인들도 그들을 본받아 그렇게 살게 하기 위함이었습니다. 그리고 바울은 타우루스 산맥을 다시 넘어 버가로 되돌아갔습니다. 버가는 본문의 시점에서 최소한 1년여 전에 바울이 찾아간 곳이었지만, 그곳에 도착하자마자 바울이 풍토병에 걸린 탓에 어쩔 수 없이 그냥 지나쳐야만 했던 곳이었습니다. 그러나 버가를 다시 찾은 바울은, 이번에는 어김없이 그곳 사람들에게 하나님의 말씀을 전했습니다. 그리고 본문 25-26절 상반절이 그 이후의 일을 밝혀 주고 있습니다.

> 말씀을 버가에서 전하고 앗달리아로 내려가서 거기서 배 타고 안디옥에 이르니.

버가에서 하나님의 말씀을 전한 바울은 앗달리아로 내려갔습니다. 오늘날 안탈리아로 불리는 앗달리아는 버가에서 10여 킬로미터 떨어진 버가의 외항입니다. 사도행전 13장 13절은, 바울이 처음 버가를 찾았을 때 구브로 섬에서 배를 타고 버가에 도착하였음을 밝혀 주고 있습니다. 당시 세스트루스 강이 지중해의 앗달리아와 버가를 연결하고 있었으므로 바울은 배를 이용하여 버가에 도착했던 것입니다. 그러나 전도 여행을 모두 마친 바울은 버가에서 배를 타지 않고, 앗달리아까지 걸어가 그곳에서 수리아 안디옥으로 향하는 배를 탔습니다. 마침 그때 버가에서 출발하는 배가 없었기 때문인지, 아니면 전도 여행을 끝낸 바울이 길을 걸으며 뭔가 머릿속으로 정리하기 위함이었는지는 알 수 없으나, 여하튼 바울은 버가에 도착할 때와는 달리 버가가 아닌 앗달리아에서 배를 타고 첫 출발지인 수리아 안디옥으로 되돌아갔습니다.

바울의 연대기를 계산하면 주후 45년 봄, 지중해 세계에 복음을 전하기 위해 수리아 안디옥을 출발했던 바울이 본문에서 수리아 안디옥으로 되돌아가기까지는 최소한 1년 이상에서 최대 2년이 소요된 것으로 추정되고 있습니다. 우리가 바울과 바나바의 전도 여행을 증언하고 있는 사도행전 13-14장을 살펴보기 시작한 것은 2009년 10월 셋째 주였고, 오늘은 2010년 11월 셋째 주입니다. 그러므로 우리 역시 지난 1년 1개월 동안 매 주일 바울의 그 전도 여행에 동참해 온 셈이 됩니다. 그런데 본문 26절은 바울과 바나바를 파송했던 수리아 안디옥교회에 대하여 다음과 같이 증언하고 있습니다.

거기서 배 타고 안디옥에 이르니 이곳은 두 사도가 이룬 그 일을 위하여 전에 하나님의 은혜에 부탁하던 곳이라.

'두 사도가 이룬 그 일'은 전도 여행 기간 중에 두 사도를 통해 이루어진 일들을 의미합니다. 그리고 '전에 하나님의 은혜에 부탁했다'는 것은, 안디옥교회가 바울과 바나바를 파송할 때 그들을 하나님의 은혜에 부탁했다는 말입니다. 우리말 '부탁하다'로 번역된 헬라어 동사 '파라디도미$\pi\alpha\rho\alpha\delta\iota\delta\omega\mu\iota$' 역시 '위탁하다'라는 의미입니다. 안디옥교회는 바울과 바나바를 지중해 세계 전도를 위한 최초의 전도자로 파송하면서 매달 선교비를 얼마로 책정할 것인가, 어떤 선교 전략을 짤 것인가에 골몰하지 않았습니다. 안디옥교회는 두 사도를 파송하면서 그들을 하나님께 위탁하였습니다. 그들을 하나님께 위탁하는 한, 하나님께서 그들을 통해 당신의 섭리를 그 시대의 역사 속에 친히 이루실 것을 확신한 것이었습니다. 이것이, 본문이 전도 여행 중에 바울과 바나바를 통해 이루어진 일이 하나님의 은혜의 결과임을 분명히 하고 있는 이유입니다.

안디옥교회가 세계의 역사를 새롭게 하는 전초기지가 될 수 있었던 것은 그 교회가 대형 교회였거나, 그 교회를 이루고 있는 교인들이 모두 세상적으로 출세한 사람들이었기 때문이 아닙니다. 그 교인들이 먼저 자신을 하나님의 은혜에 위탁하고, 또 다른 사람을 하나님의 은혜에 위탁게 해주는 진정한 그리스도인이었기 때문입니다. 바로 그 교회 출신인 바울이 가는 곳마다 장로들을 택하여 그들로 하여금 하나님께 자신을 위탁하는 본과 선봉장이 되게 한 것은 너무나도 당연한 일이었습니다. 인간이 자신을 하나님께 위탁하기 전까지는, 그 어떤 인간도 하나님의 통로로 쓰임 받을 수는 없기 때문입니다.

수리아 안디옥으로 되돌아간 바울이 무엇을 했는지는 본문 27절이 전해 줍니다.

> 그들이 이르러 교회를 모아 하나님이 함께 행하신 모든 일과 이방인들에게 믿음의 문을 여신 것을 보고하고.

수리아 안디옥에 도착하는 즉시 바울과 바나바는 교회를 모았습니다. 교인들을 모아 특별 집회를 가졌다는 말입니다. 그 집회는, 전도 여행 중에 하나님께서 그들과 함께 행하신 모든 일과 또 하나님께서 이방인들에게도 믿음의 문을 여신 것을 교인들에게 보고하는, 이를테면 전도 보고 집회였습니다. 우리말 '보고하다'로 번역된 헬라어 동사 '아낭겔로ἀναγγέλλω'가 원문에는 미완료형으로 기록되어 있습니다. 그저 형식적으로 간략하게 보고한 것이 아니라 아주 세밀하게, 장시간에 걸쳐 몇 번이고 되풀이하여 상세하게 보고했다는 말입니다.

최소한 1년여 이상에서 최대 2년까지 소요된 그 전도 여행 중에 무슨 일이 있었는지, 우리는 이미 잘 알고 있습니다. 첫 번째 전도지는 구브로 섬이었습니다. 그러나 그 첫 번째 전도지에서 전도팀의 우두머리가 바나바에서 바울로 바뀌었습니다. 당사자들인 바울과 바나바에게는 누가 우두머리냐가 문제가 되지 않았다 해도, 그것은 바나바의 사촌 동생이었던 수행원 마가에게는 수용하기 힘든 일이었습니다. 청년 마가는 새로운 우두머리가 된 바울과의 사이에서 심한 갈등을 겪었음이 분명합니다. 그래서 그는 새로운 우두머리인 바울이 첫 행선지로 지정한 버가에 도착하자마자 전도팀을 무단이탈하여 집으로 되돌아가 버리고 말았습니다. 수행원 없이 바울과 바나바, 두 사람만 남게 된 것이었습니다. 2천 년 전 육상에서의 여행 수단은 도보였고, 걸어서 여행하기 위해서는 길에서 끼니를 때우고 밤에는 노숙해야 했으므로, 수행원의 도움 없이 걸어서 장거리를 여행한다는 것은 여간 힘든 일이 아니었습니다. 설상가상으로 바울은 야심만만하게 찾아간 버가에서 풍토병에 걸리고 말았습니다. 바울은 어쩔 수 없이 버가를 그냥 지나쳐, 저지대 버가와는 정반대의 자연조건인 고지대 비시디아 안디옥을 찾아갔습니다.

저지대 버가에서 고지대 비시디아 안디옥으로 가기 위해서는 험산준령의 타우루스 산맥을 넘어야만 했습니다. 그것은 아무리 짧게 잡아도 7일 이상 산속에서 먹고 자야 하는 멀고도 고된 길이었습니다. 그러나 풍토병에 걸린 바울은 목숨을 걸고 타우루스 산맥을 넘어 비시디아 안디옥을 찾아갔지만, 불과 일주일 만에 자신을 시기하는 유대인들의 모함과 박해에 시달려야만 했습니다. 그리고 끝내 유대인들에게 선동당한 귀부인들과 유력자들에 의해 바울은 비시디아 안디옥에서 쫓겨나고 말았습니다. 이고니온을 찾아갔지만 그곳의 유대인들도 바울을 돌로 쳐 죽이려 해, 바울은 또다시 루스드라를 찾아갔습니다. 하지만 비시디아 안디옥과 이고니온으로부터 와서 루스드라를 덮친 유대인들로부터 죽음의 돌세례를 당해야만 했습니다. 바울을 돌로 친 유대인들은 바울이 죽었다고 단정하고, 바울의 시체를 끌어다가 성 밖에 내다 버리기까지 했습니다.

그 이후 고향이 지척인 더베까지 찾아갔지만 그는 고향 길을 등친 채, 자신을 죽이려는 사람들이 득실거리는 루스드라와 이고니온 그리고 비시디아 안디옥을 되찾아 복음을 갓 영접한 그리스도인들을 하나님께 위탁했습니다. 그 이후 다시 험산준령의 타우루스 산맥을 넘어 예전에 지나쳤던 버가에서 복음을 전한 뒤 앗달리아에서 배를 타고 수리아 안디옥으로 되돌아왔습니다. 한마디로 그 여행은 다시는 되풀이해서는 안 될 극심한 고난과 고통과 고행의 연속이었습니다. 모르면 모르되, 알고서는 결코 되풀이할 수 없는 악전고투의 여정이었습니다. 분명히 그랬습니다. 인간적인 관점에서 보면 그 전도 여행은 반드시 피해야만 할 끔찍한 여행이었습니다.

그러나 바울은 안디옥교회 교인들에게 그 전도 여행을 자기 관점에서 보고하지 않았습니다. 바울은 교인들에게, 그 전도 여행 중에 하나님께서 자신과 함께 행하신 모든 일을 보고하였습니다. 그것이 무슨 의미이겠습니까? 바울은 지금 만물이 도달할 궁극적 목표이신 하나님, 모든 일의 결과가 되시는 하나님, 모든 인생의 종착점 되시는 하나님의 관점에서 자신의 전도 여행을 내다보고 있는 것입니다. 자신의 관점에서 보면 그것은 다시는 되풀이해서는 안 될 끔찍한 여행이었지만, 자신이 자신을 위탁한 하나님의 관점에서 내다보면, 그 전도 여행은 신묘막측한 하나님의 섭리로 점철된 기적의 여행이었습니다. 한때 교회를 짓밟는 폭도였던 형편없는 자신을 통해 구브로 섬에서, 비시디아 안디옥에서, 이고니온에서, 루스드라에서, 더베에서, 버가에서, 하나님께서 만세 전부터 당신의 자녀로 택정하신 수없이 많은 이방인들이 구원의 은총을 입었습니다. 루스드라에서는 선천성 하반신마비자가 일어나기도 했습니다. 그 모든 일들은 바울 개인의 의지나 노력으로 이루어질 수 있는 일들이 결코 아니었습니다. 그것은 모두 자신을 당신의 통로로 사용하신 하나님께서 친히 행하신 일들이었습니다.

막상 전도 여행을 하고 있을 때보다, 전도 여행을 끝마치고 하나님의 관점으로 지난 여정을 내다보면서 바울은 자신을 통해 역사하신 하나님의 은혜를 더 선명하고 더 뚜렷하게 확인했을 것입니다. 그 하나님의 은혜를 생각하면 자신이 겪은 육체적 고난과 고통은 아무것도 아니었습니다. 아니, 그 모든 것이 감사와 찬송의 조건일 수밖에 없었습니다. 언젠가 썩어 문드러질 수밖에 없는 자신의 육체가 하나님의 신묘막측한 섭리를 이루는 신비로운 도구로 쓰임 받았다는 것보다 더 큰 감사와 찬송의 조건이 어디에 있겠습니까? 그래서 그는 안디옥교회 교인들에게 하나님께서 자신과 함께 행하신 모든 일을 아주 세밀하게, 장시간에 걸쳐 몇 번이고 되풀이하여 상세하게 보고하였습니다. 그 보고를 하는 내내 하나님께 감사하며 하나님을 찬송하는 바울의 모습을 우리는 본문 속에서 생생하게 접할 수 있습니다.

하나님에 대한 참된 감사와 찬송은 이처럼 만물이 도달할 궁극적 목표이신 하나님, 모든 일의 결과가 되시는 하나님, 모든 인생의 종착점 되시는 하나님의 관점으로 내다볼 때에만 가능합니다. 이것은 지나간 과거의 일에 국한된 이야기가 아닙니다. 현재의 상황 역시 마찬가지입니다. 현재의 상황이 아무리 절망적일지라도 만물이 도달할 궁극적 목표이신 하나님, 모든 일의 결과가 되시는 하나님, 모든 인생의 종착점 되시는 하나님의 관점으로 자신을 내다보면 하나님께서 보잘것없는 자신과 함께해 주고 계시다는 것을 확인하는 것만으로도, 하나님께서 하찮은 자신의 삶 속에서 당신의 섭리를 이루고 계시다는 것을 자각하는 것만으로도, 그러므로 모든 것이 협력하여 반드시 하나님의 선으로 귀결될 것임을 믿는 것만으로도, 범사에 감사하며 하나님을 찬송하지 않을 수 없게 됩니다. 이 사실을 깨달으면, 그제야 하박국 선지자의 그 유명한 고백의 진의를 비로소 바르게 파악할 수 있습니다.

> 비록 무화과나무가 무성하지 못하며 포도나무에 열매가 없으며 감람나무에 소출이 없으며 밭에 먹을 것이 없으며 우리에 양이 없으며 외양간에 소가 없을지라도 나는 여호와로 말미암아 즐거워하며 나의 구원의 하나님으로 말미암아 기뻐하리로다(합 3:17-18).

내 계획이 수포로 돌아갔고, 내 곳간에 남은 것이 없으며, 내 주머니가 텅 비었는데, 대체 어떻게 이런 고백이 가능할 수 있겠습니까? 자신의 관점으로 자기 상황을 바라보는 한 이 고백은 머리와 입술만의 형식적 고백은 될 수 있을지언정, 결코 온 중심을 다한 마음의 고백이 될 수는 없습니다. 이 고백은 하나님의 관점에서 내다볼 때에만 참된 고백으로 가능할 수 있습니다. 하나님의 관점에서 내다보면 나의 계획이 무산되었기에 도리어 하나님의 섭리가 오묘하게 이루어지고 있음이 보이고, 나의 곳간이 비었기에 지금이야말로 하나님께 나 자신을 온전히 위탁할 은혜의 때임이 보이고, 내 주머니가 빈 주머니이기에 그 결과는 반드시 모든 것이 협력하여 하나님의 선으로 귀결될 것임이 분명하게 보이기 때문입니다.

  하나님께서는 만물이 도달할 궁극적 목표시요, 모든 일의 결과시요, 모든 인생의 종착점 되심을 진정으로 믿으십니까? 그 하나님께서 우리의 아버지 되심을 믿으십니까? 그렇다면 우리 모두 하나님 아버지의 관점으로 우리의 상황을 내다보며 살아가십시다. 그때부터 하박국의 그 위대한 고백이 우리 자신의 고백이 될 것이요, 우리는 이 시대를 위한 바울과 헬무트 틸리케로 쓰임 받을 것이요, 우리의 1년 열두 달 365일이 날마다 감사 주일이요 찬송 주일이 될 것입니다.

예수님께서 십자가를 당신 자신의 관점으로 보셨을 때, 그것은 마땅히 피해야 할 독배였습니다. 그러나 똑같은 십자가를 하나님의 관점으로 보셨을 때, 그것은 감사함으로 마셔야 할 생명의 잔이었습니다. 그래서 예수님께서는 "아버지, 내 영혼을 아버지 손에 부탁하나이다"라는 마지막 말씀과 함께, 십자가의 죽음을 기꺼이 받으셨습니다. 당신이 지신 십자가가 도달할 궁극적 목표시요, 십자가의 결과 되시며, 당신 자신의 종착점이신 하나님 아버지께서 십자가의 죽음을 영원한 부활의 관문으로 삼고 계심을 믿음의 눈으로 보셨기 때문입니다. 그리고 당신이 믿고 보셨던 대로, 예수님께서는 십자가의 죽음을 통해 만민을 구원하시는 영원한 생명의 구주가 되셨습니다.

우리 모두 그분을 믿고 좇는 그분의 제자들임을 잊지 말게 해주십시오. 나의 관점으로만 세상과 나 자신을 바라봄으로써 세상 사람들과 감사의 조건이 전혀 다르지 않은, 그래서 항상 눈에 보이는 것만으로 일희일비 하는, 우리의 믿음 없는 삶에 마침표를 찍게 해주십시오. 만물이 도달할 궁극적 목표시요, 모든 일의 결과 되시며, 우리 인생의 종착점이 되시는 하나님 아버지의 관점으로 매사를 내다보게 해주십시오. 나의 계획이 무산됨으로 인해 도리어 하나님의 오묘하신 섭리가 이루어짐을 기뻐하며, 나의 곳간이 비었기에 오히려 나의 영혼을 하나님께 온전히 위탁할 수 있음을 감사하며, 나의 주머니가 빈 주머니이기에 모든 것을 합력하여 선을 이루시는 하나님을 더욱 찬송하는, 이 시대의 하박국과 바울이 되게 해주십시오. 그리하여 1년에 단 하루만 감사 주일로 지내는 것이 아니라, 1년 열두 달 365일이 날마다 감사 주일이요 찬송 주일이 되게 해주십시오. 아멘.

17. 함께 오래 있으니라 대림절 첫째 주일

사도행전 14장 19-28절

유대인들이 안디옥과 이고니온에서 와서 무리를 충동하니 그들이 돌로 바울을 쳐서 죽은 줄로 알고 시외로 끌어 내치니라 제자들이 둘러섰을 때에 바울이 일어나 그 성에 들어갔다가 이튿날 바나바와 함께 더베로 가서 복음을 그 성에서 전하여 많은 사람을 제자로 삼고 루스드라와 이고니온과 안디옥으로 돌아가서 제자들의 마음을 굳게 하여 이 믿음에 머물러 있으라 권하고 또 우리가 하나님의 나라에 들어가려면 많은 환난을 겪어야 할 것이라 하고 각 교회에서 장로들을 택하여 금식기도하며 그들이 믿는 주께 그들을 위탁하고 비시디아 가운데로 지나서 밤빌리아에 이르러 말씀을 버가에서 전하고 앗달리아로 내려가서 거기서 배 타고 안디옥에 이르니 이곳은 두 사도가 이룬 그 일을 위하여 전에 하나님의 은혜에 부탁하던 곳이라 그들이 이르러 교회를 모아 하나님이 함께 행하신 모든 일과 이방인들에게 믿음의 문을 여신 것을 보고하고 제자들과 **함께 오래 있으니라**

북한의 공식 국호는 '조선민주주의인민공화국'입니다. 인민이 주인이요, 인민을 위한 공화국이란 의미입니다. 그리고 북한이 금과옥조로 삼고 있는 정치사상은 주체사상主體思想입니다. 통일부 자료실에 의하면, 1977년 북한 금성청년 출판사가 발간한 《혁명적 세계관과 청년》이란 제목의 책은 주체사상을 다음과 같이 정의하고 있습니다.

> 사람에게 있어 자주성은 생명이다. 사람이 사회적으로 자주성을 잃어버리면 사람이라 할 수 없으며, 동물과 다름없다. 주체사상은 사람이 모든 것의 주인이며, 모든 것을 결정한다는 철학적 원리에 기초하고 있다. 인민대중은 역사의 추동력다.

한마디로 주체사상은 인민대중이 모든 것의 주인이며, 모든 것을 결정할 권리를 지니고 있다는 것입니다. 그러나 북한의 김정일 국방위원장은 자신의 20대 아들 김정은을 후계자로 지명, 전대미문의 권력 3대 세습을 강행하였습니다(2011년 12월 김정일의 사망으로 김정은에게 권력이 승계됨). 그로써 북한은, 민주주의인민공화국이라든가 주체사상은 단지 허울일 뿐이요, 이 시대와는 완전 동떨어진 전근대적인 봉건 세습 왕조임이 다시 한 번 입증되었습니다. 빈곤과 기아에 굶주리는 인민대중은 주인이기는커녕 사람 대접조차 받지 못하고 있는 것이 오늘날 북한의 현실입니다.

공산주의 국가 독재자들의 권력 철학은, "권력은 총구에서 나온다"는 것입니다. 그래서 소련의 스탈린도, 중국의 마오쩌둥도, 총부리를 앞세워 반대파를 무자비하게 숙청하는 철권통치를 펼쳤습니다. 북한도 예외가 아닙니다. 북한이 주장하는 선군정치先軍政治 역시 권력은 총구에서 나온다는 믿음에 기인하고 있습니다. 보도에 의하면 지금 북한에서는 김정은 체제를 굳히기 위한 숙청이 이미 시작되었다고 합니다. 1945년 광복과 동시에 김일

성 전 주석이 북한 군대를 장악한 이래, 그동안 김정일·김정은 부자에 이르기까지 숙청당하거나 희생된 사람이 얼마나 많을지는 아무도 짐작조차 못할 정도입니다.

어린 아들을 후계자로 내세운 북한의 김정일 국방위원장은, 권력은 총구에서 나온다는 것을 아들에게 실습이라도 시키려는 듯 지난 23일 연평도에 민간거주지역까지 무차별 포격을 가했습니다. 그로 인해 연평도에 주둔 중이던 해병대원 2명과 민간인 2명이 사망하였고, 20여 명이 부상당했으며, 민간인 주택 22동과 공공시설 8동 등 총 30동이 삽시간에 잿더미로 변하고 말았습니다. 우리 모두 기도할 때, 이번 북한의 포격으로 희생당한 분들과 그 가족들 위에 우리 주님의 따뜻한 위로가 있기를 간구하십시다. 그리고 우리 교회 각 봉사팀에서는 삶의 터전을 잃은 연평도 주민들을 어떻게 도울 수 있는지 방안을 모색해 보시고, 적극적으로 시행해 주시기를 부탁드립니다.

인간의 생명에는 아랑곳하지 않고, 권력은 오직 총구에서 나온다는 믿음으로 무고한 민간인에게까지 무력 도발을 서슴지 않는 집단과 휴전선을 사이에 두고 한반도에서 함께 살아야 한다는 것은 우리 민족의 비극이요, 불행이 아닐 수 없습니다. 그러나 실은 우리보다 더 불행한 사람들이 있습니다. 권력은 총구에서 나온다는 믿음을 지닌 집단과 함께 북한 땅에서 살아야 하는 북한 동포들입니다. 말할 것을 말할 자유도, 들을 것을 들을 권리도 박탈당한 채, 폭압과 공포정치 속에서 배마저 곯고 살아야 한다면 그것이 어떻게 사람의 삶이라 할 수 있겠습니까? 그들의 고통과 괴로움과 비극의 원인은 여러 가지가 아닙니다. 그 원인은 단 한 가지뿐입니다. 자신들의 의지나 능력으로는 도저히 물리칠 수 없는, 권력은 총구에서 나온다고 믿는 집단과 같은 땅에서 함께 살아야 한다는 것입니다.

3천 년 전 다윗은 왕이었습니다. 오늘날의 민주주의 관점에서 보면, 3천 년 전의 왕은 삼권을 장악한 독재 권력자였습니다. 독재 권력을 지닌 다윗 왕 역시 자기 아들 솔로몬에게 왕좌를 물려주었습니다. 그러나 그는 북한의 김정일 국방위원장과는 달랐습니다. 그는 자신의 후계자인 솔로몬에게 권력은 칼에서 나온다든가, 군대를 앞세워 선군정치를 하라고 타이르지 않았습니다. 그는 이 세상을 떠나기 직전에 자신의 왕조를 이어받은 솔로몬에게 이런 내용의 유언을 남겼습니다.

> 내가 이제 세상 모든 사람이 가는 길로 가게 되었노니 너는 힘써 대장부가 되고 네 하나님 여호와의 명령을 지켜 그 길로 행하여 그 법률과 계명과 율례와 증거를 모세의 율법에 기록된 대로 지키라 그리하면 네가 무엇을 하든지 어디로 가든지 형통할지라(왕상 2:2-3).

사랑하는 아들아, 나는 이제 모든 사람이 가야 하는 그 길을 떠난다. 내가 지금 가는 이 길을, 너도 언젠가는 반드시 떠나야 함을 잊지 말거라. 그러므로 네 코끝에 호흡이 있는 동안, 힘써 믿음의 대장부가 되거라. 무엇을 하든 네 권력이나 군대를 앞세우지 말고, 언제나 하나님의 말씀을 앞세우며 그 말씀을 좇거라. 그리하면 하나님께서 네 인생을, 네 왕국을 지켜 주실 것이다. 네 권력이나 군대가 아니라 오직 하나님, 하나님의 말씀만 네 인생과 네 왕국을 지켜 주실 것임을 명심하거라.

자기 노력 없이 아버지로부터 절대 권력을 이어받은 솔로몬은, 자기 손 안에 들어온 절대 권력을 시험해 보기 위해 이리저리 함부로 휘둘러보지 않았습니다. 그는 아버지의 유언을 기억하며 무엇보다도 먼저 하나님께 일천 번제를 드렸습니다. 그의 일천 번제를 받으신 하나님께서 솔로몬에게 말씀하셨습니다.

> 내가 네게 무엇을 줄꼬 너는 구하라(왕상 3:5하).

이를테면 하나님께서 솔로몬에게 백지수표를 주신 것이었습니다. 하나님께서 반드시 결제해 주실 것이므로, 무엇이든 솔로몬이 원하는 것을 써넣으라시는 것이었습니다. 그러나 솔로몬은 좋아라며 백지수표에 자신의 욕망이 갈망하는 세상의 것을 기입하지 않았습니다.

> 나의 하나님 여호와여 주께서 종으로 종의 아버지 다윗을 대신하여 왕이 되게 하셨사오나 종은 작은 아이라 출입할 줄을 알지 못하고 주께서 택하신 백성 가운데 있나이다 그들은 큰 백성이라 수효가 많아서 셀 수도 없고 기록할 수도 없사오니 누가 주의 이 많은 백성을 재판할 수 있사오리이까 듣는 마음을 종에게 주사 주의 백성을 재판하여 선악을 분별하게 하옵소서(왕상 3:7-9).

솔로몬의 관심은 자신의 손안에 들어온 절대 권력이 아니었습니다. 그의 관심은 하나님께서 자기에게 맡기신 이스라엘 백성이었습니다. 헤아릴 수 없이 많은 이스라엘 백성에 비한다면 자신은 자기 앞가림도 못하는 작은 아이에 지나지 않았습니다. 자신의 능력으로는 그 많은 백성을 도저히 바르게 이끌 재간이 없었습니다. 그래서 솔로몬은 하나님께서 제시하신 백지수표에, 하나님께서 맡겨 주신 이스라엘 백성을 바르게 이끌어 갈 수 있는 지혜를 달라고 써넣었습니다. 솔로몬의 그 겸손한 중심을 기뻐하신 하나님께서는 솔로몬에게, 그가 구한 지혜 이외에 부귀영화까지 내려 주셨습니다. 그래서 솔로몬은 3천 년이 지난 지금까지도 지혜와 부귀영화의 상징으로 불리고 있습니다.

열왕기상 3장은 솔로몬의 지혜가 어느 정도였는지를 보여 주는 일화를 소개하고 있습니다. 같은 유곽에서 창녀로 일하는 두 여인이 사흘 간격으로 아이를 낳았습니다. 두 여인은 자신의 신생아와 함께 한 방을 사용했는데, 어느 날 밤 한 아이가 엄마에게 깔려 죽고 말았습니다. 이튿날 아침 날이 밝자 두 여인은 약속이라도 한 것처럼 죽은 아이는 네 것이요, 산 아이는 내 것이라고 주장했습니다. 그들의 주장이 팽팽하여 결판이 나지 않자 두 여인은 산 아이를 데리고 솔로몬 왕을 찾아가 왕의 판결을 요구했습니다. 두 여인으로부터 자초지종 설명을 들은 솔로몬은 신하에게 칼을 가져오게 했습니다. 그러고는 칼로 아이를 둘로 나누어 두 여인에게 반쪽씩 나누어 주려 했습니다. 한 여인은 그것이야말로 명판결이라며 솔로몬의 결정을 반겼지만, 다른 여인은 사색이 되어 자신이 아이를 포기할 테니 아이를 저 여인에게 주라고 간청했습니다. 솔로몬 왕은 아이를 포기하면서까지 아이의 생명을 지키려 한 여인에게 아이를 주라고 명령했습니다. 그 여인이 아이의 진짜 생모임이 드러났기 때문입니다.

그런 지혜는 사람의 머리에서 나오는 지혜가 아닙니다. 그것은 하나님께서 주신 지혜였습니다. 하나님께서 주신 지혜로 충만한 솔로몬의 소문은 이내 국경을 넘어 동서남북으로 퍼져나갔고, 많은 사람들이 솔로몬의 지혜를 확인하거나 구하기 위해 솔로몬을 찾아왔습니다. 그 가운데에는 아라비아 반도에서 온 스바의 여왕도 있었습니다. 그녀는 솔로몬의 왕궁과 솔로몬이 건축한 예루살렘 성전을 다 둘러보고 또 솔로몬과 대화를 나누어 본 뒤, 솔로몬의 지혜에 탄복하였습니다. 그 이전에 솔로몬처럼 지혜로운 사람을 단 한 번도 만나 본 적이 없었던 그녀는 솔로몬을 칭송했습니다.

내가 내 나라에서 당신의 행위와 당신의 지혜에 대하여 들은 소문이 사실이로다 내가 그 말들을 믿지 아니하였더니 이제 와서 친히 본즉 내게 말한 것은 절반도 못 되니 당신의 지혜와 복이 내가 들은 소문보다 더하도다 복되도다 당신의 사람들이여 복되도다 당신의 이 신하들이여 항상 당신 앞에 서서 당신의 지혜를 들음이로다(왕상 10:6-8).

우리말 '복되도다'로 번역된 히브리어 감탄사 '에쉐르אשר'는 '행복하도다'라는 의미이기도 합니다. "소문난 잔치에 먹을 것이 없다"는 말이 있지 않습니까? 그것은, 소문은 늘 과장되기 마련이라는 의미입니다. 그러나 솔로몬을 직접 만난 스바의 여왕은 솔로몬의 지혜가 소문보다 훨씬 큼을 확인하였습니다. 스바의 여왕은 소문보다 훨씬 더 큰 지혜를 지닌 솔로몬만 칭송한 것은 아니었습니다. 그녀는 솔로몬 왕과 함께 있는 사람들도 칭송하였습니다. '복되도다, 당신의 사람들이여! 행복하도다, 당신의 이 신하들이여! 항상 당신 앞에 서서 당신의 지혜를 들음이로다.' 그렇지 않습니까? 북한 김정일 국방위원장과 함께 같은 북한 땅에서 산다는 이유만으로 고통과 괴로움과 기아와 빈곤과 불행 속에서 살아야 하는 북한 동포에 비한다면, 하나님의 지혜로 충만한 솔로몬과 함께 사는 사람들은 얼마나 복되고도 행복한 사람들입니까?

그것은 솔로몬 자신이 복되고도 행복한 사람임을 의미했습니다. 하나님께서 당신의 진리 안에서 주시는 참된 복과 행복은 세상 사람들이 말하는 복과 행복과는 달리, 어느 한 사람에게 머묾이 없이 그 사람을 통로로 삼아 누군가에게 반드시 전이되기 때문입니다. 이 세상에 태어나 고작 몇십 년 살면서 만나는 사람에게마다 고통과 불행을 안겨 주는 것보다 더 큰 불행이 어디에 있으며, 만나는 사람에게마다 복과 행복을 안겨 주는 것보다 하나님 앞에서 더 큰 복과 행복이 어디에 있겠습니까? 이런 관점에서 우리는 오늘 본문 속에서도 진정 복되고도 행복한 또 다른 사람들을 만나게 됩니다.

　주후 45년경, 수리아에 있는 안디옥교회는 지중해 세계에 복음을 전하기 위해 바울과 바나바를 전도자로 파송하였습니다. 수리아 안디옥을 출발한 바울과 바나바가 전도 여행을 마치고 수리아 안디옥으로 되돌아오기까지는 최소한 1년여 이상에서 최대 2년이 소요된 것으로 추정되고 있습니다. 바울과 바나바는 수리아 안디옥으로 귀환하자마자 교인들을 모아 특별 집회를 가졌습니다. 이를테면 전도 보고 집회였습니다.

　최소 1년여 이상에서 최대 2년이 소요된 그 전도 여행은 고난과 고통과 고행의 연속이었습니다. 인간적인 관점에서 보면, 그 여행은 반드시 피해야 할 끔찍한 여행이었습니다. 그러나 바울과 바나바는 자신들이 얼마나 불굴의 의지로 그 끔찍한 여행을 수행했는지, 자신들의 업적을 홍보하려 하지 않았습니다. 그들은 하나님께서 그들과 함께 행하신 모든 일과, 또 하나님께서 이방인들에게도 믿음의 문을 여신 것을 보고하였습니다. 인간적인 관점에서 보면 다시는 되풀이해서는 안 될 끔찍한 여행이었지만 만물이 도달할 궁극적 목표시요, 모든 일의 결과시며, 모든 인생의 종착점 되시는 하나님의 관점에서 하나님께서 친히 이루신 신비스러운 구원의 섭리를 상세하게 보고한 것이었습니다. 두 사도의 보고를 들은 안디옥교회 교인들이 얼마나 큰 은혜와 감동을 받았을는지는 쉽게 짐작할 수 있습니다.

　그리고 본문 28절은 다음과 같이 대단원의 막을 내리고 있습니다.

　　제자들과 함께 오래 있으니라.

본문에 언급된 '제자'는 두말할 필요도 없이 안디옥의 교인들입니다. 성경에 기록된 내용은 한 단어 한 단어 의미 없는 단어가 없다고 했습니다. 어떤 단어든 성경에 기록되었다는 것은 그 속에 깊은 의미가 내포되어 있기 때문입니다. 본문은 바울과 바나바가 안디옥 교인들에게 전도 보고를 했다는 것으로 끝나지 않았습니다. 만약 본문이 그렇게 끝나 버렸다면, 우리는 본문을 다음 주부터 살펴볼 사도행전 15장과 결부시켜, 바울과 바나바는 안디옥에서 전도 보고를 끝내자마자 예루살렘으로 올라갔다고 이해할 것입니다. 만약 본문이 바울과 바나바가 안디옥에 머물렀다고만 증언하고 있다면, 우리는 전도 보고를 마친 바울과 바나바가 안디옥에서 며칠 휴식을 취한 뒤에 사도행전 15장의 이야기로 넘어갔다고 받아들여야 할 것입니다.

그러나 본문은 전도 보고를 마친 바울과 바나바가 제자들과 함께 있었다고 증언합니다. 그것도 잠깐이 아니라, 오래 있었음을 밝히고 있습니다. 본문은 왜 굳이 '제자들', '함께', '오래'라는 단어를 첨가하여, 전도 보고를 마친 바울과 바나바가 그곳에서 오래도록 제자들과 함께 있었다고 증언하겠습니까? 오래도록 바울과 바나바와 함께 지내는 안디옥교회 교인들의 감격과 감동과 기쁨을 강조하기 위함입니다. 바울의 연대기를 계산해 보면, 이때 바울은 1년 이상 안디옥에서 그곳 교인들과 함께 있었던 것으로 추정되고 있습니다. 세상에서의 1년과는 달리, 주님 안에서 진리를 좇는 1년 이상이라면 그것은 충분히 오랜 기간입니다.

'제자들과 함—께 오—래 있으니라.' 이 짧은 구절을 읽으면 읽을수록, 본문이 전해 주려는 안디옥 교인들의 감격과 감동과 기쁨이 고스란히 우리의 가슴에 와 닿습니다. 스바의 여왕의 표현을 빌리자면 이런 의미입니다. '복되도다, 오랫동안 바울과 바나바와 함께 지내는 안디옥의 교인들이여! 행복하도다, 오래도록 바울과 바나바와 함께 지내는 이 사람들이여!' 바울과 바나바는 최소 1년여 이상에서 최대 2년이 소요된 전도 여행을 통해 하나님께서 시간과 공간을 초월하여 얼마나 신묘막측하게 역사하시는지 온몸으로 체험하지 않았습니까? 오래도록 그 두 사도와 함께 지내는 안디옥 교인들은 얼마나 복되고도 행복한 사람들입니까?

특히 바울이 누구입니까? 본문 이후에 그는 신약성경을 4분의 1이나 기록하지 않았습니까? 복음서를 제외하면 나머지 신약성경의 3분의 1이 사도 바울 한 사람에 의해 기록되었습니다. 그가 기록한 글마다 성경이 된 것입니다. 그리고 마침내 로마에서 순교의 피를 뿌림으로 로마제국을 새롭게 하고, 나아가 인류의 역사를 새롭게 하는 기틀을 마련하지 않았습니까? 그를 가리켜 '신약시대에 가장 위대한 사도'라 칭하는 것은 조금도 과장된 이야기가 아니지 않습니까? 그렇다면 그 시대에, 오래도록 바울과 함께 신앙을 나눈 안디옥 교인들보다 더 복되고도 행복한 사람들이 어디에 있을 수 있었겠습니까?

이처럼 바울과 바나바가 오랫동안 자신들과 함께 지낸 안디옥 교인들을 복되고도 행복하게 해줄 수 있었던 것은, 하나님께서 먼저 바울과 바나바와 함께해 주셨기 때문입니다. 그들이 한 일은, 자신들과 함께하고 계시는 하나님에 대해 깨어 있는 것이었습니다. 그때 하나님께서 그들을 친히 당신의 도구로 사용하신 것이었습니다. 그래서 비단 본문 속 안디옥에서뿐만 아니라, 그들이 가는 곳마다 수많은 사람들이 그들을 통해 예수 그리스도 안에 있는 참생명을 얻고 그 생명을 누리는 복되고도 행복한 삶을 살 수 있었습니다.

그렇다면 우리는 하나님을 믿는 우리 자신이 지금 어떤 신앙의 사람인지 간단하게 점검하는 방법을 깨달을 수 있습니다. 우리 곁에서 우리와 함께 있는 사람을 보면 됩니다. 어떻습니까? 지금 내 가족이 나와 함께 삶으로 인해 불행에 빠져 있습니까, 아니면 행복을 누리고 있습니까? 나와 함께 일하는 사람들이 나 때문에 고통을 겪고 있습니까, 아니면 나와 함께 일하는 것 때문에 복된 삶을 살고 있습니까? 만약 지금 내 가족 중에 누군가가 나로 인해 불행에 빠져 있고 나와 함께 일하는 누군가가 나 때문에 지금 고통을 겪고 있다면, 그것은 내가 교회에 다니는 교인이기는 해도 아직까지 하나님에 대해 깨어 있는 참된 신자는 아닌 것을 의미합니다. 내가 나와 함께하고 계시는 하나님에 대해 깨어 있는 참된 신자가 되기 전까지는 지금 내 가족 중에 나로 인해 불행에 빠져 있는 그 사람을 제외하고도, 앞으로 다른 가족 역시 나로 인해 불행해할 것입니다. 내가 하나님에 대해 깨어 있는 참된 신자가 되기 전까지는 나와 함께 일하는 것 때문에 고통을 겪고 있는 그 사람은 차지하고서도, 앞으로도 나 때문에 수많은 사람들이 고통스러워할 것입니다. 하나님에 대해 깨어 있는 참된 신자가 되기 전까지는, 모든 인간은 실은 자기 자신을 위한 이기적인 흉기에 지나지 않기 때문입니다.

오늘은 우리를 살리시기 위해 이 땅에 오신 주님의 성탄을 기리는 대림절 첫째 주일입니다. 주님의 몸은 우리의 죗값을 대신 치르시기 위한 제물이 되어 십자가에 못박혀 돌아가셨다가 죽음을 깨뜨리고 부활하시어 승천하셨지만, 주님의 영은 언제나 우리와 함께하고 계십니다. 말씀과 기도 속에서 언제나 주님에 대해 깨어 있는 참된 신자가 되십시다. 그때 우리는 우리와 함께 살아가는 사람들을 예수 그리스도 안에서 복되고도 행복하게 해주는 참된 그리스도인으로 살아갈 수 있습니다. 나와 함께 지내는 사람들을 복되고도 행복하게 해주는 것보다 더 복되고 행복한 일은 없습니다. 그것이야말로 본문 속 바울과 바나바처럼, 내가 하나님의 도구로 쓰임 받고 있음의 증거이기 때문입니다.

오늘 대림절 첫째 주일을 맞아, 2천 년 전 이 땅에 오셨던 주님께서 지금도 나와 함께하고 계심을 재확인시켜 주셔서 감사합니다. 말씀과 기도 속에서, 언제나 나와 함께하고 계신 주님에 대해 늘 깨어 있는 참된 신자로 살아가게 해주십시오. 나와 함께 살거나 관계를 맺고 있는 사람 가운데, 그 누구도 나 때문에 고통을 겪거나 불행에 빠지는 일이 없게 해주십시오. 주님에 대해 깨어 있는 나로 인해, 나와 함께 살거나 관계를 맺고 있는 사람들이, 길이요 진리요 생명이신 주님 안에서 복되고도 행복한 삶을 누리게 해주십시오. 그리하여 내가 주님의 은혜 속에서 복되고도 행복한 사람임이, 주님의 도구로 쓰임 받는 나의 삶으로 드러나게 해주십시오. 지난 23일 북한의 무차별 포격으로 목숨을 잃은 분들과 유족들, 그리고 삶의 터전을 잃은 연평도 주민들을 주님의 따뜻한 위로로 격려해 주십시오. 북한의 도발이 있을 때마다 휘청거리는 이 나라에 긍휼을 베풀어 주십시오. 사회 각계각층에 퍼져 있는 그리스도인들이 각자 처해 있는 위치에서 먼저 하나님의 온전한 통로로 살아감으로, 이 나라의 기틀이 어떤 경우에도 흔들림 없게 해주십시오. 정부가 책임 있는 지도력을 발휘함으로, 군인들이 지휘 고하를 막론하고 소신껏 국방의 의무를 다하게 해주십시오. 이 나라의 정치인들이 진정으로 국민을 섬기고 정의를 좇음으로, 공무원들이 명실공히 국민의 공복公僕이 되게 해주시고, 모든 국민이 자기에게 주어진 삶의 몫에 최선을 다하게 해주십시오. 그리하여 이 백성이 주님 안에서 모두 함께 복되고 행복한 삶을 누리게 해주십시오. 그 복과 행복이, 권력은 총구에서 나온다고 믿는 집단으로 인해 오늘도 고통받고 있는 북한 동포에게도 속히 전해지게 해주십시오. 아멘.

부록

성탄 축하 예배 빈 들에서
2010년 12월 25일

2010년 12월 25일

빈 들에서 성탄 축하 예배

누가복음 3장 1-6절

디베료 황제가 통치한 지 열다섯 해 곧 본디오 빌라도가 유대의 총독으로, 헤롯이 갈릴리의 분봉왕으로, 그 동생 빌립이 이두래와 드라고닛 지방의 분봉왕으로, 루사니아가 아빌레네의 분봉왕으로, 안나스와 가야바가 대제사장으로 있을 때에 하나님의 말씀이 **빈 들에서** 사가랴의 아들 요한에게 임한지라 요한이 요단강 부근 각처에 와서 죄사함을 받게 하는 회개의 세례를 전파하니 선지자 이사야의 책에 쓴바 광야에서 외치는 자의 소리가 있어 이르되 너희는 주의 길을 준비하라 그의 오실 길을 곧게 하라 모든 골짜기가 메워지고 모든 산과 작은 산이 낮아지고 굽은 것이 곧아지고 험한 길이 평탄하여질 것이요 모든 육체가 하나님의 구원하심을 보리라 함과 같으니라

성탄의 평강과 행복이 교우 여러분의 삶 속에 충만하기를 기원드립니다. 오늘 본문 속에는 총 여덟 명의 이름이 등장하고 있습니다. 그 여덟 명은 두 그룹으로 나누어집니다. 첫 번째 그룹에는 일곱 명이 속해 있는데, 그들

의 면면을 살펴보면 모두 대단한 인물들입니다.

첫 번째 인물은 디베료입니다. 그는 당시 지중해 세계의 제국이었던 대로마제국의 티베리우스 황제였습니다. 그의 말 한마디가 곧 법이었고, 로마제국 내에 있는 모든 사람들의 생살여탈권을 지닌 티베리우스 황제는 절대 권력자였습니다. 그는 백성들로부터 신으로 경배받을 뿐 아니라, 그가 살고 있는 황궁의 창고에는 세계 곳곳에서 모아들인 금은보석이 산더미처럼 쌓여 있었습니다. 그는 명실공히 지중해 세계의 제일인자였습니다.

두 번째 인물은 빌라도입니다. 그는 주후 26년에 로마제국의 티베리우스 황제에 의해 임명된 유대 총독이었습니다. 그는 이스라엘에 주둔하고 있는 점령군의 총사령관인 동시에, 자신의 통치 구역 내에서 로마 정부에 바쳐지는 세금의 징수권을 지닌 최고 권력자였습니다. 또 대제사장을 임명할 수 있는 권한을 지니고 있었고, 자기 통치 구역 내에서 발생하는 모든 소송사건의 최후 판결자였습니다. 그는 유대 땅의 명실상부한 제일인자였습니다.

세 번째 인물은 헤롯입니다. 헤롯은 우리가 잘 알고 있는, 예수님 출생 당시의 왕이었던 헤롯 대왕의 아들 헤롯 안티파스를 일컫습니다. 그는 갈릴리의 분봉왕이었습니다. 분봉왕이란, 로마 황제의 허락을 받아 로마 황제의 대리인으로 한 지역을 통치하는 왕을 의미합니다. 비록 신분상 로마 황제의 신하이기는 했으나, 자기 통치 구역 내에서는 왕으로서의 절대 권력을 휘두르며 부귀영화를 누렸습니다. 헤롯 안티파스는 자타가 공인하는 갈릴리의 제일인자였습니다.

네 번째 인물은 빌립입니다. 그 역시 헤롯 대왕의 아들이요, 헤롯 안티파스의 동생인 헤롯 빌립입니다. 그는 이두래와 드라고닛 지방의 분봉왕이었습니다. 이두래와 드라고닛은 갈릴리 북동쪽의 광활한 영토였습니다. 헤롯 빌립은 그 영토 내에서 제일인자로 군림하는 왕이었습니다.

다섯 번째 인물은 루사니아입니다. 그는 아빌레네의 분봉왕이었습니다. 아빌레네는 헤롯 빌립이 통치하던 이두래 북쪽에 위치한 왕국이었습니다. 루사니아 역시 그 왕국의 제일인자였습니다.

여섯 번째 인물과 일곱 번째 인물은 안나스와 가야바입니다. 이 두 사람은 장인과 사위 사이로, 본문 2절은 두 사람 모두를 가리켜 대제사장이라 부르고 있습니다. 원래 대제사장은 한 사람이어야 했습니다. 그러나 대제사장이었던 안나스가 대제사장직에서 물러나지 않을 수 없게 되었을 때, 그는 로마 총독에게 뇌물을 주고 자기 사위인 가야바를 대제사장으로 임명토록 했습니다. 그리고 실제로는 자신이 가야바 뒤에서 모든 종교 권력을 행사하였습니다. 본문이 안나스와 가야바 모두를 가리켜 대제사장으로 부르는 이유가 여기에 있었습니다. 대제사장은 유대교 최고 지도자였습니다. 대제사장은 하나님의 대리인이었고, 그의 말은 하나님의 말씀과 같았습니다. 그러므로 그들의 영향력은 유대교에 속한 이스라엘 백성에게는 로마 황제의 영향력보다 더 컸습니다. 안나스와 가야바는 그와 같은 직책과 권한을 이용하여 엄청난 재산을 축적하여, 분봉왕 헤롯이나 빌라도 총독이 조금도 부럽지 않은 부귀영화를 누렸습니다. 적어도 유대교에 관한 한 대제사장인 안나스와 가야바는 타의 추종을 불허하는 제일인자들이었습니다.

첫 번째 그룹에 속해 있는 이 일곱 사람은 크든 작든, 자기 영토 혹은 자기 분야에서 모두 제일인자라는 공통점을 지니고 있습니다. 그들은 모두 당대 최고의 권력과 부귀공명을 누리던 사람들입니다. 자기 영토, 자기 분야에서 가장 출세하고 성공한 그들은 모든 사람들의 선망의 대상이었습니다.

첫 번째 그룹과는 달리 두 번째 그룹에는 단 한 사람만 속해 있습니다. 그의 이름은 요한입니다. 그가 이 이후에 요단강에서 사람들에게 세례를 베풀었다고 해서 사람들은 그를 가리켜 '세례 요한'이라고 부릅니다. 그러나 요한의 행색을 살펴보면, 첫 번째 그룹에 속해 있는 일곱 사람들과는 비교가 불가능할 정도로 민망한 모습입니다.

첫 번째 그룹의 일곱 사람은 모두 화려한 왕궁이나 대저택에서 살았습니다. 그러나 요한은 움막 하나 없었습니다. 빈 들이 그의 침실이요 하늘이 그의 지붕이었습니다. 일곱 사람은 계절과 장소와 유행에 따라 값비싼 명품 옷을 갈아입었습니다. 그러나 마태복음 3장 4절에 의하면, 요한은 낙타털 옷을 걸치고 가죽 띠를 띤 것이 고작이었습니다. 그 옷 한 벌이 외출복인 동시에 잠옷이었습니다. 일곱 사람은 식사 때마다 진귀한 요리로 배를 채웠습니다. 그러나 마태복음 3장 4절은, 빈 들에 사는 요한의 주식이 메뚜기와 석청이었음을 전해 줍니다. 일곱 사람의 식탁에 비하면 식탁이라 부를 수도 없습니다. 일곱 사람은 정치권력이든 종교권력이든 절대 권력을 소유한 절대 권력자였지만 요한에게는 권력의 '권' 자도 없었습니다. 일곱 사람은 모두 자기 영토, 자기 분야에서 제일인자들이었지만, 그들에 비하면 빈 들에서 낙타털 옷 한 벌로 살아가는 요한은 이스라엘에서 가장 밑바닥 인생이라 할 수 있었습니다. 더욱이 그들의 수는 일곱 명이나 되는 데 비해 요한이 속한 그룹에는 요한 한 사람밖에 없었습니다. 숫자상으로 7대 1의 비율이었습니다. 본문에 등장하는 여덟 명 가운데 일곱 명을 차지하고 있는 그들이야말로 그 시대의 상징이었고, 여론이었으며, 유행이었습니다. 그들에 비한다면 요한은 시대에 뒤떨어져도 한참 뒤떨어진 초라한 존재였습니다.

그처럼 상반된 두 그룹의 인물이 등장하는 본문 1절 상반절은 이렇게 시작되고 있습니다.

디베료 황제가 통치한 지 열다섯 해.

티베리우스 황제 재위 15년째 되는 해는 예수님께서 그리스도로서 공생애를 시작하신 해였습니다. 바로 그 역사적인 해에 하나님의 말씀이 이 땅에 임하셨습니다. 그와 관련하여 본문 2절 하반절은 깜짝 놀랄 사실을 증언하고 있습니다.

하나님의 말씀이 빈 들에서 사가랴의 아들 요한에게 임한지라.

하나님의 말씀은 이 세상에서 제각각 제일인자의 자리를 차지하고 있는 첫 번째 그룹 일곱 사람에게 임하시지 않았습니다. 하나님의 말씀은 로마 황제의 황궁이나 대제사장의 대저택에 임하시지도 않았습니다. 놀랍게도 하나님의 말씀은 빈 들에서 밑바닥 인생을 살던 요한에게 임하셨습니다. 그에게 임하신 하나님의 말씀은 본문 4-6절의 증언처럼, 이제 곧 예수 그리스도의 구원이 시작될 것이라는 내용이었습니다. 그러나 요한은 그 말씀만 받은 것이 아니었습니다. 본문에 뒤이어 예수님께서 공생애를 시작하셨을 때, 예수님께서 그리스도이심을 가장 먼저 알아보고 예수님을 가리켜 '메시아'라고 외쳤던 첫 번째 인물도 세례 요한이었습니다.

대체 그 이유가 무엇이었겠습니까? 왜 하나님의 말씀은 첫 번째 그룹 일곱 사람에게 임하시지 않았겠습니까? 왜 그들이 먼저 메시아를 알아보지 못했겠습니까? 왜 그들은 메시아와 무관한 사람들이 되었겠습니까? 왜 그들 대부분이 함께 공모하여 이 땅에 오신 메시아를 못박아 죽여 버렸겠습니까?

그들이 이 세상에서 가장 잘난 사람들이었기 때문입니다. 그들은 명실공히 자기 영토, 자기 분야에서 제일인자들이었습니다. 그들의 생각과 말이 법이었고, 그들의 행동이 규범이었습니다. 그들의 행위는 항상 정당했고, 정의는 언제나 그들 편이었습니다. 자신들에게 죄가 있다는 것은 생각조차 할 수 없었습니다. 그래서 의인이 아니라 죄인을 부르러 오신 주님께서는 그들에게 임하실 수가 없었습니다. 또 그들은 너무나도 많은 것을 지니고 있었습니다. 그들에게는 권력이 있었고 금력이 있었습니다. 마음만 먹으면 무엇이든 할 수 있었습니다. 그들에게는 불가능이 없었습니다. 그러므로 그들은 달리 구원자를 필요로 하지 않았습니다. 세상의 모든 것을 소유한 그들 자신이 자신을 위한 메시아였기 때문입니다. 그래서 주님께서는 그들에게 임하실 수가 없었습니다. 그들에게 주님을 위한 빈자리가 있을 리 만무했기 때문입니다.

그러나 그들은 가장 중요한 한 가지 사실을 알지 못했습니다. 그들에게도 죽음은 어김없이 찾아온다는 사실이었습니다. 어느 날 느닷없이 죽음이 그들을 덮쳤을 때, 죄의 문제를 해결함이 없이는 하나님 앞에 바로 설 수 없고, 세상의 권력이나 금력으로는 결코 자신들의 죄를 씻을 수 없다는 사실에 대해 그들은 무지했습니다. 그들은 세상의 이치와 물정에는 누구보다 밝은 사람들이었습니다. 누구와 결탁해야 자신들의 권력을 더욱 공고히 할 수 있는지, 어떻게 해야 더 많은 금력을 쌓을 수 있는지를 분별하는 탁월한 능력을 지니고 있었습니다. 그러나 불행하게도 그들은 죽음 앞에서는 출세도, 입신양명도, 권력이나 부귀영화도 아무런 소용이 없다는 사실, 그 모든 것들이 한순간 인간의 욕망과 쾌락을 채워 주는 수단은 될 수 있을지언정, 그들의 코끝에서 호흡이 멎는 순간 결단코 자신들을 공동묘지 너머로 인도해 줄 수 없다는 사실은 알지 못했습니다. 아니, 그 중요한 사실을 알려 하지 않았습니다. 그들이 이 세상에서 누리는 지위와 소유가 너무나도 높고 많았기 때문입니다.

그 결과 이 땅에서 화려하게만 보이던 그들의 삶은 모두 비참하게 끝나고 말았습니다. 로마 황제 티베리우스는 인생 말년에 정신이상으로 카프리 섬에서 은둔 생활을 하다가, 주후 37년 그 섬에서 숨을 거두었습니다. 지중해 세계 최고직인 로마 황제직이 그의 정신 하나 지켜 주지 못했습니다. 지켜 주기는커녕 도리어 정신이상자로 만들어 버리고 말았습니다. 로마 총독 빌라도는 본문의 시점에서 몇 년 후에 파면당한 뒤, 로마로 되돌아가 자살로 그의 생을 마감했다고 역사가 유세비우스는 기록하고 있습니다. 유대 땅 제일인자였던 로마 총독 직책이 그의 자연 수명마저 보장해 주지 못했습니다.

헤롯 안티파스와 헤롯 빌립은 모두 살아생전 백성의 저주 속에서 살다가 그들의 자식 대에서 헤롯 왕조 자체가 소멸되는 비극적 최후를 맞았습니다. 아빌레네의 루사니아는 그의 이름이 새겨진 비석 이외에는 그 어떤 흔적도 남기지 못한 채 역사의 무대에서 실종되어 버렸습니다. 대제사장 안나스와 가야바는 《예수전 *Vie de Jésus*》을 쓴 르낭 E. Renan의 지적처럼, "온 인류로부터 저주받은 가장 비참한 인간"으로 그 생이 끝나고 말았습니다. 그들이 살아 있을 때는 모두 예외 없이 제일인자들이었습니다. 권력과 금력을 장악한 그들은 가장 의로운 사람들인 것처럼 보였습니다. 그들은 모든 것을 할 수 있는 것처럼 보였습니다. 그들은 아무것도 부족한 것이 없는 것처럼 보였습니다. 그러나 그들이 세상에서 지니고 누렸던 것 중 그 어느 것도, 그들의 비참한 최후로부터 그들을 구원해 주지는 못했습니다. 이것이 예수 그리스도 없는 사람들의 공통된 최후입니다.

그렇다면 예수 그리스도의 구원이 시작될 것을 알리는 하나님의 말씀이 왜 요한에게 임하셨겠습니까? 그가 빈 들의 사람, 다시 말해 그의 심령 속에 빈 들이 자리 잡고 있었기 때문입니다. 밑바닥 인생을 살던 그는 자신의 보잘것없음을 잘 알고 있었습니다. 가진 것도 아무것도 없었습니다. 그 자신에게는 믿을 구석이 전혀 없었기에, 그는 누구보다도 메시아의 구원을 간절히 필요로 하는 사람이었습니다. 한마디로 말해 요한에게는 빈자리투성이였습니다. 그의 심령이 주님을 향해 온통 비어 있는 빈 들이었습니다. 그 심령의 빈 들에 예수님께서 말씀으로, 육신으로 임해 주셨음은 두말할 나위도 없습니다.

바로 그와 같은 이유로 예수님께서는 베들레헴의 외양간에서 태어나셨습니다. 베들레헴의 모든 집, 모든 여관이 만원이어서 바늘구멍만 한 빈틈도 없는 데 반해, 짐승의 외양간에는 예수님을 위한 빈 공간이 있었기 때문입니다. 그래서 예수님께서 태어나시던 날 천사들은 예루살렘의 부자들이 아니라, 빈 들에서 양을 치던 목자들에게 나타나 예수 탄생의 기쁜 소식을 전했습니다. 지닌 것이 없었기에 자신을 의지하지 않는 그들의 마음속에 예수님을 위한 빈자리가 있었기 때문입니다. 그래서 예수님께서는 예루살렘의 엘리트들을 택하시지 않고 갈릴리의 무식한 어부들을 택하셨습니다. 믿을 것이라고는 아무것도 지니지 못한 그들의 심령이야말로 예수님께서 거하시기에 충분한 빈 들이었기 때문입니다. 그래서 예수님께서는 이 땅에 계시는 동안, 없는 것투성이인 빈 갈릴리를 당신의 주 사역지로 삼으셨습니다.

오늘은 2천 년 전 예수님께서 이 땅에 태어나셨던 성탄일입니다. 이날을 축하하기 위해 우리가 아무리 예배당을 아름답게 장식하고 소리 높여 크리스마스 캐럴을 부른다 할지라도 우리의 마음속에 예수님을 위한 빈 들이 없다면, 예수님의 성탄은 우리와 무관할 수밖에 없습니다.

지난 9월 8일에 유아세례식이 있었습니다. 유아세례를 받기 위해서는 아기의 부모가 신앙고백서를 제출해야 합니다. 그날 유아세례를 받은 김영우 아기의 아빠 김준태 집사님과 김민희 집사님의 신앙고백서에는, 우리가 주일

예배 때마다 고백하는 '사도신경'을 자신들의 언어로 고백한 내용이 있었습니다. 그 고백이 이렇게 시작됩니다.

시간을 초월하신 하나님과 인간으로 본을 보이신 예수님을 믿습니다. 그는 낮은 자에게 나셨으며, 자신이 가진 것들을 지키려는 자들에게 고난을 받으시고 십자가에 못박혀 죽으셨습니다.

얼마나 놀라운 통찰력입니까? 이 땅에 오신 예수님께서는, 자신이 가진 것들을 지키려는 사람들에게 고난을 받으시고 십자가에 못박혀 돌아가셨습니다. 우리가 지닌 것이 대체 무엇입니까? 눈에 보이는 그것들을 보이지 않는 예수님보다 더 신뢰합니까? 그렇다면 우리가 아무리 예수님의 성탄을 입으로 노래해도, 우리의 마음으로는 예수님께서 태어나신 이 성탄일에 도리어 예수님을 못박을 수밖에 없습니다. 우리의 마음속에 예수님께서 임하실 빈 들이 있을 까닭이 없기 때문입니다.

본문에 등장하는 여덟 사람을 보십시오. 제일인자의 자리에 앉아 자신이 지닌 것들을 신봉하다가 그 인생이 비참하게 끝나 버린 일곱 사람이 되시겠습니까? 아니면 빈 들의 사람으로 예수님의 길을 예비한 한 사람, 영원한 세례 요한이 되시겠습니까?

2천 년 전 예수님께서는 빈 외양간에서 태어나셨습니다. 예수님의 말씀은 빈 들의 세례 요한에게 임하셨습니다. 2천 년이 지난 오늘날에도 예수님께서는 어김없이, 그 심령이 빈 들인 사람에게만 임하십니다. 2천 년 전 이 땅에 오신 예수님께서는 '빈 들의 메시아'이시기 때문입니다.

오늘 뜻깊은 성탄일을 맞아 예수님 없는 제일인자의 자리보다, 예수님 임하신 빈 들이 더 높은 자리임을 일깨워 주셔서 감사합니다. 예수님 없이 세상 모든 것을 지닌 사람보다, 심령의 빈 들에 예수님을 모신 사람이 더 부자임을 깨닫게 해주심도 감사합니다. 이 세상의 것은 아무리 많이 소유해도 인간의 생명을 고갈시킬 뿐 인간을 공동묘지 너머로 인도할 수 없지만, 빈 들에 임하시는 예수님만은 인간을 영원히 살리시는 영원한 메시아이심을 다시 확인시켜 주심도 감사합니다.

2천 년 전 예수님께서 빈 외양간에 임하셨음을, 빈 들의 세례 요한에게 말씀으로 임하시고 당신의 길을 예비하게 하셨음을, 빈 마음을 지닌 갈릴리의 보잘것없는 어부들을 당신의 제자로 택하셨음을 잊지 말게 해주십시오. 날마다 우리의 심령이 우리 자신이나 우리의 것들을 신봉하지 않는 빈 들이 되게 해주시고, 빈 외양간이 되게 해주시고, 빈 갈릴리가 되게 해주십시오.

그리하여 예수님을 향해 텅 비어 있는 우리의 심령 속에 예수님께서 날마다 태어나게 하시고, 예수님을 모시고 살아가는 우리의 삶이 이 세상을 살리고 밝히는 소금과 빛이 되게 해주십시오. 아멘.